L'ESPION ANGLAIS

OU

CORRESPONDANCE

ENTRE DEUX MILORDS.

L'ESPION ANGLAIS

OU

CORRESPONDANCE

ENTRE DEUX MILORDS

SUR LES MŒURS PUBLIQUES

ET PRIVÉES

DES FRANÇAIS.

TOME PREMIER.

A PARIS,

Chez LÉOPOLD COLLIN, Libraire, rue Git-
le-Cœur, n°. 4.

1809.

AVERTISSEMENT
DES ÉDITEURS.

Les succès d'une nouvelle élève de Thalie sur la scène française ont rappelé les temps où les applaudissements qu'obtenait une Actrice n'étaient pas la seule récompense d'une célébrité naissante. Des adorateurs élevés par leur rang, favorisés d'une grande fortune, s'empressaient d'ennoblir leurs plaisirs, en recherchant la société des jeunes débutantes qu'ils avaient distinguées et admirées au théâtre. Cette union des talents et des grandeurs donna toujours lieu à des anecdotes piquantes, dont s'amusait cette partie du public à qui elle était étrangère. Un des ouvrages du dernier siècle où elles ont été consignées avec le plus d'intérêt et de vérité est *L'Espion* *L'observateur* *Anglais* ou *Correspondance secrète entre milord All'Eye et milord All'Ear* (1). †

---

(1) *All'Eye*, tout yeux ; *All'Ear*, tout oreilles.

† par Pindansat de Mairobert. Londres — Amsterdam 1780–1784, 10 vol. in 12 — Les quatre premiers volumes ont paru en 1777.

A côté de ces anecdotes se trouvent des observations judicieuses sur les belles lettres, sur la peinture et en général sur tout ce qui appartient aux beaux-arts. Nous avons pensé qu'en faisant un choix de ces observations, en y joignant ce que les faiblesses de quelques hommes fameux offraient encore de piquant à la curiosité publique, nous pourrions former un recueil aussi agréable qu'instructif. Ayant laissé tous les articles de l'*Espion Anglais* qui concernent la politique ou l'administration, parce qu'ils sont plus particulièrement du domaine de l'histoire, et nous étant bornés en quelque sorte à ceux où il n'est question que des usages et des mœurs des Français, nous avons cru qu'il était nécessaire de modifier le titre. Si quelques personnes pensaient que nous aurions dû écarter de ce recueil les traits trop séduisants, nous leur répondrions, avec un de nos grands poètes (1) :

> Et puisqu'il faut que vous soyez damnés,
> Damnez-vous donc pour des fautes aimables.

---

(1) Voltaire.

L'ESPION ANGLAIS

ou

CORRESPONDANCE

SUR LES MOEURS PUBLIQUES ET PRIVÉES DES FRANÇAIS.

LETTRE PREMIÈRE.

Du chancelier Maupeou, et de l'abbé Terrai, ministre des finances.

M. le chancelier est un homme d'environ cinquante-six ans, d'une taille très-moyenne. Ses ennemis le trouvent affreux de visage, parce que la haine enlaidit tous les objets de cette passion. Il ne m'a point déplu : ses yeux annoncent du feu et de l'esprit : il a quelque chose de sévère dans la physionomie, que ceux-là qualifient de méchanceté. Il est d'un tempérament bilieux, il en a souvent le teint jaune et vert, ce qui l'a fait appeler plaisamment *la Bigarrade*, par le maréchal duc de Brissac. M. de Maupeou, qui connaît trop bien les hommes, le monde et la cour, pour ignorer de quelle conséquence il est de prévenir par la figure, a pris le parti de se peindre le visage de blanc, et d'y mettre ensuite une légère couche de rouge, non par une envie puérile de plaire aux femmes, mais par le motif plus noble de commencer ainsi à l'extérieur une séduction qu'opère mieux sa langue dorée ; car il parle très-bien ; il est insinuant, souple et jaloux de captiver généralement les suffrages. On rapporte que lorsqu'il fut fait premier président, il demanda à un homme de confiance ce qu'on disait de lui au palais ? Celui-ci s'en excusa quelque temps : forcé de s'expliquer, il lui avoua qu'on le trouvait haut, dur, inabordable. « N'est-» ce que cela, répondit-il ? ils changeront bientôt » de façon de penser à mon égard. » Il devint doux, affable, prévenant ; le moindre clerc qu'il rencontrait, éprouvait les regards benins de sa physionomie riante. Malheureusement dans le poste délicat qu'il occupait, il n'a pu captiver aussi facilement la bienveillance de sa compagnie ; dévoré d'une ambition sourde qui le faisait aspirer à s'élever incessamment, il s'est trouvé forcé de se livrer à des manœuvres dont le secret a transpiré. Le parti opposé au ministère s'en est prévalu pour le rendre criminel aux yeux du parlement. C'est alors que, par un retour de politique adroite, il a tourné à son avantage la position critique où il se trouvait. Il était à la veille d'être mis aux mercuriales : il fit entendre au duc de Choiseul, le ministre tout-puissant de ce temps-là, qu'il était perdu, s'il ne le tirait promptement du mauvais pas où son dévouement à la cour l'avait jeté. C'est ainsi qu'il fut fait chancelier. On lui a reproché depuis son ingratitude envers ce bienfaiteur. Obligé de choisir entre les deux cabales qui divisaient les courtisans, il a préféré de se ranger du côté qu'il jugeait devoir l'emporter. Il s'est lié de la façon la plus intime avec madame la comtesse Dubarri. Trop philosophe pour s'asservir à l'étiquette de sa place, puéril dans toute sa gravité, il a quitté son accoutrement magistral (1), il s'est mêlé parmi le cercle aimable qui folâtrait autour de cette beauté, il s'est prêté à ses jeux, et disputait avec Zamore (2) à qui l'amuserait davantage. Sous cette apparence de frivolité il cachait la profondeur d'une vengeance lente et réfléchie. Après avoir culbuté le seul homme qui pût traverser son projet, il l'a fait éclore. Emule de

---

(1) Le chancelier en France était toujours en simare. C'était une espèce de soutane, qu'il ne quittait qu'en se couchant. Son fauteuil, son carosse, étaient d'ébène. Tout était lugubre chez lui.

(2) Le petit nègre de madame la comtesse Dubarri. On vit plusieurs fois cet enfant prendre l'énorme perruque du chancelier et s'en affubler.

Richelieu, il a bravé avec un courage invincible tous les dangers qu'il devait craindre. Les obstacles se sont, comme par enchantement, applanis devant lui : en moins d'un an, il a régénéré la magistrature entière du royaume. Et quels moyens puissants a-t-il mis en œuvre pour opérer cet ouvrage effrayant ? Un seul : la *corruption*. Ce ministre habile ne pâlit point sur des ouvrages de morale, de philosophie, de législation, de politique; mais il lit sans cesse dans le grand livre du monde : il ne voit pas un homme, qu'il ne le sonde, ne le développe, ne le pénètre jusque dans les replis les plus cachés. Il a trouvé que le royaume était rempli d'âmes viles et mercénaires qu'il pétrirait à son gré ; et le succès rapide a justifié la justesse de ses vues, toujours guidées par les motifs invariables des hommes d'état en France, le bien public et le maintien de l'autorité royale. Il lui reste maintenant à consolider son édifice, bâti à la hâte sur un sable mouvant, et auquel il faut donner des fondements durables.

Du reste, on dit M. de Maupeou très-aimable dans sa vie privée, où il a surtout cette aisance qu'il met jusque dans les affaires publiques. Il possède à merveille l'art de la dissimulation. Il a des masques de toute espèce, et en change tour-à-tour au besoin. Il est très-caressant, il tutoye volontiers, et n'a rien de la morgue de l'état où il a toujours vécu. Je vous ai dit comme il avait dérogé à l'étiquette sévère de sa place. Un chancelier autrefois était une espèce d'ours, qu'on fuyait ainsi qu'un animal sauvage. Celui-ci est beaucoup plus traitable : il inspire par son aspect le rire et l'enjouement : il se livre à la société en véritable homme du monde. Le matin il intrigue comme un courtisan, il court en homme désœuvré, il se trouve partout. Le soir, il fait sa partie; il assiste aux fêtes; il donne à souper; il y admet les femmes, et leur dit des choses agréables. C'est un petit-maître en simare. Son hôtel, que j'ai parcouru, se ressent de la légèreté et des grâces du maître. J'y ai trouvé des ameublements élégants, des boudoirs délicieux, où la courtisane la plus recherchée dans ses goûts ne serait pas déplacée. Sa table est servie avec autant de délicatesse que de somptuosité, mais il est fort sobre sur les plaisirs de ce genre, ainsi que sur les autres, auxquels sa complexion faible et valétudinaire ne lui permet pas de se livrer. Cependant depuis qu'il est le chef suprême de la justice, il se porte beaucoup mieux, et trop bien au gré de ses ennemis.

Si l'on en croit les observations malignes des courtisans, le ministre des affaires étrangères (1)

---

(1) M. le duc d'Aiguillon.

serait du nombre de ceux-là. Ces deux hommes, d'abord réunis pour leurs intérêts, se sont divisés depuis l'exaltation de ce dernier au poste éminent qu'il occupe. Le chef de la magistrature a craint ses alliances, son crédit, ses intrigues; il en a conçu une jalousie vive, et il en est résulté entre ces rivaux une double faction qui partage toute la cour. M. de Maupeou ne se cache pas toujours. Il laisse percer son animosité, quelquefois d'une façon très-marquée. Au surplus, ses appréhensions ne sont pas sans fondement, et l'on ne doute pas qu'il ne succombe sous les efforts multipliés de son adversaire.

M. l'abbé Terrai est d'une santé ferme, d'un tempérament vigoureux, fortifié encore par l'exercice d'une vie dure et laborieuse. La nature ne l'a pas bien partagé à l'extérieur. Il est d'une taille haute, dégingandée, sans contenance; il a la figure ignoble, le regard en dessous; il n'a rien de séduisant dans le langage; il ne s'énonce pas même avec une grande facilité : mais il a une conception vive, une intelligence déliée, une judiciaire excellente, surtout en affaires. Au palais, où il était depuis long-temps chargé des matières les plus délicates et les plus épineuses, on admirait la netteté, la précision, le développement de ses rapports. Lorsque les parties allaient le voir pour l'instruire des moyens de leur cause, il leur en résumait le pour et le contre d'une façon si lumineuse et si satisfaisante, qu'elles sortaient sans avoir rien dit, sans avoir rien à dire. On a été surpris qu'avec une telle réputation, riche d'ailleurs, d'un état à ne pouvoir avoir de postérité, il eût passé au poste glissant qu'il occupe. On a cru trouver depuis la solution de ce problème par les événements subséquents.

On a dit que M. le chancelier, ayant besoin d'un homme à lui dans le ministère des finances pour opérer avec sûreté la révolution qu'il méditait, avait jeté les yeux sur le magistrat le plus propre à le seconder, en la personne de son ancien ami : qu'il avait ouvert l'avenir à ses regards, lui avait fait voir la destruction prochaine de sa compagnie, la nécessité de se soustraire à temps à la proscription générale ; l'avait assuré qu'il n'y serait pas long-temps, qu'il s'agissait seulement de mettre le pied à la cour, et qu'après l'expulsion inévitable des Choiseuls, il se trouverait à même de monter à un département moins orageux et plus agréable. Jusqu'à présent l'abbé a été trompé en ce point, mais il a eu l'art de se soutenir, de se rendre nécessaire et presqu'imperturbable dans son ministère. Le moyen pour un contrôleur général de n'être jamais renvoyé, c'est de trouver toujours de l'argent lorsqu'on lui en demande. C'est en quoi celui-ci a le mieux réussi : et sans se fatiguer, comme beaucoup d'autres, à chercher des expédients, il supprime, il recrée, il anéantit, il réduit, il prend un tiers, un quart, une moitié, il retient, il met un impôt nouveau, il en étend un ancien. Tout cela est l'affaire d'une signature ou d'un trait de plume. Car il a même abrégé les formes, dont il a senti l'inconvénient au palais. Il a renversé par de simples arrêts du conseil des engagements contractés avec la sanction la plus légale, sous le sceau le plus solennel. Nous avons long-temps lu dans les gazettes le récit de ses opérations, dans ces arrêts qu'il faisait crier toutes les semaines et qu'on appelait *les feuilles hebdomadaires de M. l'abbé Terrai*. Du reste, il est comme le cardinal Mazarin, il entend la plaisanterie. Il a fait sortir de la bastille beaucoup de gens qu'on y avait mis pour avoir exhalé trop amèrement leurs plaintes : il disait qu'il fallait laisser crier ceux qu'on écorchait. Un des bons mots qui le fit le plus rire, ce fut celui dit à l'opéra, le jour où l'on représentait pour la première fois à la nouvelle salle. Il y avait un monde prodigieux ; on y étouffait. Quelqu'un qui avait encore la force de parler, s'écria : *Que n'êtes-vous-là, M. l'abbé Terrai, pour nous réduire de moitié !* On l'appelait à la cour *l'enfant gâté*, parce qu'il touchait à tout. On l'a depuis nommé *le grand Houssoir*, et le sobriquet lui en est resté. Au surplus, il ne maltraitait les grands que pour le bon exemple, et il leur rendait d'une main ce qu'il leur avait ôté de l'autre, par des augmentations de pension qu'ils obtenaient. Le trait qu'on lui reproche le plus, c'est la suspension des rescriptions et des billets des fermes. Mais c'était un coup de parti. Le duc de Choiseul passait pour avoir excité le banquier de la cour à refuser de faire le service ; le prêt des troupes allait manquer. Il prévint le roi, et fit sentir à S. M. qu'il fallait le sacrifier à son ennemi, ou qu'il ne voyait d'autre ressource que celle-là : il se ménagea ainsi un fonds successif de 150 millions, qui l'a mis à l'aise pour le reste de ses opérations; en sorte que si la France reste en paix, le crédit et la confiance pourront renaître. Au surplus, si des circonstances malheureuses obligeaient de faire de nouvelles saignées au royaume, M. l'abbé est encore l'homme qu'il faut. Il a des entrailles d'airain, non par un défaut d'humanité, mais par une impassibilité de caractère qu'il exerce envers lui-même et dans les objets les plus chers à son cœur. C'est ainsi qu'il a sacrifié la baronne de la Garde, sa maîtresse, convaincue d'avoir abusé de son empire sur lui pour exercer un brigandage subalterne. Dans la même position que Mahomet II, on ne doute pas qu'il n'eût immolé la victime avec le même sang-froid. Il a fait exiler celle-ci (1)

---

(1) En septembre 1771, elle fut exilée en Lorraine. On lui reprochait d'avoir gagné 1,800,000 liv. depuis l'avénement de son amant au ministère.

très-loin, et s'est voulu laver de tout soupçon de collusion avec elle.

C'est proprement le dernier orage qu'ait essuyé M. l'abbé. Depuis ce temps il gouverne les finances avec beaucoup de tranquillité, et attend une occasion favorable pour monter à une dignité plus éminente, telle que celle de chancelier ou de garde des sceaux; car depuis il n'est plus bien avec le chef de la magistrature, et passe pour chercher à le supplanter de son mieux.

Paris, ce 15 octobre 1773.

LETTRE II.

Des grands Seigneurs et de la Noblesse en France, sur la fin du règne de Louis XV.

Entre tous les grands seigneurs on m'en a cité peu comme dignes d'être tirés de la foule. On m'a nommé le maréchal de Richelieu, fameux par sa bravoure, par ses galanteries et par une corruption d'un exemple peu commun : le maréchal de Brissac, original par un esprit de chevalerie antique et romanesque, qui le faisait aimer, par une tournure d'expressions vives, pittoresques (1) et neuves qu'on retient ; mais bien déchu dans l'esprit des patriotes depuis qu'on l'a vu rendre son épée et fléchir le genou devant le nouveau tribunal pour être reçu gouverneur de Paris. Le duc de Choiseul est d'une réputation trop étendue pour que je vous en parle plus au long. Ses qualités et ses défauts

---

(1) Il disait, en parlant des opérations du chancelier dans le principe, qu'il nous *démonarchisait* : il l'appelait plaisamment *La Bigarrade*, à cause de son teint jaune et vert.

sont également brillants. On vante l'esprit du duc de Nivernois, sa probité, son honnêteté, son goût pour les lettres, qu'il cultive avec distinction. On répète les bons mots du duc de Noailles, en possession de dire au monarque les vérités les plus dures. Le duc de Duras, le duc de Beauveau viènent de se signaler, m'a-t-on dit, dans la révolution, en préférant la perte de leur gouvernement (1) à l'adhésion de fait et honteuse au système du chancelier, tandis qu'ils avaient protesté contre, au lit de justice. Tout le reste (2) n'est qu'un assemblage de courtisans inutiles, timides ou vils, et qu'a parfaitement caractérisés M. de Voltaire lorsqu'il a dit d'eux :

Vont en poste à Versaille essuyer des mépris,
Qu'ils revièlent soudain rendre en poste à Paris.

Dans le surplus de cet ordre on distingue encore la *haute noblesse*, ou les gens de qualité

---

(1) M. le duc de Duras était commandant en Bretagne, et M. le prince de Beauveau, commandant en Languedoc. Lorsqu'il fut question d'aller détruire et réédifier sur les nouveaux principes le parlement de chacune de ces deux provinces, ils donnèrent leur démission.

(2) Il faut en excepter le duc de la Rochefoucauld, signalé par un patriotisme intrépide, qu'il montra constamment dans les diverses assemblées des pairs, tenues au parlement depuis le rétablissement de cette Cour.

c'est-à-dire les familles de gentilshommes illustrées par des honneurs militaires, ou par de grandes charges à la cour. Tout ce qui est robe, remontât-il à l'origine du monde, ne peut être compris dans cette classe : l'étiquette les exclut de manger avec les princes du sang, et leurs femmes ne sont jamais dans le cas de la présentation. Ce n'est point dans ce pays qu'on peut dire, *cedant arma togæ!* le moindre lieutenant d'infanterie se préfère au chancelier.

Le titre de marquis, de comte, de vicomte ou de baron, ne donne pas toujours droit d'être agrégé à cette classe, surtout aujourd'hui que tout le monde le prend impudemment, ainsi que la qualification de *très-haut et très-puissant seigneur*. On m'a fait bien rire à cette occasion, en me montrant le billet d'enterrement de la femme du sieur Beaujon, où ce financier parvenu prend un pareil titre, que les curieux conservent (1).

---

(1) Il portait : « Vous êtes prié d'assister au convoi, » transport et enterrement *de très-haute et très-puissante* » *dame*, Élisabeth Bontems, femme de *très-haut et très-* » *puissant seigneur*, Nicolas Beaujon, conseiller d'état, » secrétaire du roi, maison, couronne de France et de » ses finances de la Rochelle, etc. » On trouva ces titres si ridicules et si contradictoires, que ce billet d'enterrement devint pièce de bibliothèque, et qu'on voulut le faire passer à la postérité la plus reculée.

On ne m'a pas moins amusé par une niche de M. l'abbé Terrai, que je n'aurais pas cru plaisant. On sait que ce contrôleur-général travaille sans relâche à accroître les impôts. Il était question de forcer la capitation de Paris : il ordonna aux receveurs de taxer à raison de leur qualité, tous les marquis, comtes, vicomtes et barons prétendus, et de les sangler d'importance. Ces suppôts affidés remplirent rigoureusement ses intentions, au point que la vanité cédant à l'intérêt, les bureaux des publicains n'étaient remplis que de gens qui venaient se détirer et demander grâce, mais inutilement. Ils restaient sur les rôles, qualifiés malgré eux.

La noblesse de France, mon ami, si délicate autrefois sur l'honneur, a perdu ce bien si précieux avec les mœurs. Le luxe, la mollesse, l'asservissement ont tout corrompu. La cupidité a rendu les mésalliances si communes, qu'il n'est peut-être pas une maison de la cour qui pût faire des chevaliers de Malte sans dispense, qui ne tienne par les femmes aux financiers. Les sei-

---

On garda pour le contraste aussi celui du sieur *Paris Duverney*, mort quelques mois après, dont les héritiers n'eurent point le même ridicule que le sieur Beaujon, quoique le premier fût aussi conseiller d'état, et même eût quelquefois entrée dans le conseil.

gneurs appèlent cela *prendre du fumier pour engraisser leurs terres* (1). Cela n'est rien en comparaison de mariages beaucoup plus honteux dont ils ne rougissent pas. Les uns épousent des comédiennes, d'autres des filles publiques, sorties des plus infâmes lieux de débauche. On m'a montré la douairière d'un duc et pair qui avait monté sur les planches (2). Un officier-général, visant au ministère (3) et du plus grand mérite, qui a consacré par l'hymen l'état équivoque d'une fille aimable, auparavant la maîtresse d'un ambassadeur d'Angleterre. Un brave militaire (4) demandant l'agrément de son

---

(1) Mot de la duchesse de Chaulnes à son fils, qui répugnait à épouser la fille du sieur Bonnier, homme de rien, mais puissamment riche.

(2) Mademoiselle Quinault, mariée au feu duc de Nevers.

(3) Le comte d'Hérouville, qui avait épousé Lolotte, maîtresse du comte d'Albermale, mort à Paris.

(4) M. le marquis de Clément, ci-devant marquis de Montiers, descendant du premier maréchal de France, capitaine des carabiniers, a épousé la demoiselle de Varenne. Sentant la bassesse de cette action, il demanda sa démission, et son corps, instruit du motif, consentit à son mariage, sous prétexte que cette fille riche lui faisait sa fortune. Mais il fallait ou renvoyer M. de Montiers, ou se cotiser et lui faire un traitement pour le conserver, à condition qu'il ne ferait pas cette sottise.

Le marquis de Clément-du-Mez, s'était retiré à Bruyères, Dép.t des Vosges, avec sa femme, qui affectait une grande rigidité de mœurs. Ils sont morts dans cette petite ville vers 1792.

corps pour s'unir à une élève de la Paris (1), et l'obtenant par une infâmie encore plus grande. Un gentilhomme (2) d'une noblesse antique, consentant à donner son nom à la concubine et aux bâtards d'un ministre, et parvenant par cette voie aux grades et aux honneurs militaires. Enfin j'ai vu presque sur le trône cette femme d'abord prostituée à la canaille et aux valets, dont les charmes mis ensuite à l'encan par un entremetteur adroit, ont ébloui le monarque enivré de ses caresses, lui revendiquant les hommages de son auguste famille, et se donnant avec elle en spectacle à l'Europe entière (3).

Un mariage moins infâme, mais très-disproportionné et d'un ridicule singulier, amuse aujourd'hui la cour et la ville. C'est celui de la

---

(1) Fameuse entremetteuse, où avait été élevée mademoiselle de Varenne.

(2) M. le marquis de Langeac, qui épousa madame Sabbatin, maîtresse du duc de la Vrillière, à condition qu'il n'y toucherait pas, et qu'elle resterait toujours consacrée aux plaisirs de Monseigneur.

(3) Sans doute il est question ici de madame la comtesse Dubarri ; Louis XV hésita long-temps à la faire présenter. Il vainquit enfin la répugnance de ses enfants.

duchesse de Chaulnes, douairière, avec un maître des requêtes nommé *Giac*. Cette folle, très-renommée pour ses scandales avec ses divers amants, et surtout avec l'abbé de Boismont (1), donnant aujourd'hui dans la dévotion, ne trouve que ce moyen de concilier ses scrupules avec son amour. Au surplus, elle ne fait que rentrer dans l'état dont elle est sortie. Elle est fille d'un certain Bonnier de la Mosson, parvenu du néant à une grande opulence, et si vain qu'il est mort de chagrin de n'être pas gentilhomme. Il avait eu la sottise de vouloir donner sa fille à un homme de la cour, et c'est à l'occasion de cet hymen qu'a été dit le mot ci-dessus rapporté.

L'honneur militaire n'est pas mieux conservé que l'honneur civil. On remet à la décision des magistrats des querelles qui se seraient autrefois lavées dans le sang (2). On crée une place de directeur-général de la guerre, pour un officier-

---

(1) Membre de l'académie française, ci-devant prédicateur, dont elle suivait les sermons pendant le jour, et avec qui elle couchait la nuit.

(2) Par exemple le procès du comte de la Luzerne contre M. de la Maugerie, où tous d'eux s'accusaient d'avoir voulu s'assassiner réciproquement. Le procès du comte de

général (1) convaincu d'avoir trahi l'Etat; et lorsque sur les réclamations des maréchaux de France, on le destitua de ce poste, on lui confia le commandement d'une grande province. On donne la croix de Saint Louis à un jeune officier, dont tout le mérite est d'être bâtard d'un ministre, au moment où il vient d'être déshonoré par une rixe humiliante (2). On ne l'arrache point à un autre, condamné par un conseil de

---

Menon, gouverneur du château de Nantes, contre M. de Foucault, major d'un régiment, où le premier accusait le second de lui avoir volé 40,000 livres, etc.

(1) Le comte de Maillebois, pour qui M. le marquis de Monteynard, à peine parvenu au ministère, avait créé une place de directeur-général de la guerre. Les maréchaux de France ayant déclaré au roi qu'il n'était pas possible de voir sans indignation rentrer dans les emplois militaires un homme qu'ils avaient condamné comme coupable de l'accusation intentée contre lui par le maréchal d'Estrées, dont on peut voir le détail dans les gazettes, S. M. ne voulut pas permettre que le comte en exerçât les fonctions; et peu après madame Dubarri lui fit donner le commandement du Haut-Languedoc.

(2) Le comte de Langeac ayant été publiquement maltraité à l'Opéra par le sieur Guérin, chirurgien du prince de Conti, fut fait chevalier de Saint-Louis peu après, long-temps avant le service prescrit, et au détriment de dix mille officiers blanchis sous le harnois.

guerre, pour avoir prévariqué dans ses fonctions, pour avoir eu la bassesse de favoriser un vol fait sur le roi, d'y participer, et de s'être allié à l'auteur de ce vol. Enfin cette récompense du mérite guerrier se prodiguant souvent aux gens les plus indignes de la porter, est également l'enseigne de la bravoure et de l'infamie. Je vois un chevalier de Saint-Louis portant la queue à un cardinal (1); un autre, écuyer de la favorite. J'en vois à la tête des maisons de jeu, des tripots, des lieux de débauche. En sorte qu'on a dit qu'il était presque aussi honteux de l'avoir et de ne l'avoir pas.

Comment l'honneur patriotique se serait-il conservé au milieu de tant de lâcheté? Aussi la noblesse a-t-elle vu d'un coup-d'œil indifférent toutes les atteintes portées à la liberté publique. Et quoique les protestations des princes fussent faites tant pour eux que pour elle, il ne s'est pas trouvé un seul gentilhomme qui ait osé y adhérer.

---

(1) M. le cardinal de Luynes. Un jour M. le marquis de Conflans se récria contre un tel usage devant le cardinal; Son Éminence prétendit que cela s'était toujours vu. Il assura qu'un Conflans n'avait pas cru déroger par la même fonction. Cela se peut, répartit gaîment le marquis; nous avons toujours eu dans notre maison de pauvres hères, dans le cas de tirer le diable par la queue.

On avait dit que les états de Bretagne, de 1772, commenceraient par les mettre sur le bureau; mais le parti du chancelier a écarté toute réclamation, même dans l'ordre dont je parle, le plus grand nombre étant composé de membres faibles, timides, vils, ou vendus à la cour.

La noblesse de Normandie ayant voulu en 1772 dresser une requête de réclamation contre l'infraction des priviléges de la province et des siens, on a traité sur-le-champ ses démarches, d'attroupement, de révolte punissable. Plusieurs ont été obligés de s'expatrier, et le premier prince du sang lui-même, à qui le mémoire avait été adressé, n'a osé s'en charger. Un commissaire, et quelques suppôts de police, envoyés dans la province, ont rompu et dissipé cette association.

Avant de finir cette lettre, quoique déjà longue, il faut, mon cher compatriote, que je vous dise encore un mot du tribunal des maréchaux de France. C'est le tribunal suprême de la noblesse; ce sont les seuls grands du royaume, après les princes du sang, à qui elle accorde la qualification de *Monseigneur*. J'en compte dix sur la liste, et deux ou trois seulement dont les noms seraient cités avec honneur dans l'histoire. Un courtisan à qui je demandai quelles étaient les belles actions du plus ancien, du président, il me répondit que c'était le *Maréchal des Dames* (1). Quand j'en fus au maréchal de Couflans, je ne pus m'empêcher de témoigner mon indignation d'y voir le dernier des marins, non dans le sens, sans doute, qu'on disait de Caton que c'était le dernier des Romains, mais comme ayant enfin anéanti avec lui la marine de France.

Ne croyez pas, au reste, que ce tribunal soit, comme en Angleterre, *une cour martiale, connaissant de tous les délits militaires, ou entre militaires, ou entre gentilshommes*. Point du tout, il est borné au frivole point d'honneur, c'est-à-dire, à ce qui ne concerne que les combats particuliers, les dettes du jeu, et autres minuties. C'est au parlement qu'a été jugé ce Lally, accusé d'avoir mal défendu Pondichéry; ce d'Aché, impliqué dans le procès, comme n'ayant pas secondé le général de terre avec son escadre. C'est dans des conseils de guerre particuliers de terre ou de mer nommés par le roi, c'est-à-dire, toujours par des commissaires, que sont jugés le plus souvent les grands criminels de cette espèce. Or, qui dit commission, dit

---

(1) C'est ainsi qu'on appelait, à la cour et à l'armée, M. le maréchal de Clermont Tonnerre.

un choix de juges ; et qu'est-ce qu'un choix de juges, sinon un tirage pour servir et pour nuire? Sans doute on ne peut jamais être mieux jugé que par ses pairs. Mais alors il faudrait que le gouvernement accusateur en choisît la moitié, et l'accusé l'autre, ainsi qu'il se pratique en Angleterre. Il faudrait que les formes légales y fussent exactement observées; il faudrait surtout qu'on n'otât point aux accusés les moyens de défense, et que les orateurs assez généreux pour écrire en leur faveur, pour établir leur innocence dans le public, ne fussent pas punis comme des auteurs de libelles ; il faudrait surtout que la noblesse, la portion la plus pure et la plus précieuse de l'état, jouît du même privilége que les autres citoyens ; c'est-à-dire, au moins de deux degrés de juridictions, et que le tribunal des maréchaux de France fût à l'égard des conseils de guerre ce qu'est le parlement à l'égard des autres cours, et dût prononcer définitivement dans les grands procès intéressant l'honneur et la vie des illustres accusés; enfin il faudrait que ces conseils de guerre ne se prétendîssent pas infaillibles, et que leurs jugements fussent sujets à cassation, comme ceux de tous les autres tribunaux. Mais pour que cette réforme eût lieu, il faudrait surtout que cette noblesse eût quelqu'énergie ; que les militaires jaloux de leur titre d'homme, ne fussent plus aveuglément asservis au despotisme, et qu'on ne s'écriât plus en les voyant, comme moi : *ô homines ad servitutem natos !*

Paris, ce 16 novembre 1773.

LETTRE III.

Sur le Clergé.

Le clergé se regarde comme le premier ordre de l'état, et jouit de cet honneur, quoique à le bien prendre il ne dût pas en faire un, ainsi que l'a prouvé récemment l'auteur distingué qui a mérité ses anathèmes par une assertion aussi audacieuse (1). En effet l'église étant une société purement spirituelle, sa doctrine, ses instructions, ses fonctions étant toutes analogues à la vie future, il semblerait qu'elle ne devrait s'immiscer en rien dans les choses temporelles de la vie présente ; elle devrait avoir pour devise, comme son chef : *Regnum meum non est hujus mundi :* » mon » règne n'est pas de ce monde. Mais ses membres n'étant pas plus au fait de l'autre que nous, s'occupent comme nous uniquement de celui-ci. Ils ne s'en occupent même pas tant en France qu'ils le desireraient et qu'ils l'ont fait jusqu'à présent. Ils se plaignaient d'une malheu-

---

(1) M. de Puységur dans un ouvrage, intitulé : *Réflexions intéressantes sur les prétentions du Clergé d'être le premier corps de l'État.*

reuse philosophie qu'ils appèlent *moderne*, et qui gagnant de proche en proche, pénètre insensiblement chez le peuple, et dessille les yeux les plus stupides. Heureusement le monarque très-chrétien étant faible et craintif, ils profitent des circonstances et prolongent autant qu'ils peuvent leur empire. D'ailleurs le ministre actuel leur est tout dévoué en ce moment, non par un zèle véritable pour la religion, mais par une politique nécessaire : ils ont beaucoup contribué à la révolution qui vient de s'opérer : ils l'ont fomentée, soutenue, et la prônent : c'est le résultat de l'antipathie du clergé dans ce royaume contre la magistrature, et surtout contre les parlements. M. de Voltaire, dans son *Histoire de celui de Paris*, qui n'est nullement à l'avantage de cette compagnie, lui rend justice sur ce point, et loue son attention constante à lutter contre les usurpations de ce corps. Le choc est devenu plus violent, sous un prince trop pusillanime pour être fanatique, trop superstitieux pour être éclairé, incapable également de cette ferveur religieuse dont brûlait son aïeul en ordonnant les dragonades des Cévennes, la révocation de l'édit de Nantes, cette longue suite enfin de proscriptions contre les jansénistes, et de cette politique intrépide, nécessaire pour secouer un joug que les prêtres n'appesantissent sur la tête des sujets que pour mieux asservir le monarque sous le despotisme d'une théocratie par laquelle ils dominent eux-mêmes. En vain Louis XV a-t-il voulu long-temps tenir la balance égale entre ces deux ordres rivaux, le clergé succombait, sans le coup violent porté à l'autre par M. de Maupeou. Ce chancelier était trop fin pour ne pas profiter de leur division, en mettant l'église dans son parti; et celle-ci trop ulcérée, pour ne pas saisir cette occasion de se relever et d'empêcher que les *portes de l'enfer ne prévalussent contre elle.* M. l'archevêque de Paris est sans doute celui qui a le plus contribué au grand œuvre en question. Vous serez bien aise, mon cher compatriote, de connaître plus en détail ce prélat, qui fait parler de lui depuis si long-temps. Voici ce que m'en a raconté rapidement un ecclésiastique sage, ni moliniste, ni janséniste, et conséquemment dans le point de vue nécessaire pour en bien juger.

« C'est un homme de qualité, mais pauvre (1).
» Il a été long-temps à percer ; il n'a commencé
» à être évêque qu'à 38 ans (2). Etant à Bayonne,
» il eut occasion de se distinguer au passage

---

(1) On m'a montré dans la rue de la Harpe, ce qu'on appelle une *gargotte* à 12 sols, où l'abbé de Beaumont allait prendre ses repas, lorsqu'il faisait sa théologie.

(2) Evêque de Bayonne, d'où il passa à Vienne en 1745.

» de madame la première dauphine ; et l'ar-
» chevêché de Paris vacant peu après, fut la ré-
» compense de ses soins pour plaire à la prin-
» cesse. D'ailleurs ce siège, d'une si grande
» importance, ne pouvait être confié qu'à un
» prélat dont le zèle était analogue à celui de
» M. de Mirepoix, qui avait alors la feuille des
» bénéfices. Le dévouement aveugle de celui-ci
» aux jésuites était trop connu, pour ne pas pré-
» sumer que M. de Beaumont serait un de leurs
» plus chauds partisans. Les jansénistes, de leur
» côté, furieux d'un pareil choix, se liguèrent
» pour le tourmenter et le dégoûter, s'il était
» possible, de son épiscopat. Ils avaient en leur
» faveur le plus grand nombre du parlement ;
» ils le firent chicaner d'abord sur la nomina-
» tion de la supérieure de l'hôpital. La cour
» lui donna gain de cause à cet égard. La bulle
» *unigenitus*, source féconde de divisions, four-
» nit bientôt de nouveaux prétextes, à raison
» des billets de confession, exigés des mourants,
» pour être sûr à quel prêtre ils se seraient con-
» fessés. Je n'entrerai point dans la récapitu-
» lation de tous les événements de cette longue
» et ridicule querelle, sur laquelle on a tant
» écrit ; qui a fait tour-à-tour exiler le parle-
» ment et l'archevêque, procuré la dissolution
» de l'Ordre, instigateur secret de toutes ces
» divisions, et la catastrophe terrible de la ma-

» gistrature, qui afflige tout le royaume. Il suf-
» fira d'observer que M. de Beaumont a secondé
» avec tant d'ardeur M. de Maupeou, que pres-
» que tous les clercs entrés dans le nouveau
» tribunal sont de son choix ; qu'il y a poussé
» plusieurs chanoines de son église de Paris et
» jusqu'à son propre neveu ; qu'il n'a pas eu
» honte de célébrer la messe rouge (1), et pair
» du royaume, de comparoir seul au milieu
» d'une cour réprouvée par les princes et par
» les pairs, d'y témoigner publiquement sa joie,
» et de qualifier cet attentat contre les droits de
» la nation, de réunion du sacerdoce et de l'em-
» pire. En effet, que n'attend-il pas de sa con-
» fédération avec le chancelier ! Déjà ses émis-
» saires factieux ont reçu un libre cours à leurs
» vexations : les refus de sacrements recommen-
» cent impunément ; et s'il a eu la douleur de
» voir échouer son complot avec M. le chance-
» lier pour la libre introduction des rescrits de
» Rome, il compte que l'entreprise peut réus-
» sir une autre fois. Il se flatte surtout que les
» adoucissements projetés à l'égard des jésui-
» tes, se réaliseront et prépareront peut-être
» une révolution complète en leur faveur. C'est

---

(2) On appelait ainsi la messe célébrée à la Saint-Martin, à cause que le parlement y assistait en robes rouges, qui étaient les robes de grand cérémonial.

» un tel espoir qui ranime et soutient ce prélat
» dans sa longue et douloureuse carrière, car
» il est accablé d'infirmités. Ses ennemis pré-
» tendent que c'est la suite des débauches de
» sa jeunesse. Quoi qu'il en soit, depuis qu'il
» est sur le chandelier, on doit rendre justice à
» la pureté de ses mœurs. Sa table est servie
» avec beaucoup de délicatesse, mais c'est pour
» les autres : quant à lui, il est très-sobre : il est
» fort charitable ; il a d'excellentes qualités,
» et dans le fanatisme qu'on lui reproche, il est
» au moins conséquent, il n'a jamais varié, il
» obéit à sa conscience. *C'est une lanterne*
» *sourde*, si l'on veut, *qui n'éclaire que lui* (1) ;
» mais il suit le flambeau qui lui a été donné,
» ce que peu de ses confrères pourraient allé-
» guer pour leur justification. »

Tel est, mon cher compatriote, le précis de ce que mon historien m'a raconté de M. de Beaumont. Comme il me paraissait fort instruit, je lui demandai si dans les prélats de France il y en avait beaucoup de distingués d'une manière ou d'autre, tels que celui là ? quels étaient les plus célèbres ? Hélas ! me répondit-il, non ; le catalogue en est

---

(1) Mot qu'on attribue au cardinal de Bernis, lorsqu'il vint de la part du roi chercher à lui faire entendre raison, et que le prélat lui répondit que sa conscience ne lui permettait pas de se prêter à ce que S. M. desirait.

court : les dignités de l'église ne s'accordent point ici au mérite, mais à la naissance. Pour être evêque, il faut presque faire ses preuves, ainsi que pour être chevalier de Malte (1). Jugez quels abus il en doit résulter ! quelle ignorance, quelle ineptie, que de vices cachés sous la mitre ! Il prit alors un almanach royal et lut tous leurs noms, avec de légères observations sur quelques-uns : par exemple, lorsqu'il fut au premier des cardinaux, à M. de Luynes : qu'il est heureux, celui là, s'écria-t-il ! un souflet a fait sa fortune. Il m'expliqua l'énigme, en ajoutant qu'il était autrefois militaire, et que dans une querelle ne s'étant pas vengé suivant les lois de l'honneur, il avait été obligé de prendre le petit collet.

Le cardinal de Bernis, suivant lui, n'est pas entré à l'épiscopat par une route plus noble ou plus sainte : c'est à madame de Pompadour qu'il doit son avancement, et sa disgrâce ensuite (2).

---

(1) L'abbé de Beauvais, distingué par un mérite éminent, qui eut l'honneur de prêcher en 1773 le carême devant le roi, se trouvait exclu de l'épiscopat, parce qu'il était fils d'un chapelier, et neveu de l'archiviste du clergé (*).

(2) On prétendit que cette dame, après lui avoir prodigué ses faveurs les plus intimes, l'accusa d'ingratitude, et profita de la première occasion pour le faire renvoyer du ministère des affaires étrangères et de la Cour.

(*) Il fut fait depuis évêque de Senez.

Cette révolution diverse lui a fait connaître le néant de l'ambition : il s'est appliqué tout entier aux devoirs de son ministère, et rentré en faveur, ne semble plus se livrer à la politique que convenablement à sa dignité. Il est ambassadeur à Rome, et sa mission en cette capitale du monde chrétien, sera mémorable à jamais par la destruction des Jésuites, à laquelle il a forcé insensiblement le cauteleux Ganganelli, malgré toutes les ruses du pontife, afin d'éluder un événement dont il craignait pour lui les suites sinistres. Du reste, M. de Bernis est homme de lettres ; il a donné dans sa jeunesse des ouvrages charmants et du meilleur ton, et qui, sans lui assigner une place éminente parmi nos meilleurs poètes, indiquent ce qu'il aurait pu faire, s'il eût suivi cette carrière, dont au milieu de ses grandeurs il a regreté plus d'une fois d'être sorti (1).

Il me peignit M. de Montazet, archevêque de Lyon, comme le prélat le plus savant de France.

---

(1) Dans sa jeunesse, l'abbé de Bernis étant allé voir l'ancien et vieux évêque de Mirepoix qui avait la feuille des bénéfices, et auquel on l'avait recommandé, celui-ci, ennemi de la poésie et des grâces aimables de l'esprit, lui promit sa protection, à la charge qu'il ne ferait plus de vers ; le menaçant, au contraire, de ne lui rien accorder, s'il ne renonçait à ce talent infernal. L'abbé lui répondit modestement : *Eh bien, Monseigneur, j'attendrai*.

Personne, dit-il, n'accuse celui-là de ne pas faire ses mandements (1). Ce n'est pas cependant qu'il ait toujours été fort appliqué au gouvernement de son diocèse : la chronique scandaleuse s'est même exercée sur son compte dans les commencements. il a passé publiquement pour l'amant d'une duchesse très renommée à la cour par ses galanteries (2). Mais l'ambition dans l'âge plus mûr s'est emparée de ce prélat. Curieux de jouer un rôle parmi le clergé de France, il a cru qu'il brillerait davantage à la tête du parti janséniste, alors triomphant. Dans une affaire essentielle, où la cour avait besoin de lui, il a fait valoir ses prétentions, en qualité de primat des Gaules, et a réformé M. l'archevêque de Paris : ce qui a occasionné une querelle vive entre les deux prélats exposant leurs raisons réciproques dans leurs manifestes, c'est-à-dire, dans leurs mandements. Tout le monde a jugé que M. de Montazet écra-

---

(1) Sur ce que je témoignais à cet ecclésiastique ma surprise d'une pareille accusation, il me dit qu'elle était très-fondée contre presque tous les prélats, ou trop ignares, ou trop dissipés, ou trop paresseux pour composer. Il me cita le mot fin de Piron à l'archevêque de Paris. Le poëte ayant eu l'occasion de voir le prélat dans le temps où il venait de rendre son mandement contre l'*Emile* de Rousseau, M. de Beaumont lui demanda s'il l'avait lu ? *Oui, Monseigneur*, répondit-il, *et vous ?*

(2) Madame la duchesse de Mazarin.

sait son rival. Depuis lors, il est en effet le coryphée de la secte et est très-agréable au parlement. Aussi les Jésuites et leurs partisans n'ont cessé de tourmenter cet adversaire trop à craindre. Il a été tout récemment obligé de défendre sa foi, à raison du catéchisme qu'il a publié, où l'on l'accuse d'hétérodoxie et l'on menace de le dénoncer à la première assemblée du clergé. Il est aujourd'hui fort occupé d'un procès contre les chanoines de Lyon : procès d'abord, comme beaucoup d'autres, de peu de conséquence en lui-même, puisqu'il ne s'agissait que de lithurgie, de discipline, de bréviaire, mais devenu très-grave par les suites, par la chaleur que les deux parties y répandent, par la combustion où il met tout le diocèse. Au fond, misérable et puérile contestation (1), qui sert de prétexte au projet de l'archevêque, cherchant à subjuguer ce chapitre indépendant.

M. l'archevêque de Toulouse (*Brienne* est son nom) fournit matière à des remarques d'un autre genre. Il paraît que les prélats le regardent en faux frère, et l'accusent de ne pas croire beaucoup en Dieu. Ses liaisons intimes avec les chefs du parti encyclopédique, surtout avec M. d'Alembert, lui

---

(1) On va en juger par le principal sujet de la querelle. Les chanoines étaient dans l'habitude de chanter l'office par cœur, et l'archevêque voulait les obliger à prendre un livre.

ont mérité des reproches graves de leur part. C'est un homme aimable et de beaucoup d'esprit, mais qui ne pâlit point sur les livres de théologie. Il a choisi une route différente des autres, pour parvenir à la célébrité. Egalement indifférent pour le parti des Jésuites et pour celui de leurs adversaires, se moquant *et du dieu de Baal et du dieu d'Israel*, il a envisagé sa dignité du côté politique, et a voulu la faire servir d'acheminement au ministère, pour lequel il se sentait du goût et des talents. Son intimité avec le tout puissant de la France alors, avec le duc de Choiseul, lui fournit occasion d'entrer dans la carrière par l'érection de la commission concernant les réguliers, dont il minuta le projet, et à la tête de laquelle il se fit nommer : dictature épiscopale, qui souleva contre lui, non seulement tous les dévots, tous les moines, mais son propre corps, en ce que celui-ci sentit bien que restreindre le nombre de sa milice, ce serait diminuer sa puissance. Par une adresse singulière, à travers les diverses révolutions du gouvernement, M. de Brienne a soutenu son tribunal, qui aurait dû s'écrouler sous l'un ou l'autre ministère. Cet objet l'occupe peu à présent ; il s'est jeté dans des projets plus vastes et plus patriotiques : il est occupé à trouver les moyens de suppléer aux Jésuites pour l'éducation de la jeunesse, les institutions publiques à cet égard étant dans un état déplorable et dépérissant sensiblement depuis l'expulsion de cet ordre fameux.

M. de Pompignan, évêque du Puy, fut exalté pour la régularité de ses mœurs, pour son assiduité à ses fonctions épiscopales, pour sa doctrine, pour son zèle à défendre la religion contre les incrédules, et qui lui a mérité tant de mauvaises plaisanteries de la part de M. de Voltaire, coryphée de la philosophie moderne, enveloppé nécessairement dans les censures du prélat. Il devait être désigné, attaqué, pulvérisé, ainsi qu'un ennemi moins redoutable que dangereux par les charmes de son esprit et de son coloris; malheureusement (ajouta mon prêtre véridique), tous ses ouvrages, en grand nombre, bien faits, solidement composés, quoique revêtus de la beauté du style, quoique respirant le goût sain de la littérature, se flétrissent dans la poussière des bibliothèques: tant l'homme a d'éloignement pour le bon et le vrai! Je vous avouerai même à ma honte, que j'en ai oublié jusqu'aux titres.

En parcourant le catalogue, mes yeux tombèrent sur l'évêque de Senlis. Il me semble avoir vu celui-ci, dis-je, dans la liste de l'Académie Française : quels sont ses ouvrages ? compose-t-il ? prêche-t-il ?..... Point du tout : il n'a jamais écrit une panse d'A.... C'est un assez beau prélat, premier aumônier du roi, courtisan fort attaché à madame la comtesse Dubarri, très-lié avec le chancelier, et qui, en sa qualité de conseiller d'état ordinaire, ne manque pas une apparition de conseil au parlement, lors des séances dérisoires que ce tribunal y vient tenir. Dans les commencements, il a eu sa part des huées en bonne quantité, et sa vanité a désiré être dédommagée de cette manière.

Et M. le prince Louis, le coadjuteur de Strasbourg, académicien aussi ?..... Oh! celui-là, c'est son nom qu'on a reçu, comme c'est son nom qui a été envoyé en ambassade extraordinaire à Vienne. J'ignore s'il a de grands talents du côté de l'esprit, mais il faut qu'il en ait beaucoup au physique, car dans sa jeunesse il avait formé le projet de coucher successivement avec toutes les filles de Paris. L'excellent membre, m'écriai-je! Nous en avons plus d'un de cette espèce, me répliqua le caustique nomenclateur. Tenez, voilà M. Desnos, aujourd'hui évêque de Verdun, ci-devant évêque de Rennes; il s'est vanté, dit-on, d'avoir dépucelé 180 filles durant les états de Nantes, et d'avoir cocufié presque tous les membres du parlement de Rennes; la seule manière, disait-il, dont un homme de sa robe pouvait se venger des magistrats. M. l'évêque d'Orléans (1) n'est pas moins recommandable à raison de son

---

(1) M. de Jarente, ci-devant évêque de Digne.

goût pour le sexe, et sans doute son grand chagrin dans l'exil où il est, c'est d'être éloigné des filles de Paris, qu'il aime si passionnément. Peu de prélats ont affiché le scandale avec tant d'éclat. Lorsqu'il tenait la feuille des bénéfices, c'est-à-dire la nomination à tous les postes de l'église de France, il avait pour sous-ministre, l'opprobre du sacerdoce, le plus vil homme, un abbé *de Foix*, perdu de débauches et d'infamies, trafiquant impudemment de ces emplois sacrés, et sans cesse occupé à recruter le sérail de son maître, d'objets propres à renouveler les sens flétris de sa grandeur. Il avait pour maîtresse en titre, sa propre nièce (1), et pour favorite secrète une danseuse d'opéra, canal par où s'écoulaient sourdement beaucoup de grâces ecclésiastiques (2).

---

(1) Voici le couplet des Noels de 1764, sur la Cour, concernant cette anecdote.

Il vint une grisette
Avec ce prestolet,
Portant une galette,
Et des œufs et du lait :
Disant, de vous Seigneur, ce présent n'est pas digne ;
Mais nous vivons comme au vieux temps,
Nous couchons avec nos parents,
A Paris comme à Digne.

(2) Il est question de la demoiselle Guimard, première

Vous parlerai-je encore de l'archevêque de Cambrai (M. de Choiseul), moins renommé cependant pour sa luxure que pour son faste, voulant exercer dans son siége le despotisme que son frère exerçait sur toute la France ?...... A ces mots, il referma le livre, comme si l'indignation lui en avait déjà trop fait dire. Nous entrâmes ensuite en conversation sur beaucoup de choses concernant le clergé, dont il me mit au fait, et dont je profitai pour vous instruire à votre tour.

Le Clergé se divise en haut et bas. Les cardinaux, les archevêques et les évêques composent l'un ; tout le reste est dans l'autre. Les cardinaux ont de très-grandes prétentions sur la préséance, sur l'honneur de manger avec le roi, et sur beaucoup de prérogatives qui les assimileraient aux princes du sang. Voici ce que je lis dans des nouvelles manuscrites au sujet de l'élévation de M. de la Roche-Aymon à la pourpre.

Paris, le 31 décembre 1771.

» On sait que la barrette n'est autre chose
» qu'une calotte rouge qu'apporte le camérier

---

danseuse de l'opéra. C'est à cause de sa maigreur que mademoiselle Arnoux disait : *Ce petit ver à soie devrait pourtant être bien gras, il vit sur une si bonne feuille !* (La feuille des Bénéfices.)

» du pape à celui que sa sainteté veut favoriser.
» Cela donne lieu à une cérémonie auguste qui
» s'exécute dans la chapelle de Versailles, où le
» roi met cette calotte sur la tête du nouveau prince
» de l'église. C'est ainsi qu'il est constitué car-
» dinal, car il ne porte point le chapeau rouge;
» et cette autre cérémonie n'a lieu que lorsque
» l'éminence va à Rome et reçoit ce brillant
» ornement des mains du saint-père. M. l'arche-
» vêque de Reims, ainsi reçu, ne peut plus
» officier devant le roi, en qualité de grand
» aumônier, attendu qu'un cardinal doit avoir un
» dais lorsqu'il célèbre les saints mystères, et
» qu'il n'est pas décent qu'un sujet en prène un
» devant son souverain. On ne sait comment
» cela s'arrangera demain, jour de l'an, où il doit
» dire la messe pour la cérémonie de l'ordre du
» saint-esprit. On assure que ce sera un simple
» aumônier qui remplira ses fonctions (1).

(1) Voici par occasion le portrait de cette éminence, tracé par le même nouvelliste :

Ce 28 décembre 1771.... « M. l'archevêque de Reims,
» grand aumônier de France, aspirait depuis long-temps
» au chapeau. Ce prélat ambitieux s'est conduit en con-
» séquence de ses vues, et dans les diverses places qu'il
» a occupées, il a toujours sacrifié les intérêts dont il a
» été chargé à cet intérêt particulier. Il vient de recevoir
» enfin la récompense de son dévoûment servile au mi-
» nistère et à la Cour de Rome, et S. M. lui a donné la

Le clergé, autrefois si prépondérant dans les affaires publiques, en a encore conservé le privilège exclusif et distingué d'avoir les six premières pairies du royaume, qui font siéger de droit leurs titulaires avant tous les autres pairs. Je ne vois aucun de ces pairs sur la liste des protestants au lit de justice de 1771. Ce serait trop déroger à l'esprit de leur corps. Les évêques de Langres et de Beauvais, nommés depuis à ces prélatures seulement, n'ont pas osé se faire recevoir au nouveau tribunal : mais le premier (1), par un scandale plus grand, s'il est possible, a paru en faire une reconnaissance authentique à Notre-Dame, en prononçant l'oraison funèbre du roi de Sardaigne, devant ce corps y siégeant comme parlement.

Une septième pairie a été érigée par Louis XIV pour l'archevêque de Paris, qui siège aussi au parlement, mais comme pair laïc.

» Barrette de la part du saint père. On ne croit pas qu'il
» rende jamais à la pourpre le lustre qu'il en reçoit.
» M. de la Roche-Aymon, bon gentilhomme, mais d'une
» famille pauvre et oubliée, a prouvé qu'avec de la sou-
» plesse et de la constance on n'avait aucun besoin de
» savoir ni d'esprit pour parvenir à la fortune. C'est un
» des prélats les plus ignares et les plus bornés de l'église
» de France, et ce n'est pas peu dire. »

(1) M. de la Luzerne.

Ces prérogatives n'approchent pas du privilége inestimable que cet ordre a conservé de se réunir tous les cinq ans pour le *don gratuit,* car il prétend ne pouvoir être taxé par le roi, ne devoir être grevé d'aucun impôt, et accorder librement tout ce qu'il paye à S. M. Quoique ces principes très-absurdes ne soient pas reconnus par le Gouvernement, il lui laisse cette vaine ombre de franchise, puisque non seulement il doit acquiescer à la demande que lui font les commissaires du roi, mais quand on juge le besoin nécessaire, on l'assemble extraordinairement et on le pressure de nouveau. Malgré cela, les autres Ordres sont jaloux, comme de raison, de voir le clergé se maintenir aussi bien. Et sur quel titre est véritablement fondée cette distinction odieuse ? Les prêtres ne peuvent remonter à cet égard aux lois fondamentales du royaume, puisqu'ils n'en reconnaissent point, qu'ils prêchent continuellement la soumission aveugle aux ordres du monarque, et veulent donner aux sujets sa volonté pour seule et unique loi : leur argument puissant, c'est que leurs biens sont *sacrés :* mot qu'on tourne contre eux.... Ces biens ne doivent donc pas être employés à des usages mondains, frivoles, honteux, criminels. Il ne faut point qu'un prélat applique les revenus de son évêché à satisfaire sa sensualité et ses passions, à élever sa famille, à vivre dans la mollesse et dans le luxe, à intriguer, à cabaler, et quelquefois à afficher le scandale et l'infamie. S'ils sont sacrés, quelle meilleure destination peuvent-ils avoir, que d'être appliqués au soulagement de l'état, c'est-à-dire, non de quelques pauvres individus, de quelques familles honteuses, mais du royaume entier, à la conservation duquel le souverain est chargé de veiller ? C'est, persuadé de ces maximes, qu'un ministre éclairé et intrépide avait fait rendre, il y a plus de vingt ans, par S. M. une loi qui obligeait le clergé à donner la déclaration de ses biens. Son but était, non seulement de savoir au juste la totalité de ses revenus (ce qu'il est aisé d'éclaircir quand le ministère le voudra), mais de lui faire faire un acte de soumission qui humiliât son orgueil, en l'assimilant aux autres sujets. C'était en outre un objet d'équité, en ce que depuis long-temps le second ordre crie sur la répartition inégale des décimes par laquelle il est écrasé, que les prélats ne supportent pas, à beaucoup près, la charge qu'ils devraient avoir. Cette aggression du ministre des finances réjouissait Paris et donnait lieu à de bons mots, dont je ne puis m'empêcher de vous en rapporter un, qui est de Fontenelle. Il était question de remettre son opéra de *Thétis et Pelée*. Les directeurs étant venus le consulter à l'occasion d'une marche de prêtres de Jupiter, il leur répondit : *Messieurs, je n'entends rien à la chorégraphie et surtout à celle-là. Adressez-vous à M. Machault, c'est lui qui se mêle aujourd'hui de faire danser le clergé.* Le clergé ne dansa point; il représenta, il éluda, il traîna en longueur, et manœuvra si bien que le ministre fut disgracié, et ses successeurs n'osèrent reprendre l'attaque. Les gens éclairés espèrent que tôt ou tard on y reviendra.

Paris, 1ᵉʳ décembre 1773.

LETTRE IV.

Sur la retraite de M. le duc de la Vrillière, et sur la marquise de Langeac, sa maîtresse.

Je me hâte, milord, de vous apprendre une ou plutôt deux nouvelles, qui font tressaillir de joie les bons patriotes de ce pays-ci. La première est la retraite de M. le duc de la Vrillière, et la seconde, l'introduction de M. de Malesherbes en sa place. Depuis la mort de Louis XV, on était toujours fâché de voir celui-là vivant à la cour et associé aux personnages vertueux que le successeur avait choisis pour ministres. On savait bien qu'étant beau-frère de M. le comte de Maurepas (1) et d'ailleurs son cousin, on ne devait pas s'attendre à le voir traité aussi rigoureusement qu'il l'eût mérité. Dès qu'on ne faisait pas justice des plus grands scélérats; dès que les *Maupeou*, les *Terrai* respiraient, ce petit brigand subalterne n'avait rien à craindre. D'ailleurs,

---

(1) Madame la comtesse de Maurepas, qui avait le plus grand ascendant sur l'esprit de son mari, était sœur du duc de la Vrillière.

ce n'était pas à lui qu'on en voulait personnellement. Jouet de sa passion aveugle pour une femme altière et dévorée de la soif de l'or, il n'était que l'objet du mépris de la nation, et toute l'exécration tombait sur son abominable maîtresse. Mais comment le mentor du roi avait-il sacrifié si promptement un ministre (1) qui lui devait être aussi cher par les liens du sang, et qui à de grands vices joignait au moins de grandes qualités, et ménageait-il l'autre, qui, ainsi exposé aux regards du public, ne pouvait que déshonorer de plus en plus un nom illustre ? Voici la solution du problème : elle naît de l'exposé même de la question. C'est que l'un, en homme d'esprit, en politique adroit, dès les premiers moments du nouveau règne, ayant sondé le caractère du maître et reconnu l'ascendant de la reine sur son auguste époux, instruit combien il était odieux à cette princesse (2) par son attachement connu à la favorite du feu roi, avait jugé plus prudent d'aller au devant de la disgrâce et de prévenir une expulsion honteuse. C'est que

---

(1) M. le duc d'Aiguillon.

(2) Madame la duchesse d'Aiguillon s'étant présentée pour la première fois au cercle de la reine, en fut si mal accueillie, qu'elle en sortit au désespoir, et dit à son mari qu'elle voulait aller ensevelir son humiliation dans ses terres. Dès ce moment le duc se décida à quitter.

l'autre, très-borné, cédait uniquement à l'impulsion de celle qui le maîtrisait (1), qu'elle avait peine à renoncer au métier lucratif qu'elle exerçait sous lui; qu'elle s'embarrassait peu du rôle que son amant jouerait à la cour, pourvu qu'il lui fût utile; que tous les deux comptaient sur la pitié d'un jeune souverain envers un vieux serviteur (2), dont il n'était plus temps de discuter la conduite; c'est qu'enfin il avait demandé pour grâce de rester jusques au sacre, et que M. de Maurepas s'était rendu garant de son ministère auprès du roi (3). Mais on ne s'impatientait pas moins de le voir toujours en place. On m'a communiqué un quatrain, où on le

---

(1) La marquise de Langeac.

(2) M. le duc de la Vrillière avait 55 ans de ministère quand il se retira.

(3) Voici comme on raconte le fait dans un journal du nouveau règne, sous la date du 10 octobre 1774.

« Il paraît décidé aujourd'hui que M. le duc de la Vril-
» lière restera en place jusqu'après le sacre. Quand il a été
» question de statuer définitivement sur son sort, on est
» convenu de sa nullité, qu'il ne ferait rien d'essentiel et
» qu'on lui conserverait simplement le ministère des
» lettres de cachet, ministère odieux, dont il avait jus-
» qu'alors porté l'iniquité. *Oui*, répondit S. M., *d'autant*
» *mieux que je compte n'en point donner*. Au surplus,
» M. de Maurepas a promis de veiller sur lui et d'empê-
» cher qu'on ne surprît sa religion, comme on a fait si
» souvent. »

lui disait durement, qui n'indique pas un grand génie dans le satirique, mais était une expression grossière du vœu général (1). On portait le dégoût de son existence jusqu'à prématurer sa mort et à lui composer des épitaphes. On m'en a montré deux (2), dont la meilleure est vraiment plaisante et vous amusera. Elle porte sur les trois noms de Phélippeaux,(3) Saint-Florentin et la Vrillière, qu'il avait :

Ci-gît un petit homme, à l'air assez commun,
Ayant porté trois noms, sans en laisser aucun.

Je ne m'étendrai pas sur son personnel, dont on a parlé dans plusieurs écrits d'une manière conforme à tout ce que j'en ai entendu dire. C'est plus que jamais une machine assez bien constituée, quant aux ressorts physiques, mais sans

---

(1) Ministre sans talent, et sujet sans vertu,
  Homme plus avili qu'un mortel ne peut l'être,
  Pour te retirer, dis, réponds-donc, qu'attends-tu?
  Je le vois : qu'on te jète enfin par la fenêtre.

(2) Voici la première, plus dure :

  Ci-gît dans ce petit tombeau,
  Le petit monsieur Phélippeau,
  Qui fut, malgré sa taille ronde,
  Compté parmi les grands du monde,
  Parce qu'il était, ce dit-on,
  Petit génie et grand fripon.

(3) ce premier est le nom de famille.

énergie, sans intelligence, sans âme. Il était d'autant plus urgent de lui insinuer la nécessité de la retraite, qu'il tombait dans une véritable enfance. Et depuis qu'il a cessé ses fonctions, il pleure continuellement, et ne peut s'habituer à la solitude qui l'entoure. Toute sa consolation est de végéter chez la marquise de Langeac. Mais comme il n'a plus de grâces à accorder, des lettres de cachet dont elle puisse faire trafic, il lui devient fort à charge et elle le supporte très-impatiemment.

Ce serait ici le lieu peut-être, Milord, de vous entretenir de cette femme, qui a fait tant de bruit et tant de mal. Mais son histoire est enveloppée de trop de fables et de contradictions, pour que je puisse m'arrêter à ce que j'en ai appris. Je ne vous rapporterai que ce que j'en ai vu par moi-même, et les faits d'ailleurs sur lesquels on s'accorde. Elle se nommait madame Sabbatin (1), lorsqu'elle commença à captiver le ministre en question. Il n'est pas étonnant qu'elle l'ait subjugué ; c'est une des belles femmes qu'on puisse voir. Elle est d'une grande taille, elle a le port majestueux, mais un regard dur, qu'elle adou-

---

(1) Ou *Sabbatini*; car l'envoyé de Modène, dont elle était maîtresse ou femme, se nommait ainsi. Mais le public a trouvé plus plaisant de raccourcir ce mot en celui de *Sabbatin*.

cissait sans doute pour l'amant qu'elle voulait enlacer. Elle s'est bien conservée jusqu'aujourd'hui, et quoiqu'ayant plus de 5o ans, elle plaît encore, ou plutôt elle irrite les desirs, par l'annonce d'un tempérament fougueux, qui se manifeste dans toute l'habitude de son corps. Avec ces heureuses dispositions, et les talents vigoureux du *Petit Saint* (1), il devait nécessairement provenir une lignée de leur union. Elle fut favorisée d'une grande fécondité. La tendresse paternelle ne permit pas au comte de laisser plus long-temps ses bâtards sans état. Le remède était difficile, en ce qu'ils étaient doublement adultérins, au gré de ceux qui veulent que madame Sabbatin ait été mariée et ne fût pas veuve. Quoi qu'il en soit, un homme puissant sous un monarque corrompu lève tous les obstacles. Il se trouva un gentilhomme assez vil pour épouser la concubine du ministre et reconnaître comme siens les fruits de leur libertinage; ce n'est pas tout, pour consentir à ne pas jouir de la beauté dont il devenait l'époux, à la voir du pied des autels, où il venait de lui donner sa main et son nom, se soustraire à ses ardeurs et couronner tant de crimes par un

---

(2) C'est ainsi qu'on désignait par abréviation à la Cour M. le duc de la Vrillière, lorsqu'il s'appelait le comte de saint Florentin.

Tome I. 4

troisième adultère (1). Elle, au contraire, en tira une nouvelle fierté, et s'illustrant de son infamie, prétendit, par une équivoque, s'enter sur une famille encore plus distinguée (2). Si ce projet ne réussit pas au gré de ses desirs, elle remplit le plus essentiel, et ses enfants jouirent, non seulement des avantages de la société, mais acquirent les honneurs dont leur naissance adoptive les rendait susceptibles. Afin de constater plus authentiquement leur origine brillante, elle en fit recevoir un chevalier de Malte.

Ces enfants de l'amour, devenus ceux de la fortune et de la gloire, sont au nombre de cinq, dont trois se sont déjà fait connaître. Le premier, appelé marquis de Langeac, est au service. Quoiqu'il n'ait pas vu le feu, il a déjà le prix du sang des guerriers; il est chevalier de Saint Louis et colonel : il est fameux par plusieurs aventures.

---

(1) Le premier, à l'égard de M. Sabbatin, son premier mari; le second, avec le duc de la Vrillière, qui n'était pas encore veuf; et le troisième envers M. de Langeac, qu'elle venait d'épouser.

(2) Le vrai nom de son mari est *L'Espinasse*. Il y a eu procès au parlement, et madame de Langeac a eu permission de porter ce nom comme possédant la terre qui le lui donne, mais en déclarant en même temps qu'elle reconnaissait n'avoir aucune prétention à se dire de la maison de Langeac.

qui ont fait du bruit, si elles ne lui ont pas fait honneur (1).

Le second est entré dans l'église, et non content d'aspirer aux dignités de cet ordre, il ambitionne les distinctions littéraires. A peine sorti du collège, il vit son front novice ceint d'une couronne académique (2), et sans doute il aurait bientôt siégé dans le fauteuil, si le duc de la Vrillière fût resté en place.

Enfin une fille charmante à comblé les vœux de ses parents : elle est pleine de grâces, d'esprit et de finesse. Elle a épousé, il y a un an, un homme de qualité (3), et plaide déjà en séparation contre lui. Elle se plaint de sévices et mauvais traitements ; et l'autre prétend que trop habile à marcher sur les traces de

---

(1) Entre autres pour s'être battu à l'Opéra contre le sieur Guérin, chirurgien, entremetteur du prince de Conti.

(2) En 1768. On fut si indigné de la partialité témoignée par l'académie à cette occasion, qu'un plaisant fit l'épigramme suivante :

De par le roi : qu'on trouve ces vers beaux !
Signé *Louis*, et plus bas *Phélippeaux*.

(3) M. le marquis de Chambonas.

sa mère, elle commence à fournir elle-même un exemple scandaleux.

C'est tenir trop long-temps, Milord, vos regards sur le père, sa maîtresse et sa postérité (1) : l'un tombera bientôt dans l'oubli qu'il mérite, et les autres rentreront dans l'obscurité dont ils n'auraient pas dû sortir. Il ne restera de tout cela qu'un long amas d'horreurs et d'atrocités, dont sera marquée dans l'histoire l'administration du premier, immuable sous le régne le plus changeant, et sortant de place avec sécurité, ainsi que le ministre le plus vertueux.

Je m'arrêterai avec complaisance sur son suc-

---

(1) Il reste encore deux autres garçons en bas âge. En 1770 le bruit ayant couru que M. de Saint-Florentin, fait duc, voulait avoir des descendants à qui transmettre cette dignité, et épousait mademoiselle de Polignac, il courut l'épigramme suivante :

<pre>
    Des cafés de Paris l'engeance fablière,
    Qui raisonne de tout et *ab hoc* et *ab hac*,
    Sur ses prédictions rédigeant l'almanach,
        Donne pour femme à la Vrillière
        La fille du beau Polignac.
    Ah ! si l'ingrat avait cette pensée,
    S'écria Sabbatin, se frappant l'estomac,
    J'étranglerais, comme une autre Médée,
    Tous ces Phélippotins, soi-disant de Langeac.
</pre>

cesseur, et sans revenir sur ce que vous avez appris précédemment, j'ajouterai quelques anecdotes qu'on m'a racontées. On parlait depuis quelque temps de ce magistrat pour l'admettre au conseil; on disait que M. le comte de Maurepas sentant l'âge s'avancer, et ne voulant point laisser son royal pupille en proie aux insinuations des courtisans pervers, avait cherché un personnage qu'il pût désigner au monarque comme méritant sa confiance; qu'il n'en avait point trouvé de plus digne de cet honneur que M. de Malesherbes; qu'il l'avait proposé à S. M. et ménagé à celui-ci des entrevues avec elle. Les bruits se soutenaient en conséquence et se développaient. Comme on ne voyait point de place où le magistrat pût figurer aussi convenablement qu'à la tête de la justice, on parlementait, disait-on, avec M. le chancelier, pour l'engager à donner sa démission, car ce grand destructeur du principe de l'inamovibilité des offices, le faisait valoir en sa faveur. Cependant il sentait qu'on pouvait se servir à son égard des mêmes tournures qu'il avait employées à l'égard des autres, qu'on pouvait même le menacer de quelque traitement plus violent, et trouver dans sa conduite des griefs suffisants pour lui faire son procès : il profitait donc politiquement du desir qu'on avait d'obtenir de lui un acte volontaire sur ce point, et s'en prévalait pour exiger une grâce éclatante qui eût même passé pour une approbation de tout ce qu'il avait fait : il demandait à être créé duc. Une semblable récompense aurait été le comble de la faiblesse et du délire : aussi la lui refusa-t-on. D'ailleurs, en ce cas, M. de Miromesnil, déjà garde des sceaux, remplaçait de plein droit M. de Maupeou, et c'était un autre homme qu'il fallait gagner avant de consommer l'opération projetée. Quoi qu'il n'eût aucun nerf, qu'il fût inepte, paresseux, et que malgré sa souplesse et ses détours il se fût rendu désagréable à tous les partis, on n'en était pas assez mécontent pour le renvoyer malgré lui. C'était une seconde négociation à faire, n'exigeant pas moins de dextérité et de lenteur que la première. Cependant on voulait toujours installer M. de Malesherbes. Il s'agissait de lui faire prendre pied à la cour : on a imaginé, en attendant qu'on pût le placer convenablement, de le faire succéder au duc de la Vrillière dans ses divers départements. M. Turgot le desirait d'autant mieux, que l'assemblée du clergé allait s'ouvrir, et qu'il avait besoin d'un collègue propre à seconder ses desseins contre cet ordre. Il méditait en outre les réformes de la maison du roi, et il ne pouvait aussi être trop appuyé d'un ministre en cette partie. Enfin tous ses plans subséquents devant d'abord s'exécuter dans la capitale, le secrétaire d'état au département de Paris lui devenait très utile. Un point seul manquait à tout cela ; il s'agissait de déterminer le magistrat. En général il répugnait à venir à la cour, encore plus à prendre un ministère, le plus effrayant par les horreurs qu'il allait dévoiler, et le plus critique par une administration contraire à ses principes. Vous avez vu précédemment, Milord, que le duc de la Vrillière était le grand distributeur des lettres de cachet ; et le moyen qu'un chef de compagnie, après avoir dans une multitude de remontrances, réclamé si fortement contre cet abus du pouvoir, voulût s'y prêter et en devenir l'instrument !

On a vaincu M. de Malesherbes sur tous les points. On lui a d'abord fait entendre qu'il ne serait dans cette place que par *interim* et jusqu'à ce que les négociations entamées eussent acquis la maturité convenable. En second lieu, on a excité son zèle patriotique ; on lui a fait voir combien il était essentiel d'apprendre au jeune prince quelles sont les limites de sa puissance ; de contenir le despotisme, et d'arrêter ces proscriptions innombrables, surtout à la fin du règne du feu roi. Le contrôleur-général, à ce qu'on assure, n'a pas peu contribué à le déterminer, par le développement des vues dont j'ai fait mention ci-dessus. Enfin on a flatté son amour-propre, en le faisant ministre d'emblée : honneur peu commun, et qui le met dans le cas de remplir plus particulièrement les intentions de ses collègues.

On ne croit point que l'air pestiféré de la cour corrompe ce magistrat, comme les autres qui l'ont précédé : il a la simplicité des grands hommes ; il est ennemi du faste ; il n'est point ambitieux ; il aime les lettres, les arts, les sciences, et surtout le repos. S'il ne peut opérer le bien qu'il se propose, et qu'on lui a présenté pour objet de séduction, on présume qu'il ne tardera pas à fuir un séjour qu'il déteste naturellement. Et, à vous dire vrai, il me paraît qu'on s'y attend. Il ne manquera pas de trouver des obstacles propres à l'effrayer et à le dégoûter : entouré de piéges, il n'est guère possible qu'il les évite tous. D'ailleurs on juge que ce département ne lui convient en rien. Il exige une activité si continue, une attention si scrupuleuse, il est rempli de tant de petits détails et de minuties importantes, qu'il en sera bientôt fatigué. Son génie ne pourra se rétrécir, se déployer comme il faudrait : en un mot il en a trop pour une pareille place.

On dit que son premier soin sera de s'informer de tous les captifs détenus dans les châteaux-forts, prisons, maisons de force de son ressort, par ordre du roi ; de leur faire fournir les moyens de se défendre et de se justifier, et d'en faire sortir toutes les victimes de l'autorité ou des passions des ministres. On souhaiterait qu'il visitât par lui-même les lieux à sa portée, mais surtout qu'il fît châtier rigoureusement les auteurs de la détention de tant d'innocents malheureux, en sorte qu'ils pussent servir d'exemples propres à intimider leurs semblables.

J'ai voulu voir par moi-même, Milord, ce nouveau ministre au choix duquel toute la France a applaudi. Il n'a point l'air distingué ; il l'a même très-commun : le feu de ses yeux répare heureusement ce défaut. La bonté est peinte sur sa physionomie. Il est trapu et rondelet ; ce qui, joint à son vêtement très-uni, noir, accompagné d'une perruque magistrale, n'a pas manqué de faire rire les courtisans, trop frivoles pour ne pas s'arrêter à l'écorce. Ses mœurs et ses manières répondent à son extérieur modeste. Il est gai, folâtre, et a dans la société la franchise de sa figure. Il aime les enfantillages, les jeux de main. Son grand plaisir est de faire des *camouflets*. Je ne puis me refuser à vous rapporter à cette occasion une historiette qui prouve également et sa bonhommie et la force de sa tête.

On entend, dans ce pays-ci, par un *camouflet* une plaisanterie innocente ; elle consiste à allumer un morceau de papier et à le présenter légérement sous le nez de quelqu'un qui dort, ou est préoccupé sérieusement de quelque chose, au point de ne pas faire attention à ce qui se passe. Un plaideur était venu solliciter M. de Malesherbes, alors premier président de la cour des aides; il l'instruisait de son procès, long, compliqué et délicat. Le magistrat semblait l'écouter avec attention, lorsqu'au bout d'un certain temps il fouille dans sa poche, en retire un chiffon, le porte à la bougie, l'en retire et le présente au narrateur..... Celui-ci, tout étonné, se recule et reste court. — « Eh! monsieur, lui » dit son juge, je vous demande mille pardons » de ma distraction, mais je n'en ai pas moins » entendu tout ce que vous m'avez expliqué. » Et pour preuve, il lui reprend son affaire, et la rapporte dans le même jour présenté.

Il est en effet très-distrait. Voici une autre anecdote qu'on m'a contée, encore plus originale. Ces traits en action peignent mieux un homme que toutes les observations du métaphysicien le plus délié. Un jour à l'audience, M. de Malesherbes interrompit brusquement un avocat au milieu de son plaidoyer : « Eh! morbleu, » maître un tel, s'écrie-t-il, quand finirez-vous » de nous ennuyer? » L'orateur ne se démontant pas : « Monsieur le premier président, répond- » il, j'en suis fâché, mais je remplis mon mi- » nistère; remplissez le vôtre, en m'écoutant

» sans vous impatienter ; dussiez-vous bâiller jusqu'à la fin; vous êtes fait pour cela. » Le magistrat, revenu de sa distraction, reçut la leçon et se tut.

Le courrier presse, Milord, et je ne veux pas perdre le jour de poste. Je vous embrasse.

Paris, 20 juillet 1775.

LETTRE V.

Sur la maladie d'un Curé et sur le danger de la continence chez les Prêtres.

J'ÉTAIS l'autre jour, mon ami, à dîner chez madame Geoffrin. Je ne m'étendrai point sur cette virtuose, dont la réputation est plus répandue parmi les étrangers encore qu'en France. Il y avait, suivant la coutume, plusieurs savants. Il fut principalement question du mémoire qu'un curé d'une province méridionale avait envoyé à MM. *d'Alembert* et *de Buffon*, relativement à une maladie singulière et même unique dont il sortait. On dit qu'il y rendait compte dans le plus grand détail des causes et des effets de son accident ; qu'il l'attribuait à la continence qu'il avait observée trop rigoureusement dans son état, et qu'après avoir épuisé tous les remèdes de la médecine usités en pareil cas, il ne s'était guéri que par l'instinct de la nature, le portant à user involontairement de la ressource qu'elle indique dans les moments désespérés. Nous n'avons pas besoin en Angleterre de connaître les moyens de pareilles cures, puisque nous avons sagement aboli les lieux où l'on martyrise ainsi le genre humain, et que les ministres de notre religion ne renoncent pas au plus essentiel des devoirs du citoyen, celui de reproduire leurs semblables. Mais le mémoire fut annoncé comme si intéressant, que je voulus l'avoir pour vous en envoyer une copie. J'allai chez M. d'Alembert et le priai de me le prêter, je vous en fais part. Vous y remarquerez beaucoup de bonne foi : vous serez sensible au sort d'un saint prêtre, victime du fanatisme : vous serez surpris que le ciel ait souffert que la nature triomphât de la grâce, ou plutôt que, témoin des combats violents de cet athlète, il n'ait pas éteint enfin chez lui ces desirs impurs suggérés par le démon de la chair. Quant à l'ouvrage, il vous paraîtra verbeux, mais précieux dans ses moindres détails : vous y admirerez une imagination fougueuse, d'une fécondité inépuisable, souvent obscure et se ressentant un peu de l'ancien état du malade. Vous y trouverez un homme érudit, citant fréquemment des passages tirés de ses auteurs latins dont il est rempli, mais spécialement de l'écriture sainte, dont il se nourrissait trop, et qui lui exaltait le cerveau à un degré prodigieux ; ce qui prouve le danger de cette sorte de lecture pour les jeunes gens, dont l'âme vive s'ouvre facilement à toutes les impressions, ou pour les hommes portés à la mélancolie. Du reste, quoique l'écrit roule sur une matière délicate et sujète à présenter fréquemment des obscénités, il est traité avec toute la réserve possible. Il faut d'abord l'envisager simplement comme un morceau de physique, de médecine et de morale.

Relation d'une maladie singulière, arrivée à M. Blanchet, curé de Cours, près La Réolle en Guyenne, pour avoir gardé une continence trop parfaite, écrite par lui-même.

Je ne puis donner au lecteur une idée juste, un détail exact de l'étonnante crise, du singulier phénomène que j'offre à son attention, qu'en remontant plus haut, pour lui apprendre quelque chose de mon tempérament, de mon régime et de mon éducation, tant familière que religieuse, qui furent les principales causes qui les amenèrent.

Je naquis de parents jeunes et robustes. Un germe bien conditionné, versé dans le sein d'une mère saine et amoureuse, s'y échauffa et s'y développa dans toute la force et dans toute l'énergie de la nature. Au bout de neuf mois je passai de son sein entre ses bras pour y être nourri de son lait. Cette nourriture donna à mes membres, à mes organes, un prompt accroissement, et à mon tempérament une constitution très-vigoureuse ; j'acquis une santé parfaite : les ris, les jeux, les plaisirs furent le cortège inséparable de mon berceau : je ne sentis rien des langueurs, des infirmités qui ont coutume de retarder le premier âge : je semblai échappé aux malédictions portées en commun contre tous les enfants d'Adam. Ces heureuses dispositions hâtèrent mon tempérament, et sa précocité ne tarda guère à me faire ressentir vivement l'inclination pour le sexe, qui dans la plupart des sujets est plus long-temps retardée. Je n'avais pas encore onze ans lorsque quelques objets de ce genre s'étant offerts à moi par hasard, firent sur mes yeux et mon imagination une impression si vive, qu'entraînée par leurs charmes mon âme sensible m'abandonna et s'envola vers eux : *Ut vidi, ut perii, ut me malus abstulit error.*

J'aurais sans doute infailliblement suivi l'attrait secret du plaisir qui m'entraînait, puisqu'il n'est point d'âge moins fait que celui-là pour résister à une loi qui nous captive tous, ou pour mettre des mesures à une passion qui n'en connaît point. Mais prévenu par les leçons de mes parents, qui me destinaient à l'état ecclésiastique et m'avaient fait entrevoir cette inclination comme criminelle, j'hésitai. Ce combat est l'époque de tous mes maux, la cause de tous mes malheurs. Ce n'est pas que je veuille dire qu'il m'eût été avantageux de suivre à un âge aussi tendre l'impulsion de l'amour; mais mes parents auraient dû m'en éloigner autrement que par une erreur. Ils auraient dû intéresser ma curiosité, occuper l'activité de mon esprit, qui était extrême, par des études utiles; dompter la fougue et la force de mon tempérament, par des travaux pénibles; m'amener, s'il eût été possible, à cette maturité et perfection d'âge, avant lesquelles il n'était point permis aux germains d'approcher des femmes; à ce point auquel le père de Montaigne parvint intègre, quoiqu'élevé parmi la licence des armes. Mais, faute de cette éducation, l'inclination naturelle me ramena bientôt vers les objets qui avaient fait sur moi cette première et si vive impression. Alors mon âme partagée entre eux et les remords d'une conscience alarmée par l'idée du crime, devint flottante, incertaine, et ne pouvant plus tenir à un état si violent, je pris le parti de m'ouvrir à mon père. Mais lui, plus occupé de son état que du mien, de sa fortune que de mon bonheur, ou plutôt, je lui dois cette justice, le cherchant où je ne devais pas le trouver, m'exposa la modicité de sa fortune, le nombre de ses enfants, m'étala les richesses et les avantages de l'état ecclésiastique, où m'attendaient deux oncles pour me faire part de leur fortune. Me voyant insensible à tous ces motifs, il me prit entre ses bras, et m'embrassant tendrement, me conjura de ne pas me refuser à un état qui devait donner du pain à moi, à lui et à mes frères. Savait-il cependant, ce père infortuné, les maux qu'il se préparait, à moi et à toute sa famille? Avait-il prévu que la force de l'inclination, qui dans ce moment cédait à l'amour paternel, ou que la fougue presque invincible de mon tempérament, qui dans la suite céda à l'amour de la vertu et de l'estime publique, dussent m'amener à une maladie, la plus affreuse qu'ait peut-être jamais éprouvée la nature humaine, à une aliénation d'esprit, qui balança long-temps ma perte irrévocable? Je l'ai vu ce tendre et trop sensible père, hélas! pourrai-je soutenir son image! mais elle s'offre à moi avec trop d'importunité pour ne pas trouver ici sa place; je l'ai vu étonné, surpris, immobile au triste spectacle que lui offraient deux de ses enfants, qu'une trop rigoureuse continence avait conduits à l'aliénation d'esprit, exprimer des sentiments de la douleur la plus vive, le reproche trop amer qu'il se faisait d'une faute qui était bien plus à mettre sur le compte de la société et de la religion que sur le sien, mais qui flétrissait sa vie et abrégeait ses jours : je l'ai vu descendre dans le tombeau avant d'avoir fourni la moitié de sa carrière. Cependant dans le temps dont je parle, mon cœur attendri et gagné par ses caresses s'offrit à lui comme une cire molle pour recevoir la forme qu'il voulait lui donner. Ma vocation à

Tome I. 5

l'état ecclésiastique fut donc décidée, et dès ce moment je formai la résolution ferme, constante et invincible, de combattre l'inclination naturelle. Ciel ! quelle entreprise ! celle de ces fiers mortels qui entassant les montagnes les unes sur les autres, conçurent le dessein d'escalader le ciel, ne lui est pas comparable. Quelle carrière s'ouvrit sous mes pas ! Ma conscience m'est témoin que si j'étais à recommencer, après avoir épuisé les travaux d'Hercule, y joignant l'entreprise de Bellérophon, j'aimerais mieux entrer tout vivant dans la gueule de la Chimère, que de fournir de nouveau une tâche qui, pendant si long-temps, m'offrit successivement les travaux des Euménides, le supplice de Sisyphe et les tourments de Tythie. Le foie de celui-ci, toujours renaissant, mais toujours rongé, fut l'image vivante et trop sensible d'une inclination toujours active et toujours combattue. Mes comparaisons n'auront rien d'outré, rien d'emphatique, pour quiconque aura éprouvé combien il est doux de céder aux charmes de l'inclination naturelle, combien il est dur de toujours y résister : *Quisquis aut dulces aut amaros experietur amores.* Or, voici comment je fournis cette pénible carrière.

Je commençai par élever deux remparts : l'un, étayé sur la crainte et le respect d'un dieu toujours présent, d'une conscience tendre et timorée, s'opposait à toutes les pensées, à tous les desirs et les sentiments les plus secrets; et l'autre, fondé sur l'estime publique, m'éloignait de tout entretien, de toute conversation et recherche des personnes du sexe. Contre ces deux remparts, ou plutôt contre ces deux écueils, venait constamment se briser l'effort d'un tempérament terrible. De la violence de celui-ci, de la résistance de ceux-là, résultait un choc, une secousse continuelle, qui étonnaient mon âme et la déconcertaient. A la vue du péril, dans la crainte du naufrage, je réclamai un guide et un pilote. Mon choix tomba sur un vieux prêtre, en qui les passions étaient éteintes par l'âge, ou qui peut-être n'en ayant jamais eu de fortes, ne se trouvait que celle d'élever de jeunes ecclésiastiques à l'état célibataire. Pas moins jaloux de cette mission que l'étaient les pharisiens de former des prosélytes à la loi de Moïse, comme eux il aurait volontiers parcouru la terre et la mer pour faire des *enfants de la gehenne*. Il fut donc charmé d'en voir un se présenter de lui-même et de la meilleure volonté du monde. Ma première démarche fut de lui ouvrir mon cœur. Je ne lui laissai pas ignorer combien la force et la lubricité de mon tempérament répugnaient à la pratique de la continence. Mais cette difficulté et cette répugnance, au lieu de l'arrêter, ne firent qu'exciter son zèle. L'opposition de l'in-

-clination naturelle avec la continence de la chair, disait-il, avec la grâce, formait à ses yeux le plus beau contraste. J'allais, selon lui, soutenir un combat qui intéressait le ciel, j'allais fixer l'attention de Dieu et de toute la cour céleste; remporter des victoires, auxquelles il s'associait sans doute, comme *Patrocle* à celles d'*Achille*; j'allais enfin gagner une couronne de gloire et d'immortalité. Guide aveugle! il ne voyait pas qu'il ne peut y avoir de contradiction entre la nature et la grâce; que celle-ci suppose toujours celle-là, la soutient, la ménage, l'épure et la perfectionne, mais ne la détruit jamais! Cependant, victime de l'ignorance de mon directeur, de ma crédulité, j'entrai dans ses vues: la grandeur des difficultés ne fit qu'échauffer mon imagination et mon courage dans un âge auquel on ne mesure guères le mérite d'une action que par la difficulté qu'il y a de l'exécuter.

Le zélé directeur ne manqua pas de me parler de la chute du premier homme, du poison qui s'étant glissé dans le germe de la génération, avait passé à sa postérité et avait corrompu tous les individus de l'espèce humaine, qui depuis n'avaient pu exercer l'acte de la génération sans se sentir échauffés de l'ardeur d'une concupiscence criminelle à laquelle je ne devais jamais me laisser aller. Il eut soin d'y joindre le portrait d'un Dieu jaloux, qui sondant le fond de mon cœur, en pénétrait tous les mouvements. Saisi, épouvanté par l'idée d'un Dieu si présent, je me décidai à ne rien me permettre qui pût lui déplaire, et ne me permis d'exprimer aucun desir, nul mouvement qui eût trait à l'inclination naturelle. Je captivai mes regards et ne les fixai jamais sur aucune personne du sexe. J'imposai la même retenue à tous mes autres sens. Cependant le besoin prévalant contre tous mes efforts, offrait continuellement à mon imagination des objets destinés à la satisfaire. Or, de ces deux chocs, de l'inclination naturelle d'un côté, de l'autre, des efforts continuels que je faisais pour y résister, se formait un combat intérieur, une espèce d'agonie, d'où résultait une stupeur qui tenant en suspens toutes les facultés de mon âme, me rendait bien plus semblable à un automate qu'à un homme. Alors la nature qui dans les premiers développements de mes organes m'avait paru un si beau spectacle, qui en offrant à chacun de mes sens les objets qui leur convenaient, m'avait rempli de joie et de plaisir, et qui en échauffant mon âme de ces doux sentiments allait faire éclore tous les germes des talents ; cette aimable nature se couvrit à mes yeux, elle et tous ses charmes, d'un voile affreux, au travers duquel je ne vis désormais plus que des objets tristes et lugubres. Dès ce moment, mon cœur se glaçant se refusa à tous les plaisirs, et mon âme devint inacessible à la joie. Si quelquefois elle voulut me sourire, je la rejetai ; en l'apostrophant, je lui disais avec l'Ecclésiaste : *Risum reputavi stultitiam et gaudio dici quid frustra deciperis.* Je cherchais, au contraire, à abreuver mon âme d'ennui, de dégoût et d'amertume, persuadé que c'était la perfection de la vie chrétienne. Des livres ascétiques, certains endroits de l'écriture, procurés et amenés par les soins de mon directeur atrabilaire, ne servaient que trop à cela. Cependant la bonté de Dieu ne saurait exiger de sa créature un pareil sacrifice, ni approuver une semblable conduite ; non, sans doute, puisqu'il ne peut se démentir, opposer, comme je l'ai dit, l'ordre de la grâce à celui de la nature, dont presque toutes les opérations, les voies et les démarches sont marquées au coin du plaisir ; et c'est par les charmes et les attraits de celui-ci qu'il déclare vouloir appeler les enfants d'Adam à lui et à leurs devoirs, dont le plus essentiel est celui de propager leur espèce : *Traham eos*, dit-il, *in vinculis Adam, in vinculis caritatis.* Et ailleurs, l'Ecriture peignant son caractère, dit de lui : *Attingens a fine usque ad finem fortiter et disponens omnia suaviter.*

J'étais donc dans l'erreur, et l'erreur la plus pernicieuse, car la tristesse dans laquelle je vivais, outre qu'elle éteignait en moi le desir de m'instruire, moyen si propre, ou peut-être le seul pour faire diversion à l'inclination que je combattais, cette tristesse, dis-je, me conduisit souvent au bord du précipice, et m'amena à deux doigts de ma perte. Venant à penser quelquefois à l'acte de la génération, je sentais contre les auteurs de ma vie un certain dépit, une horreur secrète, qui troublait mon imagination, me causait les transports d'une fureur presque semblable à celle des Manichéens et des Circoncelliens. Je balançais quelquefois, et voulais pratiquer sur moi l'atrocité des Origénistes. J'étais à mes yeux un monstre affreux, que je regardais comme toujours opposé à la loi de Dieu, que j'avais calquée sur l'erreur et la superstition. Ce triste régime m'amena à l'âge auquel il fut question de me décider à la prêtrise, et par un vœu qu'il a plu aux hommes y attacher, à une continence perpétuelle : cet état n'exigeant point de moi une pratique de la continence plus parfaite que celle que j'avais déjà observée, je ne prévis point de difficultés plus grandes que celles que j'avais déjà surmontées, je m'y décidai.

Le jour de mes destinées arrivé, je me rendis aux pieds des autels ; mais avec une pesanteur qui accompagnait presque toutes mes actions, suite naturelle de la tristesse dans laquelle je vivais. Rendu là, je fléchis le genou, inclinai la tête et tombai comme une lourde victime sous un vœu mille fois plus cruel que le couteau sacré qui immola la fille de Jephté, ou Iphigénie; puisque celui-ci frappa sa victime d'un seul coup et pour toujours, pendant que celui-là attachant sa victime à une loi aussi dure que le rocher sur lequel gémit Prométhée, devait déchirer éternellement la sienne sans jamais l'achever. En effet, après mon vœu, me croyant plus étroitement obligé à la loi de la continence, je redoublai de soins et d'attention pour éviter tout ce qui pouvait la violer, et poursuivis l'inclination naturelle jusques dans ses derniers retranchements. Or, il y avait une chose qui m'avait toujours fait de la peine : l'attention avec laquelle je veillais sur moi le jour, avait assez de pouvoir pour empêcher les objets obscènes de faire sur mon imagination une impression assez vive et assez longue pour émouvoir les organes de la génération et procurer le soulagement de la nature; mais pendant la nuit et durant le sommeil, mon imagination cessant d'être sous l'empire de la raison ou de la religion, recevait de ses efforts assez de chaleur pour obtenir le soulagement de la nature. Cet effort si simple et si naturel me paraissait cependant un désordre, une espèce de souillure, qui m'alarmait et m'affligeait vivement; car je craignais toujours qu'il n'y eût de ma faute, et l'attribuais le plus souvent à la qualité ou à la quantité des aliments que je prenais. D'autres fois, je soupçonnais n'avoir pas veillé sur mes sens avec assez d'attention : en conséquence je me privai de toutes les nourritures que je soupçonnai augmenter ou échauffer l'humeur séminale, et diminuer la qualité des autres. Ce régime me conduisit à une exrême maigreur. Je redoublai surtout d'attention et d'horreur contre les illusions de la nuit, au point que la moindre disposition qui, pendant le sommeil, tendait à évacuer l'humeur séminale, me réveillait; alors, changeant de situation, ou même quelquefois me levant, je l'évitais.

Il y avait déjà près d'un mois que je vivais dans ce redoublement d'attention, et j'étais dans la trente-deuxième année de mon âge, lorsqu'une nuit, au matin, mon âme échauffée par les images des objets, communiquant son action aux organes de la génération, je me sentis prêt à tomber dans le désordre que je redoutais. Eveillé, tant par l'impression vive qu'avait laissée en moi ma forte résolution, que par le sentiment du plaisir, je me levai et trompai la nature. Cependant l'humeur séminale dont je venais d'empêcher l'évacuation, porta fortement à mon imagination, lui donna un feu et une vivacité que je n'avais jamais ressentis. Mes sens acquirent une sensibilité rapide, une pénétration étonnante. L'après-midi, j'allai dans une maison où m'appelaient les devoirs de la société ; à l'entrée de la salle, je portai mes regards sur deux personnes du sexe, qui firent sur mes yeux, et de là dans mon cœur, une si forte impression, qu'elles me parurent vivement enluminées, et telles que celles qu'on électrise. Ignorant alors la cause physique d'un aussi singulier effet, je l'attribuai au prestige du démon et me retirai. La maîtresse de la maison, surprise d'un aussi brusque départ, me suivit et m'en demanda la cause? Je lui dis franchement qu'elle avait chez elle des objets trop séduisants, mais que j'aurais l'honneur de la voir une autre fois. Ce qu'il y eut de singulier, c'est que celle-ci, aussi jeune que les deux autres, et qui n'avait pas moins de charmes et de beauté, ne fit sur moi aucune impression. Mais il y avait une cause et une raison physique de cette différence, que je dirai dans la suite. Sorti de la maison, éloigné des objets qui m'avaient si vivement affecté, je devins plus tranquille, à cela près que je sentais mon âme en feu, et dans tous mes sens une vivacité extraordinaire, qui semblait m'entraîner et me précipiter. Dans le reste de la journée, mes regards ayant rencontré quelques autres personnes du sexe, j'eus le même trouble et les mêmes illusions. Le lendemain, m'étant mis en chemin pour revenir chez moi, il me sembla à plusieurs fois que la voiture où j'étais tombait et se renversait; ce qui fit que je criai aux gens qui la conduisaient de la soutenir. Mais mes fausses alarmes leur prêtant à rire, je ne savais trop ce que cela signifiait. Il y avait cependant un dérangement réel en moi; mais mon erreur était de l'attribuer aux objets extérieurs, pendant qu'il provenait de mes organes et du trouble de mes sens : ce que je n'avais garde de soupçonner. Aux approches d'une petite ville qui se trouva sur mon chemin, ayant vu des femmes, elles me causèrent le même frémissement et les mêmes illusions que celles que j'avais apperçues la veille. Entré dans la ville, arrivé à l'auberge, on me servit à manger ; mais le pain, le vin et généralement tous les objets qu'on me présenta, me parurent en désordre et renversés. Alors, persuadé que l'esprit de prestige et d'illusion me suivait partout, j'apostrophai durement l'aubergiste, que je soupçonnais y avoir part, et rentrai précipitamment dans ma voiture. Là, faisant attention, autant que pouvait me le permettre le trouble de mes sens et l'agitation de mes esprits, à mes aventures de la veille, à celles du jour et à mes dispositions actuelles, je me confirmai dans ma première opinion par les fables de *Ribadeneyra*, qui offrent les pères du désert comme nourris et éduqués parmi les illusions du démon. Il vint aussi s'offrir à ma mémoire une foule de passages de l'Ecriture Sainte. Comme c'était le seul livre que je lusse, ils étaient si présents à ma mémoire, qu'il n'y avait point de situations ni de circonstances dans la vie auxquelles je ne fusse à même d'en appliquer quelqu'un. Celui de Saint-Paul, où il dit que ce n'est pas contre la chair et le sang que nous avons à combattre, mais contre la malice et la méchanceté des puissances célestes et spirituelles, n'avait donc garde de m'échapper. Et, dès ce moment, je ne connus plus d'autre cause de mon trouble et de mes illusions, que l'obsession du démon, à qui je résolus, arrivé chez moi, de faire bonne guerre, en employant contre lui la prière, le jeûne et les exorcismes. Je continuai mon chemin, mais comme un autre Saül, respirant colère et vengeance contre l'esprit tentateur, *spirans cœdis et minarum*. Cependant, rentré chez moi le même jour, je me sentis plus tranquille, soit par l'éloignement des objets qui m'avaient troublé, soit par le plaisir que j'eus de me retrouver dans le sein de ma famille. Mais le lendemain, environ demi-heure après le repas, je sentis tout-à-coup mes membres s'étendre et se roidir, puis tout mon corps frémir et s'agiter par un mouvement violent et convulsif, semblable aux attaques d'épilepsie les plus violentes. Il me parut dans ce moment que la machine du monde allait se dissoudre; que le ciel et la terre croulaient; que tous les éléments mêlés et confondus ensemble étaient dans la plus affreuse agitation. Mes gens étant accourus, me prirent et m'ayant mis au lit, me réchauffaient, présumant que j'avais froid, car c'était au mois de novembre. Alors mes humeurs se fondirent et surtout la séminale, qui par sa trop grande abondance était auparavant dans une espèce de balancement, et par l'extrême réplétion de tous les vaisseaux où elle était contenue, dans une vraie stagnation, reprit sa chaleur et son activité; mais ne pouvant gagner les organes de la génération où elle devait naturellement se précipiter, par les raisons qu'on a vues, elle se porta rapidement au cerveau, et m'y causa la douleur la plus vive. Il me semblait que toute cette partie se roulait et faisait une volute. Le mouvement fut si violent, que se communiquant à toute la machine, il l'entraîna et me fit faire plusieurs évolutions puériles et ridicules, mais analogues et relatives avec ce qui se passait dans ma tête. L'excès de la douleur fut accompagné d'aliénation d'esprit et de délire. Je fus saigné; mais la saignée ne m'apporta aucun soulagement; je n'en fus, au contraire, que plus dérangé. On me baigna, mais avec si peu de précaution, que si chez moi les solides n'eussent eu le jeu le plus flexible, le ton le plus harmonique, c'en était fait de moi; j'étais livré à une aliénation d'esprit irrévocable, et je subissais le sort de mon infortuné frère. Cependant la fraîcheur du bain ayant calmé un moment l'ardeur de mes esprits et de mon imagination, je restai plus tranquille. Mais peu de temps après la chaleur revenue, mon imagination fut assaillie par une foule d'images obscènes. Toutes les beautés de la cour de Louis XV lui furent successivement offertes, car je m'imaginai, par une idée assez singulière, que le gouverneur de la province (1), qui passait pour un homme très-galant, par le dépit qu'il avait de me voir si opiniâtrément attaché à la pratique de la continence, me les offrait avec importunité. Mais mon imagination, encore plus vivement frappée par le souvenir de mon état et la ferme résolution de garder la continence, y résistait ; puis étant venu à croire que ces objets étaient amenés jusque dans mon lit, et qu'on me faisait violence, je poussai des cris affreux, et entrai dans des mouvemens convulsifs. Rien n'égalait le supplice horrible que je souffrais par la cruelle scission de mon imagination, partagée entre les charmes et les attraits de la présence des objets destinés à soulager les besoins de la nature, et l'horreur d'enfreindre le vœu de la religion. Cependant cet état étant trop violent pour durer plus long-temps, le fanatisme prévalant contre la nature, ou celle-ci changeant sa marche, les images disparurent, et l'agitation cessa. Le calme ne dura pas long-temps : bientôt après

---

(1) M. de Richelieu.

succéda une nouvelle tempête, bien violente encore, mais beaucoup moins que la première, d'ailleurs accompagnée de quelque sentiment de plaisir.

L'activité de l'humeur qui me dominait se tournant en fureur guerrière, vint offrir à ma mémoire l'idée et le souvenir des guerriers dont le caractère m'avait le plus vivement frappé lors de mon enfance. Alors mon imagination me transportant dans tous les combats et les assauts dont j'avais lu l'histoire, je crus être successivement Alexandre, Achille, Pyrrhus et Henri IV. Avec le premier, auquel je m'identifiai au point que je m'imaginais avoir sa taille, sa figure, son nom être sa personne, je combattis au Granique, je vainquis à Arbelles, j'assiégeai Tyr et montai à l'assaut sur ses remparts. Ces mouvements violents et rapides, ces images vives et frappantes rendirent à mes esprits le cours et l'activité qui leur étaient si naturels, et ceux-ci à leur tour aux parties solides le ton et la vibration convenables, mais suspendus trop long-temps par une vie oisive et méditative, si contraire à mon tempérament. Je sentais cependant le plaisir le plus vif et le plus délicieux. Mon âme semblait, pour la première fois depuis mon enfance, vivre et respirer, en exprimant le caractère d'Alexandre, dont mon imagination suivait tous les traits et mon action rendait les mouvements. Vinrent s'offrir à celle-là sept cents Tyriens suspendus en croix le long du rivage de la mer. A ce triste spectacle, saisi d'horreur et d'indignation, j'abhorrai le caractère du héros Macédonien, et ne voulus plus être ce monstre ; mais fixant mes yeux ou plutôt mon imagination sur les victimes gémissantes de sa cruauté, j'entrai dans les sentiments de la plus vive et de la plus tendre compassion, et m'attendris sur le sort de ces infortunés. A la suite de cette douce passion qui calma mes sens, m'étant endormi, il me sembla voir les Tyriens réchauffés par mes soins, reprendre vie et descendre de leurs croix. Mon imagination était si vivement frappée, qu'il me semblait noter leurs traits, remarquer leur teint, observer leur physionomie, les appeler chacun par leur nom. Il me semblait qu'ils venaient me remercier et rendre hommage à la vertu qui les avait sauvés. A ce spectacle, le cœur attendri, les yeux mouillés de larmes, je sentis la joie et le plaisir les plus parfaits.

Reposez-vous, mon ami, avec ce malheureux. Je vous enverrai, l'ordinaire prochain, la suite de l'ouvrage.

Paris, ce. 30 juillet 1775.

Suite du Mémoire du Curé de Cours, près la Réolle en Guyenne.

Cet état délicieux ne dura guère ; mais bientôt après, la force du tempérament et l'activité de l'humeur reprenant, je fus attaqué par un second accès de fureur guerrière, et dans ce nouvel accès il plut à mon imagination de me transformer en Achille. Il me sembla ceindre ses armes : j'avais sa voix ; j'adressai aux Troyens ses défis, ses insultes. Puis poussant, culbutant et renversant les bataillons, je me vis tout-à-coup aux portes du palais de Priam. Dans mon erreur je me figurais des images dont tous les traits épars étaient sans suite : *Cui nec pes, nec caput uni redditur formæ.* Passant rapidement du caractère d'Achille à celui de Pyrrhus, ou plutôt mêlant et confondant celui du fils avec celui du père, vivement frappé par l'image et la peinture que fait Virgile de Pyrrhus, croyant être moi-même ce héros, je saisis les quatre quenouilles de mon lit, dont je ne fis qu'un paquet, et les lançai impétueusement contre la porte de ma chambre, que j'arrachai de ses gonds et portai à quatre pas de là. Transporté de joie, animé par la secousse et le fracas, je m'écriai : *Cecidit Ilion Priamique domus?* J'avais pendant ces sortes d'accès tant de roideur et de force dans mes membres, que tout croulait sous mes mains, et rien ne résistait à mes efforts. Je rendais ces sortes de combats avec tant de force et d'énergie, que personne ne pouvait soutenir le feu de mes regards, ni la vivacité de mon action. Mes parents, qui ne savaient rien de ce qui se passait dans mon imagination, qui connaissaient encore moins la marche de la nature qui, par cette crise violente, cherchait à me faire sortir de l'état où une sotte éducation et un malheureux régime m'avaient réduit, et tendait à me guérir, prirent le parti de me lier le corps et de m'enchaîner les mains. Dieu, quel supplice je souffris! quel changement se fit tout-à-coup dans ma tête! Déchu du haut degré auquel je m'étais vu porté un moment avant, abattu, consterné, je regardais mes chaînes, ma prison, ma nudité, avec horreur et frémissement. L'humeur ellemême, qui m'avait élevé l'âme et le courage, abattue ou refroidie, ne me soutenant plus, je sentais tout le poids du plus morne désespoir. M'étant endormi dans ce trouble et cet état, ma tête fut remplie des images les plus terribles. Il me sembla voir l'ancienne Rome s'élever de dessous ses ruines, ouvrir ses tombeaux et offrir à mes yeux les squelettes de ses plus fameux guerriers environnés d'armes, dont la figure, la variété, la rouille et la vétusté présentaient un spectacle affreux. Cette image s'imprima si fort en moi, que je restai long-temps sans pouvoir fixer mes regards sur aucune arme ou pièce de fer, sans une extrême horreur, qui, passant jusqu'à mes sens, affecta mon odorat d'une espèce d'odeur de fer et d'airain, qui m'importuna pendant bien des jours. De-là, mon délire me promenant au travers des monceaux énormes de ruines qui semblaient crouler de toutes parts sous mes pieds et menacer ma tête, me fit arriver aux portes du temple du Dieu de la guerre. Il me sembla les voir s'ouvrir, les entendre rouler sur leurs gonds avec un bruit horrible. J'envisageai ce Dieu au milieu de son temple, et par un jeu cruel de mon imagination, je me crus moi-même ce monstre dégoûtant de sang et de carnage et chargé de fers. L'état où je me trouvai, lié et garotté, les mains enchaînées, favorisait cette illusion, ou peut-être l'avait fait naître. Or j'imputai le traitement affreux qu'on me faisait souffrir à l'inhumanité que je m'imaginai avoir commise contre la personne d'Hector. Cependant un moment après, sondant mes sentiments par un retour et une réflexion dont je semblais si peu capable, et les trouvant totalement opposés à ce trait de cruauté, je désavouai et détestai le caractère d'Achille, et passant tout-à-coup aux sentiments de la pitié et de la plus vive compassion, je m'écriai avec transport :

Ah! cher Hector, que ne puis-je ramasser tes membres épars, les réchauffer et les rendre à la vie! Ah! que volontiers je verserais des larmes sur ton tombeau! et, en le disant, j'en versai effectivement. Les sentiments de cette douce passion me ramenèrent à une douceur et à une tranquillité qui engagèrent mes parents à me mettre en liberté. Je ne sentis jamais rien de plus délicieux que ces premiers moments.

La nuit ensuite je dormis d'un sommeil plus doux et plus tranquille que je n'avais encore fait depuis ma maladie. Aux approches du jour et de mon réveil, j'eus un songe qui donna occasion à un troisième et dernier accès, je ne dirai pas de fureur, mais simplement de courage guerrier, cet accès ayant été beaucoup moins fougueux et plus modéré que les deux autres. Je songeai qu'un roi venait à la tête d'une puissante armée pour égorger les Protestants, et renouveler le carnage de la cruelle journée de la saint Barthélemi: Dieu! me disais-je, qu'ont fait ces gens? N'est-il pas assez malheureux pour eux d'être dans l'erreur? Verrons-nous encore plonger le poignard dans le sein de nos frères? Ne se trouvera t-il personne pour les secourir? En disant ou rêvant cela, il me semblait voir dans un certain endroit que désignait mon imagination, une pique qui s'élevait de terre et s'offrait à moi. Eveillé par l'ardeur du courage et par l'empressement d'aller au secours de mes concitoyens, je me levai et pris mes habits, dont la couleur noire était peu conforme à mes sentiments et à la profession que j'affectais. Mais ne m'arrêtant pas, je passai sans me déconcerter dans une autre chambre, où ayant trouvé une gazette, je la pris, j'en lus la date et le millésime, puis avec la posture et la confiance que donne l'enthousiasme d'une grande entreprise, et, j'ose le dire, dignes du pinceau d'Apelle ou du ciseau de Phidias, je dis d'un ton ferme, d'un air assuré : « Je vais ouvrir une nouvelle carrière, » une autre époque dont vous daterez ». Puis sortant de la maison, je m'acheminai vers l'endroit où mon imagination fixait la pique, que je brûlais d'ardeur d'aller prendre, comme la marque de ma mission et de mon commandement. J'étais déjà dans le jardin et j'allais en franchir la haie, lorsque des parents accourus vinrent m'arrêter et me ramenèrent à la maison. Je ne fis point de résistance, mais l'imagination pleine de l'idée de secourir les Protestants et de les défendre, je m'occupai assez long-temps du projet de lever des troupes, de les discipliner, de fortifier les places frontières, de les fournir de vivres et de munitions, etc. Il est étonnant le détail dans lequel j'entrai, moi qui n'avais jamais servi ni manié les armes. Or, pendant tout ce temps, j'affectai le caractère d'Henri IV. Je voulais avoir sa taille, sa figure et sa personne. Et jamais Pythagore ne fut aussi intimement persuadé d'être celui dont l'âme, cinq cents ans après le siége de Troye, avait transmigré dans son corps, et que ce philosophe offrait aux yeux de ses disciples, que je l'étais d'être ce héros français. Si, d'après cette persuasion je pouvais obtenir de ceux qui étaient auprès de moi d'être appelé Henri IV, j'étais au comble de la joie.

Cependant à la suite des différents caractères que j'avais rendus, de tant de combats et d'agitations que j'avais soufferts, devenu plus doux et plus tranquille, mon esprit se porta à des objets aussi plus agréables et analogues à la température où se trouvaient mes humeurs, en effet devenues calmes. Je m'imaginai avoir vaincu et pacifié une foule de nations. Charmé de cette idée, je me levai, car mon corps était toujours en action et suivait aisément et exactement les ordres et les impressions de l'imagination, tout autant qu'il était libre et ne se trouvait pas arrêté par les liens ou par quelques autres obstacles : je me levai donc aux ordres de mon génie pour dresser des trophées d'armes et de victoires, et prenant différents objets, tels qu'ils me tombaient sous les mains, je les plaçai aux quatre coins de ma chambre, n'importait quels, des pailles ou d'autres bagatelles de cette espèce. Mon imagination était assez vive pour les grossir, assez féconde et assez industrieuse pour leur donner des formes, des figures, une variété qui exprimaient le caractère, le génie et les mœurs des différentes nations que je me persuadais avoir vaincues. Puis me plaçant au milieu de ma chambre, je considérais ces prétendus trophées avec un plaisir et une satisfaction infinis. Partant de-là, j'empruntai les sentiments d'un roi pacifique. Je crus faire fleurir dans mes prétendus états, exercer moi-même tous les arts, toutes les sciences, la peinture, la sculpture, l'architecture, la géométrie, etc. Je dessinais, je faisais des plans, des compartiments, etc., qui m'amusaient infiniment. J'avais le coup-d'œil si précis, la main si assurée, que sans autre instrument que ce qui me tombait sous la main, je les traçais sur le sol ou les parois de ma chambre avec une justesse et des proportions étonnantes. Mes parents et d'autres gens simples, surpris de me voir exprimer aussi heureusement quelques traits, et développer des talents qu'ils savaient que je n'avais jamais cultivés, s'imaginèrent qu'il y avait quelque chose de surnaturel, du sortilège. En conséquence, ils firent venir quelques charlatans qui promirent me guérir; mais ils trouvèrent peu de de docilité dans le malade, et n'eurent pas lieu d'être contents de moi; car, quoique j'eusse toujours de l'aliénation, mon esprit et mon caractère ayant cependant pris une tournure toute différente de celle que m'avait donnée ma triste éducation, je ne me trouvai plus d'humeur à croire les fadaises dont j'avais été infatué. Après donc quelques apostrophes assez dures à cette canaille, voyant qu'ils s'obstinaient encore, je leur tombai impétueusement dessus, et frappant d'estoc et de taille, je les dissipai. La nature allant cependant son train, travaillait constamment seule et sans relâche à ma guérison; car après avoir, me semblait-il, embelli ma triste demeure à laquelle mon imagination, comme une autre Circé, avait donné la forme et la figure d'un palais orné de tout ce qu'il y avait de plus beau dans la peinture et la sculpture, de plus précieux dans les métaux, de plus recherché dans les meubles, je voulus me marier. Alors vinrent s'offrir à moi une foule d'objets presqu'infinis. Je vis des femmes de toutes les nations, de toutes les couleurs. Mon imagination étonnée, surprise, était confondue et accablée par cette multitude et cette variété. Ce qu'il y a de singulier et qui paraîtra incroyable, c'est que j'avais ignoré qu'il y eût des femmes d'autre couleur que des blanches et des noires; mais j'ai reconnu à ce trait et à plusieurs autres, que par le genre de maladie que j'avais, mes esprits exaltés au suprême degré, il se faisait une secrète transmutation d'eux aux corps qui étaient dans la nature, et de ceux-ci à moi, qui me faisait deviner ce qu'elle avait de caché ; ou, peut-être, et mieux, je croirais que mon imagination, dans son extrême activité, ne me laissant aucune image, nulle idée précise à parcourir, dut rencontrer dans la nature ce qui m'était d'ailleurs inconnu. Quoi qu'il en fût, le besoin pressant, et n'étant plus comme au commencement combattu par l'opinion, je fus obligé d'opter entre ces objets. Or, j'en choisis un nombre, celui qui me parut répondre avec celui des nations que je crus avoir vaincues lors de mes combats. Il me semblait devoir épouser chacune de ces femmes selon les lois et les coutumes de sa nation. Mon imagination adoptait ce projet et y applaudissait sans aucune répugnance. La seule difficulté qui me fit balancer un moment, fut lorsque je pensai que j'allais tomber dans l'oisiveté et la mollesse, que je trouvai si contraires à mes premiers sentiments et à mon extrême activité. D'après cette idée je m'écriai : » Qoi donc ? Serai-je un lâche, un paresseux, » un autre Sardanapale ? ». Mais ma fertile imagination, source de mes maux et de mes plaisirs, vint aussitôt m'offrir un expédient. Elle décida que je laisserais chacune de ces femmes dans son pays, et que je ne les verrais qu'en passant et allant d'une province à l'autre. Dans ce nombre il y en avait une pour laquelle j'avais une prédilection particulière, et que je regardais comme la reine de mon cœur et de toutes les autres.

C'était une jeune demoiselle que j'avais vue quatre jours avant ma maladie. Je fus bien éloigné pour lors de former sur elle aucune pensée, de me permettre aucun desir. Mais ses charmes et sa beauté m'étant revenus, j'en étais éperduement amoureux. C'était à elle que s'adressaient mes vœux, mes desirs les plus ardents: je les exprimais de la manière la plus vive et la plus tendre. Je n'avais jamais lu aucun roman amoureux; je n'avais fait aucune caresse, pas même donné en ma vie aucun baiser à une femme. Mais le livre des cantiques de Salomon, que je n'avais lu que parce qu'il s'était trouvé au nombre des livres sacrés, surtout mes dispositions particulières, qui étaient telles que celles d'Horace vis-à-vis de Glycère, lorsqu'après avoir parcouru les charmes de sa beauté, il s'écrie : *in me tota ruens Venus Cyprum deseruit,* y suppléèrent. Je doute que ce roi voluptueux ait jamais été animé de plus de feux que moi, malgré les expressions qui sont dans son épithalame; qu'il leur ait donné plus de force et de vie que je n'en donnais à mes déclarations énergiques. Je les tournai de mille différentes façons, et les appliquai à ma situation actuelle avec une justesse et une précision qu'il me serait maintenant impossible de retrouver, parce que je ne saurais procurer à mon âme l'essor et l'élan qu'elle recevait alors de la chaleur et de la fermentation de l'humeur...... Au reste, je parlais de mon amour à tout le monde; j'en faisais confidence à mes père et mère, et pendant ce temps il ne me vint pas une idée de ce que j'avais été, pas un mot de l'éducation que j'avais reçue : j'avais toute la candeur et l'ingénuité d'un enfant; j'étais en effet un autre Emile, le vrai élève de la nature, qui venait de corriger mon éducation, de la refaire avec un travail immense, et je doute que la nature de l'homme, supposée malléable, mise dans le fourneau, puis appliquée sur l'enclume et frappée au marteau, pût être tournée et retournée entre les mains de l'ouvrier en plus de sens que je le fus. Cependant mes parents critiquant mon choix, j'en étais surpris et admirais comment on pouvait blâmer une inclination si douce, si aimable, et qui me paraissait si innocente. Je leur dis à ce propos des choses si fortes, et leur alléguai des raisons si justes, que je les laissai le plus souvent sans réplique. Il me souvient qu'un jour quelque prêtre ayant voulu entrer dans la dispute et m'en imposer avec un air pédantesque, fut rendu muet et ne remporta que de la confusion. En effet, l'humeur qui me dominait, donnait à tous mes sens une vivacité, à mon esprit une pénétration, à mon âme une grandeur et une élévation qui faisaient de moi un homme extraordinaire. Je semblais lire dans le cœur des gens qui m'approchaient; je développais leur caractère avec une sagacité étonnante, et n'étant retenu par aucune considération, je le rendais avec justesse et précision. Ce qui donna occasion à un ancien prêtre qui me vit quelquefois dans ma maladie, de dire fort sérieusement à mes parents que j'étais possédé par l'esprit de Python, le même que saint Paul avait chassé du corps d'une fille dont il est parlé aux Actes des Apôtres. Quoi qu'il en fût de cet esprit, il me procura l'avantage d'écarter bien des curieux et des oisifs, qui, par leur importunité et leur indiscrétion, retardaient ma guérison.

Dans cette violente maladie, les organes de mes sens furent portés à un excès de délicatesse et de sensibilité, qui me fit alternativement éprouver les tourments les plus affreux et les plaisirs les plus délicieux. La lumière me semblait certaines fois dardée contre mes yeux avec tant d'éclat et de vivacité, que je ne pouvais en soutenir la présence : elle me semblait cribler mon organe et le broyer. Toutes les couleurs, successivement les unes après les autres, me déplurent, à l'exception du verd, que je vis toujours avec un nouveau plaisir : le noir surtout était pour moi un supplice. Pendant l'obscurité de la nuit, qui me semblait aller par des gradations dont je ne peux point donner d'idée, milles spectres affreux s'offraient à mes yeux, ou plutôt à mon imagination. Elle fut frappée de ce qu'il y a de plus hideux et de plus terrible dans la nature, et ne pouvant fournir au trouble et à l'agitation de mes sens intérieurs assez de fantômes, elle alla évoquer toutes les ombres de la mort, tous les monstres du Ténare. Mais parmi ces objets d'horreur, rien ne me parut plus affreux que l'image du vieux Marius. Elle se présenta telle et plus terrible que le visage qu'il montra aux Cimbres, à qui les armes tombèrent des mains. Que n'avais-je un pinceau pour la peindre! Si j'eusse su ramasser tous ses traits et les rendre avec la vivacité dont j'étais ému à son aspect, on eût vu pâlir la tête de Méduse, et Cerbère échapper des mains d'Hercule retourner en enfer. Ciel! détournez cette image de devant mes yeux, et l'offrez à ceux du monstre qui me cause tant de maux! Cependant, d'autres fois mes yeux, ou mon imagination, car je suppose que cette faculté enchanteresse leur faisait illusion, de même qu'à tous mes autres sens, lors même que je veillais, mieux disposés, m'offraient des points de vue, des perspectives, des objets, dont la beauté, les charmes et la variété m'enchantaient. Dans un de ces moments heureux, transporté dans le jardin d'Eden, je vis les quatre fleuves qui l'arrosent le couper et le compartir en milles différentes manières. Là c'étaient des bosquets; ailleurs des prairies émaillées de fleurs; ici des parterres distribués avec un ordre et une symétrie dont l'art ni la nature ne donnent point d'exemple; et partout des eaux limpides et jaillissantes. Du milieu de ce paradis de délices qui enivraient mon âme, il me semblait voir s'élever un arbre d'une hauteur prodigieuse, et semblable à celui de la vision de Nabuchodonosor. Je considérais avec admiration son tronc, sa tige, l'étendue de ses branches, qui me paraissaient distribuées dans un ordre et avec une proportion admirables. Ensuite portant ma vue sur la fraîcheur de ses feuilles, sur l'éclat de ses fleurs, sur la beauté de son fruit, je restai dans un état immobile et extatique.

L'ouïe eut également ses accès et ses excès. Elle était certaines fois disposée de telle façon que le moindre son l'ébranlait; si délicate et si sensible, que les moindres ondulations de l'air, venaient à frapper le tympan de mon oreille, il me semblait que cet organe m'était arraché et porté au loin. Le bruit de l'airain surtout m'était insupportable. Il me faisait souffrir un supplice que je ne saurais exprimer. Lorsque j'entendais sonner la cloche, dont j'étais malheureusement trop près, je croyais que se détachant du clocher elle allait frapper à la voûte du ciel, avec laquelle ne formant plus qu'un même corps et un même instrument, l'un et l'autres pôles retentissaient d'un bruit épouvantable. La secousse en était si terrible, que je me figurais que toutes les planètes qui sont suspendues dans l'immensité de l'univers, en étant ébranlées, étaient tombées et ne formaient avec la nôtre qu'une même masse. Assis sur les débris de l'univers, je pleurais la chute des astres, l'extinction du soleil, la ruine et le bouleversement entier de la nature, que je regardais comme à la veille de rentrer dans son premier chaos. La décomposition de mes humeurs et le trouble de mes esprits faisaient naître ces idées, et le sentiment de l'amour-propre, qui fait que chaque individu se plaçant au centre de l'univers, se regarde comme le point principal où aboutissent toutes ses parties comme autant de rayons, les favorisait. C'est à ce sentiment que je rapporterai ces idées extravagantes. Une autre fois, cet organe, plus heureusement disposé, me fit sentir le plaisir le plus délicieux qui, je pense, puisse entrer dans l'âme d'un mortel. Il me sembla dans un certain moment qu'attaché à toutes les parties de la nature par les fibres et les tendons de mon corps, je ne formais plus avec elle qu'un même corps instrumental, mais animé, de musique. En effet les parties nerveuses de mon corps me parurent se monter, s'étendre avec elle et prendre son unisson. Puis j'entendis s'élever de toutes les parties de l'univers, comme d'un orchestre immense, des voix et des instruments de musique, dont l'accord me mit en mouvement, moi et toute la nature. Je doute que la lyre d'Orphée ait jamais formé un son aussi doux et aussi mélodieux, non pas même lorsqu'il adoucissait les lions, les tigres, agitait les arbres et entraînait les forêts. Je ne sais combien dura cette vision délicieuse et extatique, mais elle se passa sous les yeux de quelques personnes, et entre autres d'un médecin, qui m'en a depuis parlé comme d'une chose singulière, et m'a dit qu'il m'avait vu avec étonnement observer dans cet état une mesure et une cadence exactes, qui se répétaient dans toutes les parties de mon corps, et qu'il avait présumé que j'étais dans l'état que je viens de dire.

Les autres sens, le goût, l'odorat, etc. eurent leurs vicissitudes de plaisirs et de tourments : il me semblait certaines fois sentir des odeurs, des parfums délicieux, dont la nature, l'art, ni la chimie ne pourraient égaler les saveurs exquises. D'autres fois c'étaient des odeurs insupportables, des dégoûts, des amertumes et des nausées, qui m'affligeaient et me désolaient. Le tact lui-même fut affecté de ces deux extrémités de peine et de plaisir. Mais il parut le dernier sur la scène : le rideau déjà tiré, le flambeau de la raison totalement éteint, il vint faire le denouement de la piéce par une catastrophe, qui alarme la pudeur, étonne la nature et déconcerte la réligion; catastrophe nécessaire cependant et inévitable; car, comme le remarque saint Paul à l'occasion des Gentils, à qui il reproche d'avoir abandonné l'usage de la femme; il faut que la nature, opiniâtrément combattue dans son inclination, et refusée à son devoir, s'échauffe dans ses desirs et tombe dans le désordre : *nàm*, dit cet apôtre, *relictâ naturali fœminâ, exercuerunt in suis concupiscentiis et operati sunt turpitudinem*. A la suite de cette crise, dont toute la honte retombe sur la loi du célibat ou sur son législateur (car s'il y avait un homme assez injuste pour me l'imputer, j'interrogerais contre lui ma conscience, dont le témoignage me répond : *Neque peccatum, neque iniquitas mea, etenim sine iniquitate direxi;* j'invoquerais contre lui le ciel, témoin de ma simplicité et de mon innocence); à la suite, dis-je, de cette crise, je ne pus plus ignorer ni me dissimuler le principe de ma maladie; mais je vis et compris clairement qu'elle avait été causée par l'abondance et l'effervescence de l'humeur séminale, augmentée et échauffée par ma résistance et mon opiniâtreté à refuser à la nature ses besoins et ses fonctions. Ce qu'il y eut d'heureux et de singulier, c'est que ce qui fut l'origine de ma maladie, fut aussi celle de ma guérison, qui me procurant une santé parfaite de corps et d'esprit, m'a depuis fait jouir de l'avantage que demandait Sénèque à la divinité : *Orandum ut sit mens sana in corpore sano.* L'humeur séminale, dans sa chaleur et dans son effervescence, tâtant tous les ressorts de la machine, essayant toutes les ressources de la nature, ne m'abandonna pas que je ne fusse parfaitement guéri. Exemple frappant, monument éternel de l'inaliénabilité des droits de la nature, qui peut bien être contredite pendant un certain temps, combattue dans ses inclinations, suspendue dans ses fonctions, mais qui, dans un sujet bien constitué, revient si souvent à la charge qu'à la fin elle renverse les préjugés. On ne peut mieux rendre ce triomphe de la nature que par les paroles de Cicéron, qui dit d'elle : *Ubicunque instat et urget, ac ubicunque te verteris, persequetur.* Cette action, cette énergie de la nature, se retrouve dans tous les individus, mais à un degré plus ou moins grand, et relatif à leur tempérament, qui varie leur conduite, qui varie encore et mélange bien d'avantage les institutions domestiques, religieuses et politiques, qui s'écartent presque toutes des principes de la nature, plongent ses droits dans un chaos d'obscurités, de doutes et d'incertitudes si difficiles à démêler, et qui font le malheur de l'humanité. C'est cependant au travers de ce labyrinthe que doit courir le fil qui doit ramener la nation française à une bonne législation sous les auspices du jeune roi, que la magistrature a déjà réclamé comme son législateur, et qui, par le rappel de ce corps respectable, semble avoir commencé l'ouvrage. Que l'illustre chef(1) qu'il vient de lui donner, et qui doit seconder le monarque dans la réforme de nos lois, me permette de lui citer dans cette occasion-ci, un passage de l'orateur romain, dont il imite le courage, montre l'éloquence et le patriotisme. Il dit: *Cum omnia officia a principiis naturæ proficiscantur, necesse est et illud quod ab ipsâ proficiscitur sapientissimum.*

Je m'arrête, Milord, à cette excellente maxime, qui termine, on ne peut mieux, le mémoire. Le surplus, encore long, qui pourrait vous fatiguer, et d'ailleurs répétition de beaucoup de choses précédentes, est le résultat du tout. Après avoir récapitulé les diverses crises de son état, l'auteur les discute en physicien, en médecin, en philosophe. Il les explique ainsi.

1°. L'extrême continence qu'il observait, répugnant à sa constitution amoureuse, à son excellent tempérament, son caractère dut se dénaturer par les combats continuels qui se passaient chez lui entre la chair et la religion. Il perdit sa gaîté; privé de cette ressource, son âme s'affaissa et devint impropre aux occupations qui auraient pu la distraire.

2°. S'il fut quelque temps à succomber aux maux qu'il souffrait, et à soutenir les accès violents dont il était tourmenté, c'est qu'au moyen

(1) M. de Miromenil, garde des Sceaux.

de l'illusion des songes, la nature trompait ses efforts, et qu'il avait d'ailleurs un fond de douceur et d'aménité qui ne lui permit jamais d'être cruel et atroce qu'envers lui-même.

3°. Ayant redoublé de vigilance et d'attention pour éviter l'unique remède que se procurait furtivement la nature, l'humeur séminale augmentant de volume et d'effervescence dut se porter spécialement aux yeux, le siège des passions et surtout de celle de l'amour, ainsi qu'on le voit dans les animaux, dont les regards étincèlent à l'approche de la femelle. De là, les vibrations violentes de ces organes chez lui, et leur électrisation à la vue des objets analogues à sa situation.

4°. Cette humeur se développant de plus en plus, ne pouvant s'échapper par les issues ordinaires que fermait son imagination continuellement tendue à cet égard, reflua enfin vers la tête, en remplit toute la partie nerveuse, y occasionna cette rigidité, ces mouvements tumultueux et convulsifs dans la membrane du cerveau, siège de la sensibilité, comme le démontre M. le Cat, et produisit enfin la douleur la plus vive, qui alla jusqu'à l'aliénation.

5°. La saignée, à laquelle répugnait extraordinairement le malade, ne put pas le soulager et dut même augmenter la violence de son état, parce que la cause de son mal n'était pas dans le sang ; qu'au contraire, la sorte d'équilibre qui pouvait encore exister entre ses humeurs, étant ainsi rompue, la séminale dut refluer abondamment, où elle trouva un passage, et occasionna un plus grand incendie dans toute l'habitude du corps. C'est ainsi que, lorsque la bile domine, ce remède est funeste.

6°. Le bain froid calma pour un moment la chaleur du sang et des autres fluides, procura de la tranquillité au délirant ; mais par ce repos et cette congélation momentanés, ils n'en acquirent que plus d'effervescence, et l'humeur séminale ayant plus de jeu au moyen de la saignée précédente, dut dominer et lui occasionner les visions impudiques qui l'assaillirent, suivant l'instinct naturel, qui rappèle toujours à notre idée la présence des objets de nos besoins. Ainsi l'homme pressé par la faim ne voit dans son sommeil que des comestibles. Est-il altéré ? Il est au bord des fontaines. A-t-il d'autres nécessités ? Il croit les satisfaire.

7°. Ce délire n'étant, pour ainsi parler, qu'une surabondance de vie, les humeurs et les organes du malade n'étant nullement viciés, mais simplement dans un état de violence et d'extension, les images devaient acquérir des proportions hors de nature, s'offrir d'une manière gigantesque, et cependant toujours avec une suite, un ordre dans le désordre même, et une netteté, tels, qu'elles se gravassent dans le cerveau, et revinssent à la mémoire sans confusion et se représentassent facilement, comme le fait l'auteur.

8°. La passion de l'amour, exaltée à un certain point, est très-voisine du courage belliqueux. Les naturalistes savent combien les animaux en chaleur sont susceptibles de s'irriter et d'entrer en fureur. L'Histoire nous apprend que les plus vaillants guerriers étaient doués du goût le plus extrême pour le sexe. Il n'est plus étonnant qu'après ses rêves obscènes, l'humeur séminale se dilatant davantage, il soit parvenu à se croire transformé dans les héros fameux de l'antiquité, et surtout en Henri IV, dont le caractère, mélangé de courage et de douceur, se rapportait plus au sien.

9°. Les affections violentes ne peuvent durer : il faut, ou que la nature succombe, ou qu'elle passe d'un extrême à l'autre. Après les accès furieux qu'éprouvait le malade, il devait tomber dans un état d'inertie et de stagnation qui, laissant prendre le dessus à son âme, lui permettait de se livrer aux sentiments doux et tendres qui lui convenaient et formaient son essence. De là, la mansuétude, la compassion qu'il éprouvait ; de là les larmes délicieuses qu'il versait.

10°. Enfin, par tant d'alternatives étrangères, par tant de secousses données à son cerveau pendant six mois que dura sa maladie, les traces importunes qui y restaient et troublaient le malade auparavant dans ses affections naturelles, étant effacées, ayant oublié son état, sa profession, sa religion, jusques à son Dieu et son âme, redevenu en quelque sorte dans l'état de la première enfance, les préjugés n'offusquant plus ses facultés, il suivit l'impulsion de la nature et fut guéri. Hélas! son bonheur ne fut que d'un instant; sa raison revenue le rendit de nouveau malheureux. Voici comme il peint lui-même avec énergie son réveil affreux.

« Je ne trouvai plus qu'un infortuné mortel, rendu honteux et confus par le cruel dénouement de la pièce qui venait de se jouer dans mon imagination. Je me vis en opposition entre le devoir de la religion et celui de la nature; menacé de maladie si je me refusais à celui-ci; de honte et d'ignominie, même de l'animadversion de l'une et l'autre puissance, si j'abandonnais celui-là. Triste et affligeante alternative, qui me rendit importune et presque odieuse la lumière qui brillait à mes yeux! Plus d'une fois je fus tenté de la maudire, et m'écriai souvent avec Job: *Lux cur data misero!* Ce n'est pas que je ne visse des expédients, tels que les pratiquait l'abbé de Saint-Pierre (1) et tant d'autres, mais que

---

(1) On sait que l'abbé de Saint-Pierre a beaucoup écrit contre le célibat des prêtres, et pour y remédier couchait avec sa gouvernante.

désavouait un cœur honnête et généreux. Car, comment se résoudre à mettre des enfants au monde, dont le premier appanage serait d'être couverts d'une double ignominie, de la leur et de celle de leur père; à qui il ne serait jamais permis de prononcer ni d'invoquer ce doux nom, non plus qu'à moi celui de fils ? Aimables rapports d'où naissent les plus doux charmes de la vie, les devoirs les plus saints de la société, les plus sacrés de la religion ! Doux tissus qui, couvrant les horreurs du tombeau, étendez notre existence jusqu'à la postérité la plus reculée ! Précieux gages, et peut-être le plus solide de l'immortalité, vous n'êtes point faits pour l'ecclésiastique ; la loi cruelle du célibat le mutile et le retranche de la société, qui doit étendre et propager l'espèce. D'ailleurs, il n'est pas donné à tous les hommes de s'élever au dessus des lois, des mœurs et de la décence qu'établit l'opinion publique, d'où résulte le droit à son estime, qui est si précieuse à une âme honnête. Je m'écriai donc, d'après ces sentiments, et avec transport :

Sed mihi vel tellus optem priùs ima dehiscat,
Vel pater omnipotens adigat me fulmine ad umbras,
Pallentes umbras Erebri noctemque profundam,
Ante, pudor, quàm te violem aut tua jura resolvam !

» Malgré tous mes maux et tous mes malheurs, j'avouerai cependant que j'ai lieu de me féliciter d'avoir souffert une maladie, ou plutôt une crise qui m'a amené à connaître l'homme, non pas en général, et tel que l'offre une idée abstraite, mais l'homme individuel, moi-même, tel que j'ai été formé : science d'autant plus assurée, qu'elle m'est venue par ce développement et l'expression de mes sentiments les plus intimes. C'est d'après cette connaissance, qu'élève et disciple de la nature, j'ose venger ses droits, attaquer et combattre une institution humaine qui, dérogeant aux principes de la première loi, trouble la conscience de ceux qui ne peuvent pas allier les devoirs de la nature à ceux de la société, oppose l'homme civil et religieux à l'homme naturel et libre, cause en lui un combat cruel, des doutes et des incertitudes continus, occasionne cette différence, cette bigarrure de conduite entre les ecclésiastiques, dont les uns, trop scrupuleux, sont ridicules, et les autres, trop relâchés, sont scandaleux ; d'où il résulte envers tous la critique, la haine où le mépris des séculiers. Ces inconvénients m'ont donné occasion d'écrire un Traité dont l'objet est de prouver que la loi de la continence perpétuelle répugne, 1° à l'état physique et à la constitution naturelle de l'homme ; 2° à la médecine, et l'oblige, en bien des cas, d'abandonner ses principes ; 3° à la morale qu'a enseignée J. C. et à la discipline qu'a établie l'apôtre ; 4° à l'esprit d'une vraie et sage législation ; 5° au bien de la religion et de l'Etat ; 6° enfin, je prouve que par la suppression de cette loi, il leur en reviendrait un grand avantage. »

L'auteur n'a point encore envoyé aux philosophes, auxquels il a adressé son Mémoire, le Traité en question. S'il me tombe sous la main, et que je le trouve digne d'attention, je vous en ferai part. Au reste, personne, ce semble, ne peut mieux, toutes choses égales, raisonner sur le célibat des prêtres, qu'un homme qui en a été si cruellement la victime.

Paris, ce 4 août 1775.

LETTRE VI.

Sur le procès-criminel entre le maréchal duc de Richelieu et madame la présidente Saint-Vincent.

Je vais me livrer, Milord, à toutes les réflexions qu'a fait naître cet étrange procès (1),

---

(1) Il est des choses dont les motifs restent perpétuellement cachés, et dans lesquelles la connaissance de la vérité semble interdite aux hommes : telles sont les causes qui tiènent à l'esprit de parti, et tel est le procès suscité par M. le maréchal de Richelieu, dont nous donnons une simple analyse.

Peu de temps après la mort de Louis XV, le bruit se répandit qu'il avait été mis en circulation une quantité de billets pour des sommes considérables (*), revêtues d'une fausse signature du maréchal.

Bientôt après on apprit que M. le maréchal avait attribué ces faux à la dame de Saint-Vincent, sa cousine, issue d'une famille ancienne de Provence,⁽¹⁾ épouse du président de ce nom.

L'abus que M. le maréchal fit d'abord de son crédit pour obtenir des ordres arbitraires, lorsqu'il appelait à lui la justice des tribunaux ; les procédures vexatoires et irrégulières dont la dame de Saint-Vincent et ses coaccusés

(*) 425,000 liv.
(1) *arrière petite-fille de Mme de Sévigné ; elle était née Villeneuve de Vence.*

et que j'ai recueillies des diverses conversations que j'ai si souvent eues à ce sujet avec des interlocuteurs différemment intéressés, ou ne cherchant que la vérité.

On a beaucoup cité un mot du maréchal à sa confrontation avec la présidente, sur son obstination à soutenir qu'elle tenait les billets de lui : *Mais, Madame, regardez donc,* lui dit-il, *votre figure dans le miroir, et voyez s'il est possible qu'elle vaille cent mille écus ?* A ce persifflage on objecte la réponse non moins bonne

---

furent les victimes; les reproches que lui fit une famille récommandable d'avoir arraché leur parente de l'asyle qu'elle lui avait choisi, pour en faire sa victime; les aventures galantes du maréchal, son âge, la réputation dont il jouissait à la Cour sous le règne de Louis XV, joints à beaucoup d'autres circonstances, changèrent l'opinion en faveur de madame de Saint-Vincent qui, d'accusée qu'elle était, se porta accusatrice en rendant plainte en subornation de témoins, et mit la Cour des Pairs, devant laquelle ce procès avait été évoqué, dans le cas de ne pouvoir prononcer contre le véritable auteur du faux. Par l'arrêt qui intervint le 6 mai 1777, la Cour, en déclarant les billets faux, ne lava point madame de Saint-Vincent du soupçon, ni le maréchal d'une fausse et calomnieuse accusation.

M. le maréchal, avant sa mort, a attribué cet arrêt à la part qu'il avait prise dans l'affaire des parlements ; madame de Saint-Vincent, au crédit que donnaient au maréchal ses titres et ses dignités.

de l'accusée : *Regardez plutôt la vôtre, M. le Maréchal, et voyez si elle peut s'agréer à moins.* Ces sarcasmes ont sans doute une sorte de bon sens dont il faut les rapprocher.

Les uns demandent s'il est vraisemblable que M. de Richelieu, comblé de bonnes fortunes, rassasié de plaisirs et blasé sur toutes les femmes, eût consenti à donner cette somme énorme à une femme dont il avait joui depuis long-temps, qu'il avait refusée durement en plusieurs occasions, et qui semblait lui être devenue fort à charge ?

Les autres répondent qu'il est encore moins possible que la présidente de Saint-Vincent se soit livrée entièrement à la discrétion d'un vieillard usé, ne pouvant satisfaire, exciter ou remplir ses desirs, si elle n'eût été séduite par de belles promesses ; que c'est pour se tirer de cet engagement, que le maréchal avait pris le parti de lui donner, vrai ou faux, un mandat auquel on juge facilement qu'il n'avait pas envie de faire honneur de son vivant.

Ceux-ci, pour justifier la vérité de l'envoi des billets par le maréchal, insistent et interrogent à leur tour ; ils demandent s'il est concevable qu'une femme isolée, abandonnée par son mari, par sa famille, dépendante entièrement de son cousin devenu son protecteur, eût hasardé de fabriquer de faux billets, dont le moindre danger était de lui faire perdre les bontés de son bienfaiteur actuel ou futur, sans aucun espoir d'en être payée, dans la crainte même de ne jamais tromper personne, puisqu'elle ne pouvait négocier ce papier que vis-à-vis d'usuriers, d'agioteurs, d'escrocs, tous gens trop experts pour ne pas prendre en pareil cas les renseignements les plus surs et les plus multipliés? S'il est concevable que ceux-ci eussent hasardé les moindres fonds en échange de pareils billets envers une aventurière sans argent et sans crédit, s'ils n'eussent été intimement convaincus qu'ils étaient vrais, d'après les informations prises auprès des gens d'affaire du maréchal de Richelieu, et chez le maréchal lui-même? S'il est concevable que d'autres se fussent entremis de la négociation de ces billets, s'ils n'eussent été dans la même bonne foi? Car, quel bénéfice espérer, d'un côté, d'une femme obérée, faisant les plus grands sacrifices pour toucher une faible somme d'argent; de l'autre, de gens furieux d'être dupes, ou trop fins pour l'être? Mais si tous ces gens-là n'étaient pas participants de la fourberie de madame de Saint-Vincent, ils ont donc été injustement accusés dans cette affaire; ils y peuvent donc avoir la qualité de témoins. Or, tous concourent à établir, non, si l'on veut, la vérité des billets, mais leur tradition aux mains de madame de Saint-Vincent de la part du maréchal de Richelieu : donc, s'ils sont faux, ils sont faux par le fait du maréchal.

Ceux-là ne peuvent s'imaginer, au contraire, qu'un grand seigneur, un duc et pair, un maréchal de France osât revenir contre une signature qu'il aurait donnée, encore moins contre une qu'il aurait donnée sciemment fausse. Qu'aurait-il fait, suivant eux, dans l'un et l'autre cas? Il aurait attendu l'échéance des billets, et en aurait éludé le payement, comme tant d'autres gens de son rang qui ne payent pas leurs dettes, soit par les moyens toujours à leur disposition, soit par celui qu'il a pris dans ce cas-ci, en s'inscrivant en faux, et les faisant déclarer tels par des experts : il ne se serait pas engagé de gaîté de cœur et sans nécessité, dans un labyrinthe de procédures, dont il aurait dû craindre de se tirer d'autant moins bien, qu'il n'aurait pu se dissimuler les difficultés d'attribuer à sa partie adverse des faux qu'il aurait faits ou fait faire. Quelle atrocité d'ailleurs d'inculper d'un tel crime une femme qui n'en aurait eu d'autre envers lui que trop de faiblesse, et trop de confiance! Peut-elle se présumer d'un vieillard octogénaire, à qui, jusqu'à présent, on n'a pu reprocher aucune noirceur ? Et pour soutenir cette accusation, combien d'autres crimes ne fallait-il pas commettre ? Corrompre des experts en écriture, suborner des témoins, accuser sept ou huit innocents, les envelopper dans les horreurs d'une procédure criminelle, avoir continuellement l'autorité à ses ordres, gagner les juges et les faire coopérer à ses iniquités, au risque de voir s'écrouler tout cet édifice d'infamies et d'abominations, par la maladresse ou les remords du plus vil soutien. Enfin à quoi aurait abouti cette longue suite de forfaits accumulés? A se venger encore un coup d'une infortunée qui ne lui aurait point fait de mal; à compromettre son honneur à lui-même, ses biens et ses dignités..... Contre quoi?.... Contre rien. Cet enjeu serait d'un écervelé, mais la machination serait d'un scélérat profond et réfléchi, ce qui implique contradiction.

Sans doute, Milord, plus j'avance dans la discussion de ce problème moral à résoudre, plus les difficultés se multiplient et s'augmentent. Pour y mettre le comble, il faut vous apprendre qu'un des rapporteurs lui-même (1), juge intègre, fort éclairé, et formé par une longue expérience, ayant toutes les pièces du procès sous les yeux, convenait en être effrayé, et ne savait de quel côté se décider : « *Soit que je jète les regards,* » disait-il à un de ses amis, *sur le sac du ma-* » *réchal de Richelieu, soit que je les jète sur*

---

(1) M. Rolland de Challerange.

» *celui de madame de Saint-Vincent, je ré-*
» *pugne à m'en occuper; je ne trouve qu'hor-*
» *reurs et turpitudes* ». Il faut apprécier cependant ce propos à sa juste valeur. Ce magistrat, très-religieux, très-pudibond, voulait parler sans doute des détails du commerce impudique de ces deux amants, consignés avec la plus grande étendue, et dans les lettres déposées (1) et dans les interrogatoires de la présidente : il était trop prudent pour s'ouvrir sur le fond de la question.

Quoi qu'il en soit, je ne me rebute point, et j'ose lever le voile sur ce mystère d'iniquités, après avoir récapitulé les probabilités pour et contre, établies dans cette affaire, d'après les faits judiciaires, les défenses des parties, les raisonnements du public, et je me détermine par des axiômes moraux que personne ne peut contester.

En premier lieu, toutes choses égales, dans le doute d'un délit, commis entre un accusé faible et un accusé puissant, la connaissance du cœur humain, celle du monde et l'expérience

---

(1) Il est fâcheux pour le maréchal de n'avoir pu soustraire toutes ses lettres à madame de Saint-Vincent, qui, indépendamment des ordures grossières, des termes dignes de la plus vile canaille, dont elles sont remplies, sont pleines de fautes d'orthographe : circonstance peu honorable pour le doyen de l'académie française.

journalière nous apprènent qu'il y a cent à parier contre un que le dernier est coupable, par la plus grande facilité qu'il a eue à l'être, à faire retomber la peine sur l'innocent abandonné, et par l'espoir de s'y soustraire, même en succombant. Donc, jusqu'ici le maréchal est criminel.

En second lieu, celui là est réputé avoir commis le crime, à qui le crime est utile. Donc, la présidente de Saint-Vincent en est l'auteur au premier coup-d'œil ; mais cependant, dans l'hypothèse actuelle des billets faux, en réfléchissant nous avons observé que si l'une devait recueillir le fruit de ce faux, l'autre avait eu aussi un intérêt, moins pressant il est vrai, de le commettre, celui de se débarasser des importunités d'une femme séduite, dont il avait joui, et dont il voulait jouir encore. Ainsi, toute compensation faite, il faut réduire à moitié, à cinquante contre un, les degrés de probabilités établis sur le premier axiôme.

En troisième lieu le crime a ses degrés : on ne parvient guère à en commettre un grand, sans s'être exercé par de petits. On en articule beaucoup contre le maréchal, sans doute, mais non prouvés, non avoués, non de la nature de celui-ci. Au contraire la présidente avoue deux sortes de faux : elle en avoue même un troisième dont je ne vous ai pas encore parlé ; savoir, que pour mieux attendrir son protecteur amant, elle avait profité de la grossesse et de l'accouchement de sa femme de chambre, pour se supposer grosse elle-même, et lui persuader que l'enfant nouveau-né était le fruit de leur commerce. On affaiblit de beaucoup ces aveux, en établissant que de tels faux n'en sont pas; qu'ils n'ont jamais eu pour objet de nuire; que ce ne sont que de simples mensonges. Quelque chose qu'on dise en faveur de madame de Saint-Vincent, il en résultera toujours des présomptions fortes contre sa candeur; et j'estime que non seulement ici les cinquante degrés de probabilités existants en sa faveur s'anéantissent, mais qu'il en résulte cinquante contre elle.

En quatrième lieu, celui-là n'a pu commettre le crime, qui n'a pas eu les facultés de le faire. Elles sont de trois espèces: facultés intellectuelles, facultés physiques, facultés auxiliaires. D'après les dires mêmes du maréchal, et le caractère établi de madame de Saint-Vincent, elle n'a jamais eu les premières; jamais ce génie méditatif et profond, capable d'une grande étendue d'idées, d'une longue suite de combinaisons, d'une patience invincible, telle en un mot que l'aurait exigé un crime réfléchi depuis plusieurs années. Elle n'a jamais eu les secondes, qu'elle n'aurait pu acquérir que par un exercice habituel, soutenu, qu'en devenant une fée dans l'art des faussaires ; et l'on voit qu'elle y était si inepte, que même pour le faux le plus simple, pour mettre un *accepté Peschot*, elle emprunte une main étrangère. Enfin elle n'a pas eu les troisièmes : on a vu qu'on ne pouvait supposer raisonnablement qu'elle eût pu employer la quantité de complices qu'elle aurait dû avoir ; et qu'elle n'aurait pu acquérir qu'à prix d'argent, quoiqu'elle ne possédât rien.

Du côté du maréchal, toutes les difficultés s'applanissent, au contraire. Les faux se font naturellement et sans combinaison, ou par une griffe, ou par lui-même, ou par quelqu'un gagé pour cela. Il est par état entouré d'une multitude de gens d'affaires, tous dévoués à son service et à ses volontés. Il est riche, il a un grand crédit, tous les scélérats, tous les faussaires, tous les roués de la cour et de la ville sont a ses ordres. Ici se trouve la multitude des présomptions, si grande d'un côté, celle des impossibilités si multipliée de l'autre, que les cinquante degrés de probabilités en faveur du maréchal s'évanouissent, et que la balance baisse au moins d'autant en faveur de la présidente.

En cinquième et dernier lieu, quand on a le bon droit pour soi, on ne susbtitue pas ordinairement l'autorité aux lois, la force aux formes judiciaires, le despotisme à la justice. Vous avez vu, Milord, comment le maréchal en a usé, combien de lettres de cachet, d'abus énormes, d'intrigues sourdes, de manœuvres odieuses, de violences criantes, de tyrannies incroyables ont été employées de son côté ; et les probabilités qui en résultent, jointes aux cinquante degrés qui font déjà incliner la balance contre lui, augmentant le poids au moins dans la même proportion, il reste encore cent contre un à parier qu'il est coupable.

Maintenant, comment est-il parvenu à ce point d'atrocités effrayantes ? Voici ce qu'on en raconte de plus vraisemblable. M. de Richelieu, toujours curieux de conserver auprès du roi la faveur qu'il avait, excédé en même-temps des importunités de madame de Saint-Vincent, qu'il avait enlevée à la sauve-garde de son époux, de ses père et mère, de toute sa famille, imagina de la faire venir à Paris, soit pour amuser le roi par ses folies et l'exciter par sa lubricité, soit comme propre à recruter de jeunes personnes destinées à réveiller les sens engourdis du monarque blasé sur tout. Les uns veulent qu'il lui ait procuré une entrevue avec ce prince, et qu'ayant touché les cent mille écus qui en étaient le prix, il les ait gardés, en ait donné son billet à la présidente. D'autres, que Louis XV ayant la bonté de payer de temps à autre les dettes de cet illustre proxénète, il ait espéré de faire comprendre l'acquit de celle-ci, avec l'acquit des autres. La mort du roi ayant dérangé ses projets dans tous les cas, il a trouvé dur d'être obligé de payer sans avoir reçu ; il a cru pouvoir, sans faire un crime, substituer à un titre réel des engagements illusoires, dans l'espoir que durant l'intervalle, ou la présidente, ou lui mourrait, ou que le bénéfice du temps amènerait quelque moyen de se débarrasser de cette créance fictive.

L'impatience de la présidente, en négociant les billets qu'il lui avait bien recommandé de tenir secrets, a dérangé son plan ; elle lui a donné de l'humeur. Accoutumé à voir tout fléchir sous son autorité, il a employé celle qui lui restait, dans l'espérance de mettre madame de Saint-Vincent hors d'état de prouver la filiation des billets et d'en constater le faux. Il ne craignait pas même les regards de la justice d'alors : le Châtelet était abâtardi, le Parlement n'existait plus. Il avait dans l'exemple du comte de Morangiés un sûr garant des dispositions du tribunal fantastique, remplaçant la cour des pairs. Au cas où il eût été chargé de quelqu'accusation, les difficultés qu'aurait fait naître le concours des pairs avec des magistrats réprouvés par les princes et par eux, aurait entraîné des lenteurs et des contestations qui auraient étouffé le fond sous la forme. Il semblait donc ne rien risquer, en se laissant aller aux circonstances, et pouvoir s'embarrasser impunément dans un labyrinthe de procédures qui n'envelopperait que la victime isolée de sa barbarie.

Les circonstances ont changé, lorsqu'il n'y avait plus moyen de reculer. Il a trouvé le sanctuaire de Thémis habité par les anciens magistrats; il a essuyé des mortifications qui lui ont fait sentir le danger de cette révolution (1) et la nécessité de recourir aux manœuvres, à l'intrigue, aux moyens de corruption qu'il sait employer avec tant de succès. Il n'a rien négligé pour triompher. Il va voir les juges assidûment, et dès qu'il en connaît quelqu'un susceptible de séduction, ou de flatterie, ou de quelqu'autre genre de tentation, par lui ou par ses amis mâles ou femelles, il ne manque pas de l'employer. C'est ainsi qu'il a éludé plusieurs points dont il redoutait la décision. C'est ainsi que la procédure de la Bastille n'a passé que de 59 voix contre 54; ensorte que dans la cour des pairs et dans le parlement, où l'on réclame sans cesse contre les voies illégales, contre les détentions violentes, contre les lettres de cachet, il s'est trouvé

---

(1) M. le duc de Richelieu, lorsque son procès est venu du Châtelet à la Tournelle, est allé trouver le président de Gourgues, chef de ce tribunal, et lui a demandé un bon rapporteur: *Il n'y en a point d'autre à présent, M. le maréchal*, lui a-t-il répondu avec hauteur.

cette multitude de votants qui n'ont point craint d'aller effrontément contre tous les principes. C'est ainsi que la procédure du Châtelet devant s'écrouler avec celle de la Bastille qui lui servait de base, a été reconnue bonne. C'est ainsi que la présidente est restée dans les fers, et que Benaven n'en est sorti qu'après six semaines de son élargissement ordonné par arrêt de la cour de pairs.

Entre les princes, le prince de Conti avait été pendant quelque temps le seul qui eût témoigné de la chaleur et du zèle pour la défense de la vérité. Il s'était élevé avec force contre les abus d'autorité qu'on trouvait à chaque pas dans cette affaire, et surtout contre les lettres de cachet. Il avait déclaré qu'il se réservait de mettre en délibération cette dernière matière, de rappeler les ordonnances des rois, qui défendaient d'avoir égard aux lettres closes, et de traiter des remontrances à faire sur cet objet. Le maréchal s'est tellement remué qu'il a circonvenu S. A., qu'il l'a gagnée, et qu'elle le protège aussi hautement aujourd'hui qu'elle le décriait auparavant.

Entre les pairs, le duc de la Rochefoucault, qui depuis le retour du parlement s'est signalé dans toutes les assemblées par une éloquence très-énergique, soutenue par les plus excellents principes, est presque le seul que n'ayent pu ébranler les menées incroyables de ce vieux courtisan, blanchi dans l'art des fourberies et des séductions.

Les magistrats ont été plus difficiles à gagner, par l'aversion naturelle qu'ils ont pour lui, comme un des suppôts du chancelier le plus ardent, le plus acharné à leur destruction. Combien cependant déjà n'ont pu lui résister! Chaque jour il fait des progrès parmi eux; et ceux qu'il ne peut retourner absolument en sa faveur, il les engage du moins à temporiser, à laisser s'éterniser ce procès. Et c'est ce qui paraît le plus à craindre aujourd'hui pour la victime infortunée qui languit dans les fers.

Je ne vois de ressource pour madame la présidente de Saint-Vincent que dans l'intervention de sa famille. M. le vicomte de Castellane et M. le marquis de Simiane, au nom de plus de 50 parents et alliés, ont dû dénoncer à M. le procureur-général *les délits, faits et injures* dont M. le maréchal s'est rendu coupable envers eux. Cette démarche a été terrible pour l'accusateur. Il se prévalait du silence de tant d'illustres personnages. Ils paraissent enfin, et ont déjà répandu un *mémoire à consulter*, où ils déclarent qu'ils n'entrent point dans la justification des crimes qu'on impute à l'accusée; qu'ils abandonnent sa cause confiée au plus auguste tribunal de l'Europe, dont ils ne doivent ni prévenir ni craindre les arrêts ; mais qu'ils y portent leurs plaintes des outrages sanglants qu'ils ont reçus. Ils les prouvent par les faits : ce qui donne lieu à un historique où toute la turpitude de l'accusateur est dévoilée. Ils lui reprochent d'avoir ravi une femme à l'autorité de son époux, une fille à l'autorité de son père ; d'avoir trompé le ministère pour la rendre libre, et par cette liberté funeste de lui avoir fourni l'occasion de commettre toutes les horreurs qu'on lui reproche et déshonorer un nom respectable (1). Ils parcourent en-

---

(1) « Nous nous élevons contre M. le maréchal de
» Richelieu pour lui dire : il est prouvé par vos propres
» aveux que c'est vous qui avez perdu votre parente et la
» nôtre ; sans vous elle serait ignorée ; vous êtes la cause
» de tous les maux qu'elle a pu vous faire. Nous ferions,
» s'il était possible, l'absurde supposition que madame
» de Saint-Vincent est cent fois plus coupable que vous
» ne le dites ; mais c'est vous qui avez détaché ce furieux ;
» s'il vous a grièvement blessé, s'il a fait des ravages
» horribles, croyez-vous être reçu à vous en plaindre ?
» La loi vous répondra : vous êtes un imprudent ; pour-
» quoi avez-vous brisé ses chaînes ? Vous serez puni
» comme auteur de tous les maux causés à la société.
» Vous connaissiez madame de Saint-Vincent, que ne la
» laissiez-vous à Milhaud ? Pensez-vous que les juges ne
« seront pas enfin fatigués de l'ardeur avec laquelle vous
» poursuivez votre parente et la nôtre, dont vous êtes le
» corrupteur et le complice ! Tous les crimes que vous
» lui supposez sont les vôtres, parce que sans vous elle

suite le détail des vexations horribles qu'à éprouvées sous sa tyrannie la victime de ses séductions. J'ai été attendri par l'éloquence simple, douce et noble de cet écrit, digne de ses auteurs et n'ayant rien du bavardage ordinaire des avocats. Aussi a-t-il produit le plus grand effet dans le

---

» ne les eût pas commis. Votre témérité et vos accusations
» sont une double injure faite à des familles qui n'ont
» jamais eu à rougir que des liaisons que vous formâtes
« avec elles.

. . . .
» . . . . Nous nous élevons enfin contre M. de Riche-
» lieu pour lui dire : Vous êtes le ravisseur de madame
» de Saint-Vincent ; vos lettres, vos aveux, tout prouve
» que, malgré notre résistance, vous l'avez enlevée à
» notre autorité, que vous deviez respecter ; que c'est
» vous qui avez employé la sollicitation et le crédit pour
» rendre cette femme trop crédule, la compagne et la
» victime de vos vices ; que c'est vous qui l'avez con-
» duite à l'opprobre et à la honte : vous ne pouviez que la
» flétrir en l'approchant de vous.

. . . .
» . . . Nous avons toujours ce reproche à faire à M. de
» Richelieu : sans vous la fille du marquis de Vence eût
» été ignorée, son père n'aurait pas *ressenti la flétrissure*
» *que vous imprimez à sa fille, et qui rejaillit sur les*
» *siens.* Illustre chef d'une famille respectable, époux
» vertueux ; enfants trop infortunés ; cet homme a versé
» sur vos jours le poison le plus affreux : c'est par la
» honte et par la douleur qu'il vous

public, et le maréchal, furieux, a présenté requête pour en demander provisoirement la suppression comme injurieux, calomnieux. Les conclusions du ministère public lui étaient favorables ; mais dans le cours des opinions, très-longues, l'avis dominant a été de joindre cette requête au fond.

Je vais terminer, Milord, par une anecdote qui, pour un spectateur non prévenu, est peut-être plus propre que tous les raisonnemens, à faire découvrir, présumer du moins, de quel côté est la bonne cause.

M. de Richelieu ne pouvant empêcher l'éclat que fait dans le monde son procès ; instruit combien les affaires de palais intéressent aujourd'hui le public, et ne pouvant se dissimuler que tous ses mémoires jusqu'à présent étaient très-mal faits, a voulu mettre sa cause entre les mains d'un jeune abbé qu'on lui a désigné comme très-propre à la soutenir par ses talents oratoires, et à jeter sur la partie adverse ce ridicule qui amuse les cercles, ces sarcasmes qui font donner gain de cause à celui qui sait mieux les manier. Il a une conférence avec lui ; il lui expose son affaire, ses divers moyens ; il cherche à l'éblouir par les promesses les plus brillantes. L'abbé Coulon (c'est le nom du défenseur qu'il voulait se choisir) lui dit qu'avant d'entreprendre sa défense il faut qu'il voye madame la présidente de

Saint-Vincent. Il se transporte à la Conciergerie; il interroge la prisonnière; il la tourne et retourne; il se met parfaitement au fait de ce qui la concerne; il revient chez lui; il pèse les probabilités résultantes des deux récits, des pièces qui lui ont été communiquées, des raisonnements qu'on lui a faits. Il se décide; il va trouver le maréchal; il lui déclare qu'il ne peut se charger de sa cause, et il devient le plus zélé défenseur de l'opprimée. Il faut croire qu'une conviction intime a seule déterminé l'abbé Coulon; car si l'espoir des récompenses pécuniaires, ou d'une faveur distinguée l'eût fait agir, il ne pouvait hésiter entre l'un et l'autre.

Paris, ce 31 août 1775.

LETTRE VII.

Sur la dame Gourdan ; sur une femme de condition arrêtée chez elle ; procès singulier à cette occasion ; anecdotes, etc.

Les filles du haut style, Milord, les ~~pillards~~ paillards honteux de cette capitale, en un mot tout le monde libertin et galant est dans la consternation, d'un arrêt prononcé il y a quelques jours par la Tournelle, qui décrète de prise de corps la fameuse surintendante des plaisirs de la cour et de la ville, la dame *Gourdan*, que par une dénomination plus décente et plus honorable on appelait *la petite comtesse*. Cette femme était surtout essentielle aux étrangers, comme d'une grande ressource pour eux. J'en ai quelquefois usé depuis mon séjour ici, et je puis vous en parler pertinemment. Ce qui la rendait précieuse entre ses semblables, c'était son art de s'insinuer chez les femmes comme il faut, de gagner leur confiance, et de les rendre dociles aux propositions qu'elle leur faisait. Vous sentez qu'il fallait qu'elles fussent proportionnées à l'objet desiré ; car enfin, de l'aveu même d'une reine, il n'est point de personne du sexe qui ne puisse s'acheter ; il ne s'agit que du prix. C'est un talent tel qui lui avait procuré la connaissance des princes, des évêques, des magistrats, et qui la fait regréter de tant d'illustres personnages. Comment une entremetteuse aussi essentielle a-t-elle pu mériter l'animadversion de la justice ? Voici l'histoire. Elle paraît bien romanesque; mais je la tire du récit de la dame accusée. Elle vous amusera.

Madame *d'Oppy* (c'est son nom), femme d'un grand bailli d'épée de la ville de Douai, était à Paris en 1766 par nécessité. Un chevalier de Saint-Louis qu'elle avait vu en Flandre chez ses beaux-frères, mais qu'elle connaissait peu personnellement, profite du vide de société où elle se trouve, pour lui rendre des visites assidues, et se rendre nécessaire auprès d'elle par des apparences de dévouement et de zèle. Bientôt il lui fit sentir la nécessité de se procurer des liaisons dans un pays où l'ennui succède tour à tour au dégoût des affaires. Il lui vante une femme de condition de ses amies, d'un certain âge, bien répandue, tenant un état considérable, et recevant la meilleure compagnie. C'était précisément ce qu'il fallait à une femme qui, avec un nom, de la figure, et surtout de la jeunesse, avait besoin, pour paraître décemment dans le monde, d'une personne de son sexe qui lui servît en quelque sorte de sauve-garde et d introductrice. Le moyen que madame d'Oppy ne se laissât point aller à une proposition aussi décente de la part d'un militaire qu'elle croyait de ses amis ! Elle n'avait pas assez d'expérience des intrigues de Paris, pour savoir que les fonctions les plus malhonnêtes y sont souvent l'appanage de l'homme décoré et le moyen de parvenir aux honneurs. Elle accepta donc avec empressement, et fut conduite chez la prétendue *Comtesse*.

Celle-ci, prévenue du rôle qu'elle devait jouer, le remplit à merveille, et soutint par un extérieur convenable la bonne idée qu'on avait donnée d'elle. D'ailleurs une vaste et belle maison, un domestique nombreux, des appartements meublés superbement, tout annonçait l'opulence de la maîtresse. Elle accabla de politesses la présentée, se félicita d'avoir fait sa connaissance, en remercia le chevalier, et parut vouloir se lier plus intimement avec une femme aussi aimable. Cette intimité ne put avoir lieu alors, à cause d'un voyage que madame d'Oppy fit peu après chez elle. Mais en 1768, de retour à Paris, ne songeant plus à son aventure, elle se trouva attaquée au bal de l'opéra par un masque qui, après l'avoir tourmentée un peu, se fait reconnaître pour la femme chez laquelle elle a été conduite deux ans auparavant. Grands reproches d'une part; excuses de l'autre. On pardonne, à condition qu'on viendra se justifier à un souper dont le jour est indiqué. Madame d'Oppy s'y rendit.

Il n'y avait en femmes qu'elle et sa nouvelle amie. Le reste des convives consistait en hommes, qu'à leurs noms, vrais ou faux, elle reconnut pour gens du plus haut parage. Le souper fut gai, mais sans indécence, et l'on se retira de bonne heure.

L'historien laisse ici une lacune, et passe brusquement au 15 avril, jour fatal où s'étant empressée d'aller chez la comtesse sur un billet d'invitation, elle se trouve assaillie par un inspecteur de police (1) et un commissaire, (2) qui l'arrêtent par ordre du roi, et lui apprènent que le lieu où elle est, est un lieu de prostitution; que la femme qu'elle croit son amie, son égale, en est la directrice; que c'est la dame Gourdan, nom trop célèbre dans la capitale, mais ignoré d'une femme honnête. Cette abominable entremetteuse se rend alors son accusatrice, et lui met sur le compte des débauches dignes de la dernière de ses infâmes élèves : elle en fait sa déclaration. Le chevalier de Gricourt, beau-frère de madame d'Oppy, voyait tout, entendait tout d'un appartement voisin. Il était le chef secret et invisible de l'exécution, et sans égard aux réclamations de sa belle-sœur, aux protestations de son innocence, à ses refus obstinés de rien signer, à ses larmes, à ses sanglots, il la fit conduire à Sainte-Pélagie, dans une de ces maisons de force, destinées à purger les familles et la société

Tome I. 9

(1) *le f.^t Marais chargé du détail des filles et des mauvais lieux.*
(2) *le s.^r Mutel.*

de leurs plus vils rebuts, à envelopper dans les ténèbres la honte d'un mari deshonoré, l'opprobre d'une femme scandaleuse, à donner un frein, en un mot, à ces messalines, dont aucune pudeur ne peut arrêter les écarts et les débauches.

Là, madame d'Oppy, mère de famille, femme de condition, l'alliée d'une infinité de maisons illustres, est dépouillée de ses habits, couverte d'une robe de bure, et reçoit le signe de l'infamie, en voyant tomber ses beaux cheveux, l'ornement de sa tête.

Cependant son mari, à l'insçu duquel elle prétend que s'était conduit tout le complot, apprend toutes les horreurs qu'on impute à sa femme. Il arrive à Paris; il la voit, il entend sa justification. Mais trop faible, soit pour la tourmenter innocente, soit pour résister aux efforts des instigateurs de la persécution, il prend un milieu : il fait convertir la lettre de cachet, qui retient madame d'Oppy prisonnière à Sainte-Pélagie, en une autre qui l'exile dans une terre où elle doit vivre avec lui(1), sans pouvoir se remontrer à Paris, sous quelque prétexte que ce soit.

Arrivés en ce lieu, aux cris d'allégresse de leurs vassaux, les deux époux soupèrent, couchèrent ensemble, et scellèrent dans le lit con-

(1) à Laflèche.

jugal une paix où l'épouse avait seule à pardonner. Elle avait déjà tout oublié, à ce qu'elle assure ; mais elle retomba bientôt dans de nouvelles anxiétés. A travers la satisfaction apparente de son mari, malgré les preuves de tendresse qu'il lui prodiguait, elle démêlait un trouble, une contrainte, une agitation qu'il dissimulait mal : elle ne put résister à son desir de s'éclaircir. Ayant trouvé un moment favorable pour fouiller dans les poches de M. d'Oppy, elle en tire une correspondance odieuse, dont le résultat est un plan concerté de l'arrêter de nouveau au moyen d'un autre ordre du roi, et de la faire renfermer le reste de ses jours dans un couvent. *(Grpeville en Picardie.)*

A cette lecture effrayante elle prend son parti, et ne voit son salut que dans la fuite. Après avoir erré en plusieurs endroits, elle se fixe en Angleterre. Elle apprend que son mari, au bout d'un an de délai, a rendu plainte contre elle en adultère par-devant le juge de son domicile à Noyon, et l'a fait condamner à la peine de l'authentique. Elle repasse en France, y reste cachée, dans l'espoir de venger son honneur attaqué ; elle parvient enfin à faire lever la lettre de cachet toujours subsistante. Elle interjète appel de la procédure de Noyon, et en demande la nullité. Cependant son mari rend une nouvelle plainte, qui, commençant où vient finir la première, embrasse tout l'intervalle écoulé depuis son évasion, et articule de nouveaux faits d'adultère pendant le séjour de sa femme à Londres.

C'est dans cet état du procès qu'est intervenu l'arrêt qui décrète de prise de corps la dame Gourdan et deux autres femmes publiques(¹), ayant servi de témoins pour l'accusée. Mais la première, qui a des amis partout, a été avertie par les jeunes conseillers, et s'est soustraite à la captivité. Quoi qu'il en soit, ses fonctions se trouvent interrompues, et c'est ce qui désole tant de gens de tout sexe, de tout âge, de toute condition et de tout pays, à qui cette appareilleuse rendait les services essentiels de sa profession. On a saisi et annoté ses meubles, mis les scellés chez elle. On lui avait fait représenter auparavant son livre, qui est déposé au greffe. On dit que ce livre est une pièce très-curieuse. Pour en connaître l'importance, il faut que vous sachiez, Milord, que les lieux de débauche de cette capitale ne sont pas simplement comme nos Bagnos à Londres : ils sont ici d'institution politique. Celles qui y président, par essence espionnes de la police, tiènent un registre exact de toutes les personnes qui viènent chez elles, et entrent à cet égard dans les détails les plus particuliers qu'elles peuvent apprendre. C'est sous le feu roi, et surtout à la fin de son règne, que cet historique du libertinage de la capitale était fort recherché. On assure que le magistrat chargé de cette partie en

(¹) la femme Ludas et la f.ᵉ Granier.

dernier lieu (1), y donnait une attention particulière ; qu'il occupait journellement un secrétaire de confiance très-intime à rédiger de ces divers matériaux une gazette galante et luxurieuse, et que le monarque et sa maîtresse (2) en faisaient leurs plus chères délices. Le lieutenant de police d'aujourd'hui n'a pas cet avantage. Le jeune prince, ami des mœurs, rejèterait avec indignation une chronique aussi scandaleuse ; il rougirait des turpitudes qu'on y dévoile. Mais ces archives d'horreurs et d'infamies n'en subsistent pas moins, comme pouvant servir à diriger le ministère dans quantité d'opérations sourdes, à lui fournir le fil de beaucoup de choses, et le secret de presque toutes les familles. La dame Gourdan, par l'étendue de son commerce et par ses pratiques distinguées, devait être plus recommandable qu'une autre au gouvernement. C'est ce qui excite la curiosité des amateurs, soit pour découvrir dans son journal bien des gens qu'on ne se douterait pas d'y trouver, soit dans la crainte de s'y voir inscrits eux-mêmes. De quelque

---

(1) M. de Sartines. On prétend que c'est madame la marquise de Pompadour qui, pour dissiper l'ennui de son auguste amant, avait imaginé cette gazette.

(2) On conçoit combien cette gazette avait dû prendre faveur sous la comtesse Dubarri, et les jolis commentaires qu'elle pouvait y faire.

manière que le procès tourne, on espère au surplus qu'une femme aussi importante ne sera que suspendue dans l'exercice de son ministère, et qu'elle le reprendra incessamment. On sait qu'elle a déjà réclamé les bontés des personnages en place les plus éminents ; on dit même qu'elle a eu l'audace d'écrire à M. le duc de Chartres, et d'engager S. A. à s'intéresser pour elle.

Du reste, si l'on discutait à la rigueur la conduite de cette entremetteuse, elle serait très-punissable. Sans doute il y a tout à parier que madame d'Oppy, dans un intervalle de deux ans, n'avait pu ignorer quel était le métier de la prétendue comtesse, en supposant qu'elle y fût allée innocemment la première fois. Mais il y a à présumer aussi, que celle-ci, gagnée par les instigateurs de la persécution contre une femme adultère, se sera prêtée à l'abominable complot médité pour la surprendre, et aura disposé le piège adroit où elle devrait être arrêtée. Or, soit qu'elle ait seulement favorisé le libertinage d'une femme de condition mariée, et dont le commerce lui est interdit par les réglements de son métier exécrable, soit qu'elle ait servi d'agent aux calomniateurs de cette épouse infortunée, qui leur aura donné prise par son étourderie et son indiscrétion ; dans l'un et l'autre cas, elle devrait être châtiée exemplairement, plus ou moins, suivant l'atrocité de ses manœuvres.

Pendant que je suis sur le compte de madame Gourdan, il faut vous faire part de deux anecdotes qui la concernent, anciennes déjà, et qu'on m'a apprises. Vous verrez par la première, que cette infâme était très-propre à jouer tous les rôles qu'on voulait lui faire faire pour assouvir sa cupidité. La seconde est une preuve qu'il était très-aisé de se méprendre sur son compte, mais que l'erreur ne pouvait durer long-temps.

Un fermier-général (1), vieux libertin très-riche, voyait en société une femme de condition venue à Paris avec son mari pour solliciter à la cour quelque grâce. Elle était fraîche, aimable, enjouée : elle avait donné dans l'œil du turcaret. Celui-ci avait essayé de s'insinuer auprès d'elle, mais sans succès; ce qui n'avait fait qu'irriter ses desirs. Il va trouver madame Gourdan; il lui fait part de son amour, et déclare être disposé à tous les sacrifices pécuniaires, si elle peut déterminer cette beauté à lui devenir favorable. Il ajoute qu'il sait qu'elle n'est pas à son aise, et l'autorise à s'avancer en propositions solides, aussi loin que l'exigeront les circonstances. Du reste, il promet de forts honoraires pour l'*Entremetteuse*. Celle-ci commence par faire connaissance avec la femme-de-chambre; elle se

---

(1) Le sieur ~~Dongé~~ Dangé.

ménage un accès chez la maîtresse, comme marchande à la toilette qui vient lui faire voir des bijoux, des étoffes et autres effets précieux à acheter. Elle découvre bientôt le faible de la dame : elle a une fureur des diamants inconcevable, mais elle ne sait comment faire pour les payer ; elle manque d'argent. Madame Gourdan vient rendre compte au financier de sa commission : elle lui dit que l'ouverture est faite, mais que la négociation est chère ; qu'il s'agit d'un écrin de dix mille écus. Le publicain, ladre de son caractère, était trop épris pour l'être en pareil cas. Il va chez un bijoutier, se munit de la plus belle garniture de cette espèce et la confie à l'*appareilleuse*, qui ne doute plus d'éblouir la provinciale avec de telles offres. Elle s'y prend adroitement, et comme la commission devenait de plus en plus délicate à cause de l'époux, elle engagea la dame à venir chez elle secrètement pour voir les diamants en question, très-beaux, qui ne seront point chers, dont le propriétaire est obligé de se défaire à bon compte. La jeune femme qui, à l'exemple de quantité de ses semblables, traitait tout cela à l'insçu de son mari, accepte le rendez-vous comme plus commode. Elle logeait dans le quartier de la comédie italienne. Un dimanche, sous prétexte d'aller à l'église, enveloppée d'une calèche, elle va chez la prétendue marchande à la toilette, qui de son côté n'avait pas manqué de prévenir le fermier-général, de lui annoncer que la beauté, docile à ses desirs, consentait à une entrevue à telle heure. La jeune femme arrivée la première, suivant la combinaison de la dame Gourdan, elle lui déploye les diamants, elle les lui essaye ; elle lui met les girandoles aux oreilles, la bague au doigt ; le collier au cou, etc. Celle-là se livrant à la vanité ordinaire de son sexe, s'admire dans cet éclat : « Mais tout cela sera bien cher, » dit-elle : — Non, Madame, répond l'*entre-* » *metteuse*. » En même temps elle fait entrer le financier : « voilà le propriétaire ; vous vous arrangerez à merveille ensemble : je vous quitte ». Elle sort aussi-tôt, ferme la porte, et laisse la victime en proie aux désirs effrénés du vieux paillard, qui de son côté s'imagine ses propositions acceptées, fait les déclarations les plus chaudes et se met en devoir de recueillir le fruit de ses avances. Tout cela s'était passé si brusquement, que la dame pétrifiée n'avait pas reconnu d'abord le fermier-général. Elle lui témoigne sa surprise et le repousse avec indignation. Etonné à son tour, il demande si elle s'est flattée de recevoir ce cadeau impunément ? Il s'ensuit une explication affreuse. Elle apprend où elle est : en vain elle veut sortir : point de clef à la porte : elle a beau sonner, personne ne répond. L'infâme hôtesse du lieu voyait le combat par une ouverture secrète. Elle se flattait toujours que les diamants opéreraient leur effet : elle ne pouvait concevoir qu'une femme résistât à un pareil appât. Cependant il fallut terminer cette scène, qui ne prenait pas décidément la tournure convenable, et qui commençait à fatiguer le paillard publicain. Il remet ses diamants dans sa poche. La beauté, furieuse, menace la Gourdan de la faire mettre à l'hôpital. Tout considéré, de peur que l'aventure ne parvînt aux oreilles de son mari, elle a trouvé plus prudent de rester tranquille, de profiter de la leçon, de renoncer aux diamants, et surtout de ne point voir de marchandes à la toilette.

L'autre anecdote est plus plaisante. La *petite comtesse*, non moins utile aux plaisirs de la cour qu'à ceux de la capitale, revenait un jour de Versailles, où elle avait conduit deux nymphes, morceaux choisis, qu'elle avait présentés à quelque grand. Aux approches de Paris, son carrosse casse ; elle est obligée de mettre pied à terre avec ses deux élèves. M. l'évêque de Tarbes (1) passe dans le même temps : il est touché de l'accident : il prend part au sort de ces dames, leur offre sa voiture pour les ramener; il insiste. La Gourdan trouve très-comique de

---

(1) M. de Lorry.

se voir dans le carrosse d'un prélat, elle accepte, et se pavane aux yeux de tous les spectateurs. C'était un jour où la route de Versailles était encore plus fréquentée que de coutume. Une infinité de jeunes seigneurs se rendaient à la cour, plusieurs reconnaissent le prélat et sa compagnie. Arrivés, ils n'ont rien de plus pressé que d'en rire et d'en faire l'histoire du jour. Elle parvient aux oreilles de madame la comtesse Dubarri, qui en amuse le monarque. S. M. ordonne au grand aumônier de mander de sa part l'évêque de Tarbes, et de lui faire des reproches sur sa conduite scandaleuse. Le prélat ne sait ce que cela veut dire. Enfin la plaisanterie s'éclaircit, et il reconnaît que la charité n'est pas toujours bien placée ni bien récompensée.

Vous voilà maintenant au fait, Milord, de cette première abbesse de Paris. Je ne manquerai pas de vous instruire de son sort, et du moment où elle reprendra son bercail dispersé aujourd'hui.

Paris, ce 11 septembre 1775.

LETTRE VIII.

Du Palais-Royal et de ses promenades nocturnes; Courtisane singulière admirée chez Torré.

Tous les monuments du luxe et de la volupté française n'approchent pas d'une sorte de spectacle qui s'est établi naturellement et sans frais, bien supérieur, suivant moi, au Wauxhall et au Colisée, par l'aisance, la familiarité, l'abandon qui y règnent. Ce sont les promenades nocturnes du Palais-Royal, occasionnées par certains concerts, que des amateurs demeurant sur ce jardin, donnent après souper, et qui servent de prétexte aux voisins de descendre dans les allées, d'y mener leurs amis et d'y former une espèce de bal, d'autant plus agréable qu'à la faveur de l'obscurité, sans l'incommodité du masque, on en a toute la liberté. Comme ces entours sont occupés par des filles d'opéra, par d'autres entretenues, par les courtisanes les plus célèbres et par des femmes galantes qui profitent volontiers de la facilité de l'incognito pour se livrer impunément aux aimables folies qu'il permet, il en résulte beaucoup d'aventures, dont les unes restent ensevelies dans l'ombre du mystère, dont les autres percent et font l'entretien du lendemain.

M. le comte d'Artois, qui a pris plaisir à ces modernes saturnales, en augmente l'agrément et le concours. Il s'y rend presque tous les soirs : ce qui donne lieu à beaucoup de conjectures sur les motifs de cette assiduité de S. A. R. Bien des gens croyent qu'il en veut à une dame de la suite de madame la duchesse de Chartres (1), et le grand nombre fait l'honneur à une fameuse impure (2) de la regarder comme l'objet des voyages du prince.

Après vous avoir parlé, Milord, de ces divers théâtres de la lubricité parisienne, je voudrais vous faire passer en revue les divinités principales qui en sont les héroïnes. On pourrait en compter une centaine, toutes remarquables par leurs talents, par leur faste ou par des anecdotes particulières. Mais ce tableau est si changeant, si mobile, qu'il faudrait le renouveler trop souvent. Il suffira de vous en citer quelques-unes, qui ayant plus de consistance, ont acquis une célébrité plus durable, et dont les noms passeront à la postérité, comme ceux des *Rhodope*, des *Phryné* et des *Laïs*.

---

(1) Madame de Genlis.
(2) La demoiselle Du Thé, depuis mariée en Angleterre avec M. Foxlane.

La première qui m'ait frappé entre celles qui ne sont remarquables par aucun talent est une que les autres courtisanes appèlent *la philosophe*. Voici ce qui lui a mérité ce titre auguste, et la manière dont j'ai appris son histoire.

J'étais, il y a quelques jours,(2) au *Vauxhall* de *Torré;* je vis une jeune personne qu'on entourait, qu'on suivait, qu'on se montrait avec étonnement. Ne pouvant en aborder, je montai sur une chaise, comme beaucoup d'autres, pour la voir. Je remarquai une fille d'une taille moyenne, rondelette, d'une figure assez régulière; sa peau me parut décolorée dans les parties où le rouge ne l'animait pas; ses yeux, quoique vifs, ne semblaient pas avoir tout leur jeu; en un mot, je la pris pour une convalescente. Je demandai au comte de Lauraguais, très au fait de la carte, quelle était cette beauté? pourquoi elle causait une telle sensation? « C'est une héroïne d'amour,
» me répondit-il; c'est une impure digne d'être
» née en Angleterre, qui a toute votre liberté
» de penser, et vient de le prouver : elle se
» nomme mademoiselle Germancé. Dans un
» accès de désespoir jaloux, se voyant aban-
» donnée d'un officier aux Gardes (1), dont elle
» était éperduement éprise, à qui depuis long-

---

(1) Le marquis de Flamanville.
(2) *le 15 juin 1776?*

» temps elle prodiguait ses caresses, elle n'a pu
» résister à sa douleur; elle n'a trouvé, parmi la
» jeunesse florissante qui lui faisait la cour et
» l'entourait, aucun mortel capable de le rem-
» placer dans son cœur, ou de la consoler de
» cette perte. Elle a froidement résolu de se
» soustraire aux divers agréments de la vie dont
» elle jouissait, et elle a pris la semaine dernière
» une quantité d'opium, propre à l'endormir
» pour jamais. Avant de faire cette opération,
» elle écrit une lettre très-pathétique au perfide,
» où elle lui annonce cette fatale nouvelle, en
» lui déclarant qu'il doit se regarder comme
» l'auteur de sa mort; qu'elle n'existera peut-
» être plus lorsqu'il recevra son billet; que
» cependant, si sa perte peut réveiller en lui
» quelque sentiment de pitié, elle exige qu'il se
» rende chez elle, et recueille ses derniers sou-
» pirs. Le militaire a pris l'épître pour une plai-
» santerie; il n'a point voulu aller chez la dé-
» laissée, mais il y a envoyé un de ses amis, qui
» l'a trouvée trop véritablement entre les mains
» de la Médecine, occupée à la rappeler à la
» vie. Après quatorze heures de tentatives, on a
» arrêté l'effet du poison; elle a reconnu son
» extravagance, et la voilà aujourd'hui plus
» charmante, plus enjouée que jamais. Elle rit
» elle-même de son histoire; elle apprend à
» toutes ses camarades que la mort n'est rien;

» que le genre qu'elle a choisi est très-agréable ;
» qu'au moment où l'on s'endort, on éprouve
» les sensations les plus délicieuses. Vous croyez
» bien que cette morale, répandue parmi les
» courtisanes, ne fera pas fortune ; mais elle
» leur donne une grande vénération pour made-
» moiselle Germancé, et lui vaut cette dénomi-
» nation grave et barbare de *la philosophe.* »

La façon obligeante dont ce seigneur me satisfit sur ma demande, la connaissance parfaite qu'il a des filles de Paris, et les sarcasmes ingénieux dont il assaisonne ses narrations, me donnèrent l'envie de m'instruire par son entremise ; il me donna rendez-vous au Colisée, lieu plus propre à me faire passer successivement sous les yeux tous les objets de ma curiosité, à me les désigner par ordre et sans la moindre confusion. Je vous rapporterai la prochaine fois cette conversation, dont j'ai tenu note dans le temps, que je vais réduire en dialogue pour plus de clarté, en vous prévenant que je n'ai pu retenir toutes les saillies du comte, qui, ainsi que des éclairs rapides, m'ont ébloui sans laisser dans mon imagination aucune trace de leur passage ; je me piquerai seulement d'être exact sur les faits.

J'ai l'honneur d'être, etc.

Paris, le 14 septembre 1775.

Dialogue entre M. le Comte de Lauraguais et milord All'Eye *ou l'Espion Anglais, au sujet des Filles les plus célèbres de la Capitale.*

LE COMTE.

Le Colisée sera brillant aujourd'hui (1), milord; on y attend le comte d'Artois, et toutes nos nymphes ne manqueront pas de s'y rendre, si elles n'y sont déjà, car l'assemblée me paraît nombreuse. Entrons dans l'intérieur.....

MILORD.

Qu'apperçois-je, comte? Vous pâlissez; vous soupirez à l'aspect de la première femme qui se présente!... C'est mademoiselle *Arnoux*, autant que je puis la remettre.

LE COMTE.

Ah! milord, je ne puis la voir sans être ému, tant l'habitude a de force sur nous. Est-il possible que j'aye été fou aussi long-temps de cette figure-là; que je lui aye sacrifié la plus aimable, la plus jolie, la plus vertueuse de toutes les femmes!

MILORD.

A vous dire vrai, celle-ci n'a rien de mer-

---

(1) 18 septembre 1775.

Tome I.

veilleux : une figure longue et maigre, une vilaine bouche, des dents larges et déchaussées, une peau noire et huileuse. Je ne lui vois que deux beaux yeux.

LE COMTE.

Eh oui ! deux beaux yeux n'ont qu'à parler. *Delicta juventutis meæ ne memineris, domine !*

MILORD.

Au surplus, elle est très-bien au théâtre ; elle a peu de voix, mais beaucoup d'onction, et d'ailleurs elle joue supérieurement comme actrice. On dit aussi qu'elle a de l'esprit.

LE COMTE.

Surtout de celui qu'il me faut : du méchant, du polisson.

MILORD.

On m'a raconté d'elle un calembourg qui est bien dans le dernier genre, et m'a beaucoup fait rire ; c'est à l'occasion de mademoiselle *Château-Neuf* (1), de mademoiselle *Château-Vieux*, de mademoiselle *Château-Fort*, et autres noms de

---

(1) Elle était à l'Opéra, et faisait quelquefois des rôles où elle chantait seule.

cette espèce : *Tous ces Châteaux*, dit-elle, *sont des châteaux branlants.*

LE COMTE.

Celui à mademoiselle *Vestris* est aussi fort et plus fin. Cette danseuse émérite de l'Opéra (1) plaisantait mademoiselle *Arnoux*, lorsque j'avais l'honneur de jouir de ses bonnes grâces, sur ce qu'elle était grosse continuellement ; elle lui répondit : *Ma chère camarade, une souris qui n'a qu'un trou est bientôt prise.* Ce qui portait à plomb sur cette Italienne, qui se vantait d'avoir apporté de son pays la recette pour ne point faire d'enfants.

Sa réflexion, dans un cercle de ses semblables, à l'occasion de la mort de Louis XV, est d'une hardiesse qui ne peut se pardonner qu'à une pareille langue : *Nous voilà orphelines de père et de mère.* Il faut se rappeler que madame la comtesse Dubarri fut exilée au même instant.

Il m'en revient encore un autre, qui n'est qu'un sarcasme gai à l'égard de mademoiselle *Duplant* (2), alors entretenue par un boucher (3).

---

(1) Elle s'est retirée en 1763. Elle était sœur du fameux Vestris, père de celui qui est encore à l'Opéra.

(2) Chanteuse seule à l'Opéra, faisant les grands rôles, ceux à baguette principalement.

(3) Un nommé Colin, qui se ruinait, dit-on, en se donnant les airs d'entretenir des filles d'Opéra.

Un gros vilain chien, tel qu'un marchand de cette espèce en a ordinairement pour l'accompagner, avait pénétré par hasard sur le théâtre de l'Opéra: *Tiens*, dit-elle à sa consœur, *tiens, voilà un courier de ton amant.*

MILORD.

Elle soutient donc réellement sa réputation de fille à bons mots?

LE COMTE.

Comme cela; elle est étourdie et impudente, elle hasarde tout ce qui lui passe par la tête; et, dans le grand nombre de choses qu'elle se permet, il n'est pas qu'il ne s'y trouve quelques saillies heureuses. On oublie tout le mauvais; celles-ci restent, on en fait recueil. D'ailleurs, on lui en prête beaucoup.

MILORD.

Quel est le jeune homme avec qui elle est?

LE COMTE.

C'est un élève de l'art des Vitruve, dont elle s'est amourachée, et qu'elle doit épouser, suivant le bruit public. Sur ce qu'on lui reprochait de s'en tenir, après avoir vécu avec les plus grands seigneurs, à un simple architecte : *Que voulez-vous*, s'est-elle écriée, *tant de gens cherchent à ruiner ma réputation, il faut bien que je prène quelqu'un pour la rétablir.* Au surplus, on ne sait comment cela s'accorde avec le goût qu'elle affiche depuis quelque temps ; elle est scandaleusement rivale de mademoiselle *Raucourt*.

MILORD.

Quoi ! de cette actrice de la comédie française, si renommée pour ses impudicités, qu'on appèle dans les curiosités de la foire (1) la grande louve, ou la laie des bois ?

LE COMTE.

La voilà, pendant que nous en parlons ; elle est avec mademoiselle *Virginie* (2), qu'elle promène en triomphe comme un amant ferait à l'égard d'une maîtresse dont il s'honorerait. Elle l'a enlevée à la première, et ce n'est qu'une revanche ; elle sert tour à tour aux plaisirs infâmes de l'une et de l'autre.

Vive mademoiselle *La Guerre*, elle est franche du collier ! Voyez cette figure ronde et vermeille

---

(1) Facétie qui avait couru cette année-là, dans le temps de la foire Saint-Germain, où sous prétexte d'animaux rares qu'on y voyait, on avait désigné certaines courtisanes connues par des vices caractérisés.

(2) Chanteuse qui débutait alors à l'Opéra.

comme une rose; il y a plaisir à se ruiner pour un minois comme celui-là. C'est en faveur de cette actrice que le duc de Bouillon a mangé 800,000 livres en trois mois.

MILORD.

N'est-ce pas elle qui chantait l'autre jour à l'Opéra dans *Cythère assiégée* (1), lorsque la reine y est venue avec madame Clotilde? Elle m'a semblé avoir du talent, une jolie voix.

LE COMTE.

Elle promet beaucoup. Savez-vous la chanson faite sur elle et son amant?

(*Il chante*).

>Bouillon est preux et vaillant
>   Il aime la guerre :
>A tout autre amusement
>   Son cœur la préfère.
>Ma foi, vive un chambellan,
>Qui toujours s'en va disant :
>   Moi, j'aime la guerre,
>   O gué,
>   Moi, j'aime la guerre.
>
>   Au sortir de l'Opéra,
>   Voler à la guerre ;

---

(3) Ballet héroïque de Gluck.

De Bouillon, qui le croira?
C'est le caractère.
Elle a pour lui des appas
Que d'autres n'y trouvent pas;
Enfin, c'est la guerre,
O gué,
Enfin, c'est la guerre.

A Durfort il faut Du Thé,
C'est sa fantaisie :
Soubise, moins dégoûté,
Aime La Prairie :
Mais Bouillon, qui pour son roi,
Mettrait tout en désarroi,
Aime mieux la guerre,
O Gué,
Aime mieux la guerre.

Pour que vous entendiez ce dernier couplet, il faut vous faire connaître les personnages. Je pourrais vous montrer le premier ici ; il ne manquerait pas d'y être, s'il le pouvait; mais il a ordre du roi de rester dans ses terres, jusqu'à ce qu'il ait acquitté ses dettes. Une petite anecdote arrivée récemment n'a pu que contribuer à sa disgrâce; il est grand partisan de Mlle *Du Thé*, que je vais vous montrer tout-à-l'heure. Celle-ci était fort maltraitée dans la facétie que vous connaissez et que vous m'avez cité (1). Un auteur des bou-

---

(1) *Les curiosités de la foire Saint-Germain.* Voici son

levards (1) avait imaginé d'en faire une pièce de théâtre pour Audinot. Le titre piquant avait attiré beaucoup de monde à la première représentation. La princesse en question qui se montre à toutes les nouveautés de ce genre, y était. Elle fut cruellement attrapée de se trouver dépeinte de façon à ne pouvoir s'y méprendre : elle en tomba en pamoison, en syncope. Cette aventure fit un bruit du diable parmi ses partisans, et le duc de Durfort, en qualité de son ancien chevalier, crut devoir en prendre la défense. Il s'arme de pied en cap pour sa dame, et moderne Don Quichotte va trouver le directeur forain. Il veut absolument savoir quel est l'insolent qui a osé jouer mademoiselle *Du Thé* ? Heureusement pour le poète menacé de la dangereuse ire du paladin, le sieur Audinot tient bon. Alors elle retombe toute entière sur celui-ci ; il lui est enjoint d'être plus circonspect, et surtout de s'abstenir de mettre

---

article : n°. 6. « *Machine*. Un très-bel automate, curieux,
» chez la Dlle *Du Thé*. Il représente une belle créature,
» qui fait tous les actes physiques, mange, boit, danse,
» chante et agit comme une personne naturelle, comme
» un corps animé, doué d'une intelligence. Il dépouille
» un étranger proprement. On serait flatté de le faire
» parler. Les connaisseurs y ont renoncé, les amateurs
» aiment mieux le faire mouvoir. »

(1) Un nommé Landrin.

en scène la courtisane, à peine de voir son théâtre mis en pièces, réduit en poudre. Il s'est tenu pour dûment averti, et a fort bien fait de ne pas se jouer à cet étourdi.

Quant à *La Prairie*, elle est diablement verte et marécageuse. C'est le nom d'une de celles qui figurent dans la petite maison de M. le maréchal prince de Soubise, et qu'il prend plaisir à faire mettre nues : c'est le costume chez S. A., comme chez M. l'abbé Terrai.

MILORD.

Expliquez-moi, je vous prie, cette assimilation.

LE COMTE.

Elle est relative à une historiette arrivée chez ce ministre, dans sa superbe maison de la rue Notre-Dame-des-champs. Il la faisait voir à une personne très-aimable, dont ce satyre en rabat dévorait les appas. Celle-ci cherchait surtout un lit superbe qu'on évalue à des sommes exorbitantes. Elle y arrive enfin, et trouve un tableau voilé qui s'ouvre, et offre le plus beau corps de femme nue.. *Ah! fi donc, M. l'abbé,* dit-elle, en s'écriant*! Madame, c'est le costume,* répond-il de sang-froid, lui indiquant ainsi ce qu'exigeait ce prêtre impudique des malheureuses associées à sa couche.

MILORD.

S'il se met de même, cela doit faire un beau contraste.

LE COMTE.

Ah! je vois *Du Thé*.... admirez cette tête magnifique.

MILORD.

C'est une beauté froide et muète, une figure moutonnière qui n'inspire rien.

LE COMTE.

Vous avez raison. Il y a beaucoup plus de vanité que d'autre sentiment de la part de ceux qui achètent ses faveurs.

MILORD.

Mais comment cette fille a-t-elle fait fortune ?

LE COMTE.

Comme beaucoup de marchands, par la vogue; et cette vogue lui est venue d'avoir donné les premières leçons du plaisir à M. le duc de Chartres. Elle était alors simple espalier d'opéra (1), sous le nom de *Rosalie*. Il était ques-

---

(1) On appèle ainsi les chanteuses ou danseuses des chœurs.

tion de former le jeune prince avant son mariage aux exercices de Vénus. *Rosalie* fut acceptée et mérita de recevoir des compliments de M. le duc d'Orléans. On a cru pendant quelque temps que M. le comte d'Artois avait du goût pour elle ; ce qui a donné lieu aux rieurs de dire que S A. royale ayant eu une indigestion de biscuit de savoye, venait prendre *Du Thé* à Paris. Ce quolibet a été bientôt répandu et a excité la rumeur générale. Le public en a conçu une si forte indignation contre cette impure, qu'à Longchamps (1), s'étant montrée dans un carrosse à six chevaux avec l'appareil d'une femme de la plus haute qualité, elle a été tellement entourée et huée qu'elle n'a pu entrer en file, et que son carrosse a été obligé de rétrograder: il a fallu qu'elle s'en allât. Au fait, je crois bien que le prince en a essayé, mais cela n'a jamais été loin: cepen-

---

(1) Long-champs était une abbaye dans le bois de Boulogne, qui dans la Semaine Sainte servait de point de ralliement à la promenade. Le prétexte d'aller à Ténèbres à ce couvent, où il y avait de belles voix, avait d'abord occasionné le concours. La mode et le bon ton ont maintenu ce concours, quoique l'abbaye ait été détruite. Comme c'est, à proprement parler, la première promenade publique de la belle saison, et que dans la Semaine Sainte les spectacles sont fermés par convenance, les Champs-Élysées et le bois de Boulogne deviennent, pendant plusieurs jours, le rendez-vous général. C'est là que se montre le plus grand luxe des équipages nouveaux.

dant elle voudrait le faire accroire. Pour le persuader, elle plaisante depuis quelque temps sur un sylphe à ses ordres, qui lui fait tous les cadeaux qu'elle desire. Elle montre une infinité de bijoux venus ainsi d'une manière invisible, et par des réticences affectées elle donne à entendre que ce génie bienfaisant et son esclave est cet auguste amant.

MILORD.

J'apperçois une fille en grand bonnet, qui du reste annonce beaucoup d'opulence et de faste. On fait cercle autour d'elle.

LE COMTE

C'est la pénitente *Granville*, qui sort de sainte-Pélagie et n'en est pas moins insolente, comme vous voyez. Ce couvent est une maison de force où l'on met par ordre du roi les femmes coupables d'adultère, les filles d'un certain ordre qui ont forfait à leur honneur et les courtisanes de distinction qu'on ne veut pas confondre avec les raccrocheuses, qu'on envoye à l'hopital. La première punition usitée à sainte-Pélagie est, suivant l'ancienne coutume, de raser celles qui y entrent. Voilà le sujet de cet embéguinement de malade, de mademoiselle *Granville*. Du reste, elle doit être fort glorieuse: c'est le roi lui-même qui a ordonné sa détention et son châtiment. C'est un jugement digne de Salomon.

Cette coquine, ainsi que ses semblables, non-contente d'être entretenue par un maître des requêtes (1), entretenait à son tour, ou du moins prodiguait ses faveurs à un militaire, dont le premier avait plusieurs fois exigé le sacrifice, et toujours inutilement; c'est-à-dire qu'on lui donnait de belles paroles et qu'on voyait en cachette l'amant préféré. Un jour le Robin averti par ses espions, arrive et trouble le tête-à-tête. Le militaire prend fait et cause pour la nymphe: il s'échauffe, et dans sa fureur méprisante pousse son rival dans un cabinet qu'il referme sur lui: il le tient ainsi sous clef, et afin qu'il n'en doute pas, le rend témoin d'une scène pour laquelle ordinairement on n'en prend point. S'étant réciproquement enivrés de leurs caresses, le couple amoureux met le comble à l'insulte en délivrant le prisonnier, et en le persiflant de la façon la plus amère. On le renvoye enfin bien catéchisé, et on l'exhorte à ne pas être aussi indiscret une seconde fois.

Cependant au bout de quelques jours mademoiselle Granville fait des réflexions, et sent de quelle importance il est de ne pas laisser échapper une aussi bonne proie. Elle va chez l'amant ulcéré; elle convient de lui avoir manqué essentiellement, mais c'est par intérêt pour lui-

---

(1) M. Chaillon de Jonville.

même qu'elle l'a fait : elle craignait que ce militaire violent ne poussât l'outrage à l'extrême, vis-à-vis d'un magistrat sans armes et sans défense. Elle se repent amérement d'avoir, par son imprudence, laissé aller les choses si loin : cela n'arrivera plus ; elle a ouvert les yeux, et congédié pour jamais ce brutal.

De son côté, le maître des requêtes avait aussi fait ses réflexions, et médité une vengeance cruelle. Pour mieux l'assurer, il s'était proposé de pardonner en apparence cette fois-ci, comme tant d'autres, de reprendre ses droits auprès de la nymphe, mais de n'en user que pour transmettre à son rival un poison qu'il ne lui pouvait administrer directement. Bref, il gagne sciemment la vérole dans l'espoir de la communiquer à l'infidèle, qui en infectera l'auteur de son ignominie. Par une providence bien mal dirigée tout semble concourir à faire triompher en amour la trahison et la perfidie. La courtisane est instruite à temps de cette scélératesse. Elle va chez son entreteneur, et, sous quelque prétexte elle découvre des signes non équivoques du virus vénérien qui coule déjà dans ses veines. Alors elle l'accable de reproches, et lui prodigue les injures et les imprécations dans les termes les plus énergiques, et se retire en lui déclarant qu'elle va instruire tout Paris de son abominable conduite.

Le maître des requêtes, confondu de toute manière, n'a plus autre chose à faire que de se mettre entre les mains de quelque suppôt d'Esculape, et de renoncer pour jamais à sa maîtresse. Cependant il ne peut convenir décemment de son infâme vengeance; il se prétend ainsi maltraité par l'objet de sa passsion. En conséquence il a recours à M. le lieutenant-général de police, pour se faire restituer environ 20,000 liv. de billets qu'il a donnés à la courtisane. Le magistrat n'ose prendre sur lui de juger un pareil différend; il en réfère au ministre, qui, lui-même très-embarrassé, en rend compte au roi. S. M. commence par exiler dans ses terres un magistrat sur le compte duquel roule une telle aventure. Il déclare les billets bien et duement acquis; mais, pour la réparation du scandale et des mœurs outragées, il fait enfermer mademoiselle *Granville*.

MILORD.

La décision est tout à fait judicieuse.

LE COMTE.

Approchons de mademoiselle *Le Vasseur*, qui sûrement dit quelque polissonnerie.

MILORD.

Qu'appelez-vous mademoiselle *Le Vasseur?* Ou je me trompe, ou c'est *Rosalie* de l'Opéra.

LE COMTE.

Sans doute, mais elle ne s'appèle plus ainsi. Vous ne devineriez jamais pourquoi elle s'est débaptisée; c'est depuis la comédie *des Courtisanes* du sieur Palissot, où l'une des héroïnes s'appèle *Rosalie*; la première n'a voulu avoir rien de commun avec celle-ci, et a repris son nom de famille.

MILORD.

Elle est donc dans la réforme?

LE COMTE.

Elle est entretenue par l'ambassadeur de l'empereur.

MILORD.

Qui? M. le comte de Mercy-Argenteau?

LE COMTE.

Lui-même; il en est fou : elle le mène comme elle veut. Il y a certains jours de la semaine où ils soupent ensemble; mais personne de la maison n'en doit rien savoir. L'actrice a une porte de communication chez son excellence; alors on ne peut entrer chez M. l'ambassadeur, il est censé dans de grandes affaires.

MILORD.

Cette fille n'est pas jolie, elle est même laide;

mais elle a quelque chose d'enjoué qui peut séduire. La gentille personne avec qui elle est!

LE COMTE.

C'est *Cléophile*. C'est aussi un membre du corps diplomatique; elle a subjugué la gravité espagnole.

MILORD.

Ah! c'est la maîtresse du comte d'Aranda, l'ambassadeur d'Espagne. Il est plaisant de voir cette enfant faire la loi à l'ancien ministre de S. M. catholique.

LE COMTE.

Elle la lui fait parfaitement. A l'avénement de Louis XVI au trône, le jeune prince ayant annoncé son respect pour la décence et les mœurs, son excellence crut devoir se conformer au goût du monarque et rompre avec cette fille; mais il n'en eut pas la force, et mit seulement plus de mystère dans son commerce. Cette ferveur d'hypocrisie étant passée, il a repris comme les autres son train ordinaire.

MILORD.

Elle a quelque talent, ce me semble : elle danse.

LE COMTE.

Oui, c'est une élève du séminaire d'Audinot.

MILORD.

Il se mêle donc du métier?

LE COMTE.

Sans doute; mais en tout bien, tout honneur, avec le privilége de la police et sous l'inspection du ministre. Son spectacle, exécuté *par de petits enfants*, lui sert de prétexte; il forme ainsi au libertinage les jeunes filles presqu'au sortir du berceau, et ce qui ferait mettre une entremetteuse au carcan est pour lui une source d'opulence et de protection.

MILORD.

Comment n'a-t-on pas fait attention à cela? car enfin, les lois doivent veiller à la sûreté des familles, à la conservation des mœurs; et la politique, du moins, devrait arrêter un libertinage qui tend à la destruction de la population, en énervant, avant qu'ils soient formés, ces enfants des deux sexes.

LE COMTE.

Vous avez raison. L'archevêque de Paris a voulu clabauder; mais enfin, il nous faut des spectacles: *Panem et circenses*. Pourvu que les pères et mères ne s'opposent point à de pareils enlèvements, c'est à merveille, et cet *ogre de pucelages* n'a rien à craindre.

MILORD.

Vous me faites frémir!... Soit, qu'on laisse une carrière libre aux cinq ou six nymphes que j'entrevois groupées ensemble, et qui me semblent toutes excellents sujets pour la population.

LE COMTE.

Vous avez bien raison. Cela a tous ses crins, cela a fait ses preuves; il n'en est pas une qui ne soit mère de famille. C'est mademoiselle *Felme*, avec *Fanfan*, *Renard*, *Julie*, *Lolotte*, *Lilia*, *Seiffret*; c'est le commun des martyres : elles brillent dans l'obscurité, elles sont pour les talents nocturnes. Vous feuilleterez cela pour quelques louis à votre aise.

MILORD.

Peut-être trop à l'aise, en effet.

LE COMTE.

Aimeriez-vous mieux mademoiselle *Quincy*, ci-devant femme de chambre de mademoiselle *Du Thé*, aujourd'hui sa semblable, sa camarade? Voyez comme elles sont bien ensemble! Que c'est édifiant! Elles ne se méconnaissent ni l'une ni l'autre.

MILORD.

Je crois, ma foi, que voilà une femme honnête qui leur parle.

LE COMTE.

Si honnête, que M. le duc de Sully voulait lui donner l'éducation de ses enfants; mais sa famille n'a pas jugé l'institutrice bonne, et a fait enfermer ce seigneur, qui aurait pu faire quelque sottise plus grande..... C'est la *Fleuri Hocquart*.

MILORD.

Est-elle parente de ces Hocquart, dont je connais plusieurs?

LE COMTE.

De très-près, car elle a couché long-temps avec l'un d'eux; elle en porte le nom, comme ces héros grecs ou romains, qui prenaient celui d'une ville ou d'une province conquise... Tenez, en voilà une qui a le nom d'une dynastie de papes : elle s'appèle *Urbain*.

MILORD.

Elle a l'air bien bien sot, bien bête, bien dédaigneux, bien vain !

LE COMTE.

Elles sont à peu près toutes comme cela, plus ou moins ; mais celle-ci excelle dans ces qualités qu'elle annonce.

MILORD.

Quelle est cette grande femelle, dont la majesté lubrique invite les amateurs?

LE COMTE.

Vous la définissez bien; c'est mademoiselle *Dubois*, ci-devant actrice de la comédie française, et qui a quitté le théâtre pour se livrer plus librement au métier.... Elle tient catalogue de ses amants pour ne pas les oublier; elle nous en comptait la semaine dernière seize mille cinq cent vingt-sept, et sûrement le nombre est augmenté depuis.

MILORD.

Vous plaisantez donc? Il y a peut-être vingt ans qu'elle a commencé sa liste; ce serait, à ne pas discontinuer, près de trois par jour; et d'ailleurs, le temps des couches, car je vois avec elle plusieurs enfants qu'elle n'a pas fait faire par d'autres, sans doute.

LE COMTE.

Tout cela est vrai. Mais, si vous connaissiez son appétit! Elle met quelquefois les morceaux doubles pour aller plus vite.

MILORD.

Vous êtes bien méchant, M. le Comte?

LE COMTE.

Non : elle vous le dira elle-même. Quand elle trouve deux amis de bon accord, elle couche avec eux à la fois pour n'en mécontenter aucun. D'ailleurs, elle est à toute main ; elle a une égale ardeur pour l'argent et pour le plaisir.

MILORD.

Mais voilà différents sujets de l'Opéra, de la Comédie française. Est-ce que les Italiens ne fournissent rien ?

LE COMTE.

Ils vivent tous comme de bons bourgeois ; ils sont presque tous maris et femmes. Voulez-vous pourtant trouver une beauté de ce théâtre? Allons vers la pièce d'eau : j'ai aperçu *Colombe*.

MILORD.

Celle qui doit chanter dans *la Colonie* (1), et que nous avons entendue répéter ?

LE COMTE.

Oui, qui a du goût pour l'italien. C'est au maréchal de Duras qu'on est redevable de cette acquisition. On n'en voulait point ; le public ne

―――――――――――――――――――――――

(1) Pièce en deux actes, traduite de l'Italien et mêlée d'ariettes, parodiée d'après la musique du sieur Sacchini.

s'en souciait pas; mais ce seigneur, qui a le tact fin, a prévu qu'elle ferait plaisir. Il a fallu la recevoir.....

(*Ici le Comte chante*) la, mi, re, la, mi, la.

MILORD.

Vous n'êtes guères honnête! vous chantez au nez de cette nymphe! Que frédonnez-vous là?

LE COMTE.

L'épitaphe d'un de ses amants. Il s'était excédé de débauches pour lui plaire; il en périt. On grava sur son tombeau en notes de musique: *La, mi, re, la, mi, la*. Cette fille se nomme *Miré*. Entendez-vous à présent ce calembourg harmonique?

MILORD.

Il est singulier!

LE COMTE.

Regardez, Milord, ce charmant enfant. Devinez quel est son père; voyez comme il est fait à peindre. Quelles grâces, quelle souplesse dans les mouvements!

MILORD.

Mais il ressemble à sa mère avec qui il est apparemment. Elle n'est plus de la première jeunesse, mais elle a dû être charmante.

LE COMTE.

Aussi l'a-t-elle été. C'est la femme d'un Violon, madame Montgauthier, la maîtresse du danseur Vestris, dont elle a eu cet Amour. Elle a été compagne d'armes avec madame la comtesse Dubarri, qui, dans sa faveur, ne l'a point méconnue, et l'a toujours accueillie avec distinction.

MILORD.

Quel est ce gros garçon avec qui elle est ?

LE COMTE.

C'est le dieu de la danse; c'est le cuisinier, si vous voulez : c'est un Vestris. Celui-ci n'a d'autre talent que de bien manger ; c'est le pourvoyeur de la famille. Il est si admirateur du danseur, que la dénomination dont il se sert, dans ses extases, en faveur de son frère, lui est restée.

MILORD.

Ah ! Comte, quelle araignée !

LE COMTE.

Que dites-vous ! prosternez-vous plutôt. C'est Terpsicore elle-même. C'est mademoiselle *Guimard*.

MILORD.

Ma foi, elle n'est bonne à voir qu'au théâtre.

LE COMTE.

Il ne faut pas disputer des goûts. C'est une de nos courtisanes qui ait fait la plus grande fortune. Croyez qu'elle n'est pas de si mauvais alloi, puisque l'Église en a voulu tâter. Demandez à M. l'évêque d'Orléans.

MILORD.

M. de Jarente, ce prélat renommé par ses dissolutions, qui avait la feuille des bénéfices ?

LE COMTE.

Et c'est chez mademoiselle Guimard qu'on allait les payer. C'est ce qui faisait dire à mademoiselle Arnoux : *Je ne conçois pas comment ce petit ver à soie est si maigre ; il vit sur une si bonne feuille !* Au reste, je veux vous faire faire connaissance avec elle, surtout vous faire voir sa maison appelée *le Temple de Terpsicore*. Car, si nos courtisanes ne font pas bâtir de pyramides, comme les courtisanes grecques (1), elles font construire des demeures délicieuses, de petits palais, dont ne parlera pas l'Histoire, mais où vièlent s'engloutir autant de trésors que

---

(1) L'histoire ancienne parle d'une courtisane (Rodope) qui de ses grands biens, acquis à Naucrates, où elle avait exercé son métier, fit bâtir une des fameuses pyramides d'Egypte.

dans les vastes monuments de l'antiquité. Trouve-t-on, à Athènes ou dans Rome, une femme publique qui ait deux théâtres à la fois, comme celle-ci ? qui ait enlevé à la capitale les meilleurs acteurs des trois Spectacles, pour les concentrer chez elle et les faire servir à ses amusements (1) ? Voilà une sorte de luxe dont les folies anciennes ne fournissent aucun exemple.

MILORD.

Il faut en convenir, vous autres Français avez fait de grands progrès dans la carrière de l'extravagance humaine. Mais, sans vouloir vous le disputer, Londres vous fournirait de bonnes anecdotes sur le compte de notre nation.

LE COMTE.

J'en ai vu maintes preuves durant mes voyages chez vous. Ce qui pourrait même vous donner grand droit à la concurrence, c'est qu'on compte peu de vos courtisanes enrichies aux dépens des Français, et que les nôtres, au contraire, se trouvent en grand nombre chargées de vos dépouilles.

---

(1) Il a fallu, dit-on, une défense des gentilshommes de la chambre pour empêcher les coryphées des comédies française et italienne d'aller jouer chez mademoiselle Guimard, parce qu'ensuite ils se reposaient, et ne jouaient pas pour le public.

MILORD.

Ce qui vous fait emporter la pomme sans contredit de ce côté-là, c'est madame *Dubarri*. Mademoiselle *L'Ange* passant sans interruption du b..... sur le trône, des bras des laquais dans ceux du monarque ; culbutant le ministre le plus puissant et le plus redoutable ; opérant le renversement de la constitution de la monarchie ; insultant à la famille royale, à l'héritier présomptif du trône et à son auguste compagne, par son luxe incroyable, par ses propos insolents ; à la nation entière mourant de faim, par ses profusions vaines, par les déprédations connues de tous les roués qui l'entourent ; voyant ramper à ses pieds, non seulement les grands du royaume, les ministres, mais les princes du sang, mais les ambassadeurs étrangers, mais l'Église canonisant ses scandales et ses débauches : voilà le dernier période de la corruption, de l'asservissement, de l'infamie, parce que ce n'est pas le vice d'un seul, mais l'avilissement et l'opprobre de tous.

LE COMTE.

Il me paraît, Milord, que vous crayonnez furieusement dans la manière anglaise, quand vous vous en mêlez. Songez que nous ne sommes pas venus ici pour parler morale.

MILORD.

Pardon! c'est que les extrémités se touchent.

LE COMTE.

Voilà bien du tumulte! C'est sans doute le comte d'Artois qui arrive.

MILORD.

Comme toutes ces filles se mettent en armes sur son passage!

LE COMTE.

Depuis l'exemple de madame Dubarri, dont vous parliez à l'instant, elles ont une furieuse émulation..... Tenez, voilà de la chair fraîche qui tenterait tous les capucins du monde.

MILORD.

A vous dire vrai, ces figures sont ravissantes. Ce sont deux anges véritables. Est-ce la mère qui est avec elles?

LE COMTE.

C'est leur marraine : c'est la présidente *Brisson*, la vice-régente de la *Gourdan*, qui triomphe de son éclipse, et profitera du temps pour la supplanter.

MILORD.

Les jolis minois qu'elle conduit et semble nous proposer!

LE COMTE.

Je ne connais point cela : c'est du neuf, certainement.

MILORD.

Peste, que c'est friand!

LE COMTE.

L'eau déjà vous en vient à la bouche! Allons, Milord, détournez vos regards et suivons notre entretien.

MILORD.

Je m'en tiens là, Comte. Nous ne trouverons sûrement rien qui vaille ces beautés naïves....J'ai presque dit ces vierges!

LE COMTE.

Oui, des vierges comme *la Chantrie*.

MILORD.

Mais, Comte, elles s'en vont! Suivons donc.

LE COMTE.

Écoutez avant cette anecdote : Cette *la Chantrie* était autrefois une fille des chœurs de l'Opéra, d'une beauté rare, ingénue, un ange femelle. Les peintres la prenaient pour modèle. Un d'eux, chargé de peindre une mère du Christ pour le tableau d'un maître-autel, avait eu recours à sa tête et l'avait rendue très-ressemblante. Un Anglais, qui visitait les curiosités de nos églises, mais qui avait parcouru auparavant celles de nos spectacles, et en avait recueilli des fruits amers, appercevant cette belle tête, calquée sur celle de *la Chantrie*, s'écria avec surprise : *Ah! voilà la vierge qui m'a donné la chaud......!*

MILORD.

Vos historiettes sont charmantes ; mais je n'écoute plus rien, je suis féru. Il faut que nous soupions avec ces élèves de madame Brisson, aux risques de trouver une nouvelle *la Chantrie*.

LE COMTE.

La génération n'en est pas interrompue. Allons, je veux être votre Mentor. Je vais vous aboucher avec la présidente, mais je vous morigénerai, et toutes les fois qu'il vous prendra envie pendant le repas de toucher à quelques mets dangereux, je serai impitoyable comme le médecin de Sancho ; je vous le ferai enlever.

MILORD.

Quand nous y serons, nous verrons. Pressons-nous, si S. A. R. en avait desir !...

LE COMTE.

Ne craignez rien; il y en aura pour tout le monde... Mais, Milord, on ne peut vous suivre! Vous êtes d'une ardeur.... Ah! madame Brisson, si vous aviez une copieuse pacotille de pareilles marchandises, vous nous auriez bientôt conquis toute l'Angleterre!

LETTRE IX.

Sur M. le maréchal de Muy, sur son ministère et sur sa mort.

CE qu'on avait craint, Milord, est arrivé: M. le maréchal du Muy est mort. En attendant qu'on lui ait nommé un successeur, et que j'aye à vous parler du saint du jour, il faut vous entretenir de celui-ci, qui pourrait l'être long-temps, à en croire ses partisans, et même quelque jour faire des miracles pour ceux qui y ont foi. Il s'est fait périr comme un sot; mais engagé dans le combat, il l'a du moins soutenu avec courage. Atteint depuis quelques mois de coliques, il consulta le frère Côme(1) et se fit sonder. On reconnut qu'il y avait une pierre, mais non adhérente. Ce ministre, quoiqu'il n'ait pas souffert depuis, qu'il pût même aller en voiture et monter à cheval sans ressentir de douleur, voulut se débarrasser d'un ennemi dont la présence l'inquiétait et lui faisait envisager un avenir plus sinistre. Il préféra de se faire opérer sur-le-champ. Le voyage de Fontainebleau approchait, la saison et la circonstance lui paraissant également favorables, il prend congé de S. M.; il lui

(1) *Feuillant très renommé pour la taille de la pierre.*

dit qu'il sera dans trois semaines à son service, ou dans le tombeau. Il convient du jour de la catastrophe avec l'opérateur. Il est indiqué au 9 de ce mois, jour de saint Denis. Le matin, le frère Côme se rend en fiacre, escorté d'un médecin, son ami,(1) à l'hôtel du malade. Ils sont fort surpris de voir un cordon bleu sortir de chez lui à cette heure, accompagné d'un nombreux domestique. Ils approchent; c'était le maréchal. Le religieux lui témoigne son étonnement, lui demande s'il a changé d'avis? Le comte du Muy lui répond que c'est fête, qu'il va à la messe, et qu'il sera ensuite à sa disposition. Il l'engage à se rendre toujours au lieu indiqué, à ne point se laisser voir à madame la maréchale et à l'attendre. Placé sur le lit de douleur, il subit la cruelle opération durant sept minutes (1); supplice d'une longueur extraordinaire, occasionné par la pierre, qui était friable et s'était cassée en huit morceaux. On admire la constance du patient pendant tous les détails de l'extraction: mais son courage n'étant pas épuisé, il dit à l'opéra-

---

(1) On a dit dans Paris, et répété dans les papiers publics, que cette opération avait duré 36 minutes, ce qui est absurde : il n'est aucun malade qui pût soutenir un supplice aussi long. Ceux qui ont parlé ainsi, y comprenaient les préparatifs et les suites du pansement de l'opération.

(1) *Le Docteur Grandelas*

teur de ne point se lasser, de bien visiter, qu'il sait souffrir.

Une autre scène affreuse se passait durant cet intervalle. Madame la maréchale, qui n'était point instruite de la résolution de son mari, que celui-ci avait été voir avant d'aller à l'église pour mieux la tromper, par un de ces pressentiments dont on ne peut rendre raison, vient pour entrer dans l'appartement de son époux. Les ordres étaient donnés de la retenir et de lui sauver un spectacle qu'elle n'aurait peut-être pu soutenir. L'opposition nouvelle qu'elle rencontre, et la vue du manteau du feuillant la mettent tout de suite au fait et dans un état de désespoir inconcevable. Ce n'est qu'après que la crise est passée qu'il lui est permis de voir le comte, auquel on annonce bientôt son état critique, le danger où il est. Sa fermeté ne se dément point : il demande les secours de l'église, et il meurt le lendemain de l'opération. La tête de sa tendre épouse se perd; elle tombe dans le délire, et elle se jetait par la fenêtre, si l'on ne l'eût retenue.

Telle a été la fin d'un ministre sur lequel j'ai voulu rassembler le plus de faits et d'anecdotes qu'il m'a été possible pour satisfaire votre curiosité et entrer dans vos vues philosophiques. Voici ce que m'en a raconté un officier très-instruit qui le connaissait beaucoup, et que j'ai cru impartial.

« M. du Muy doit principalement sa fortune

à feu M. le Dauphin, dont il avait eu l'honneur d'être le menin; c'était celui de ses courtisans que ce prince aimait le plus. Il avait pris la plus grande confiance en lui : il le regardait comme un homme d'un génie supérieur, et avait une sorte de vénération pour ce mentor, qui s'est surtout manifestée à la mort de son maître. On a trouvé dans ses papiers une prière à Dieu, qu'il récitait tous les jours. Il y demandait à l'Être Suprême de lui conserver long-temps M. du Muy, pour l'aider un jour de ses conseils lorsqu'il serait sur le trône. Celui-ci de son côté cherchant à se rendre digne du poste brillant qui lui était destiné, non seulement s'était perfectionné dans toutes les connaissances de son métier, mais avait voulu en acquérir dans les autres parties dont un homme d'état doit être instruit. Il avait parcouru successivement par ordre et aux dépens de M. le Dauphin, les différentes provinces du royaume, et s'était mis au fait du local et de leur administration. Il était fort respecté à l'armée, et a bien rempli les diverses fonctions qui lui ont été confiées comme officier général. On ne peut assurer ce qu'il aurait fait étant chef, s'il était pourvu de l'étendue de capacité nécessaire pour les grandes opérations. La dévotion puérile et minutieuse dont il suivait trop les petites pratiques détaillées, faisait craindre que son esprit ne s'en fût affaibli et rétréci. Il était grand ami de l'ordre et de la discipline, ce qui découlait nécessairement de son caractère religieux. Il avait présidé à un fameux conseil de guerre tenu à Lille,(1) où trente-trois officiers du régiment *Royal-Comtois*, avaient été cassés et condamnés à des détentions plus ou moins longues, pour cause d'insubordination envers deux chefs(2) contre lesquels ils avaient formé un parti, dressé, signé et envoyé des mémoires séditieux et calomnieux. Quelque juste que parût cet acte de rigueur, par l'aveu même des coupables, il s'était rendu désagréable à toute l'infanterie, qui avait pris fait et cause dans cette querelle.

» Dès le précédent règne, il avait été question de confier le département de la guerre au comte du Muy, lors de l'exil de M. le duc de Choiseul.(3) On le sonda, mais il se refusa constamment à toute faveur venant d'une cour corrompue. Il comprit combien il y serait déplacé, et ne voulut point fléchir le genou devant l'idôle, comme il l'aurait fallu; c'est-à-dire, reconnaître madame Dubarri pour sa protectrice, et en devenir le très-humble serviteur. Les choses ayant changé de face, il a accepté sous le roi actuel; encore a-t-il fallu le solliciter à plusieurs reprises. Il ne s'est rendu qu'aux instances réitérées du Monarque, au tendre attachement qu'il devait au père de S. M., dont elle s'est prévalue pour le déterminer.

(1) le 12 Juillet 1772. (2) M.r de la Motte Goffrandes lieut-colonel, et de Chemault, major.
(3) en décembre 1770.

M. du Muy répandait avec beaucoup d'économie les grâces du roi ; aussi n'était-il nullement agréable aux officiers accoutumés aux prodigalités de M. de Choiseul, plaisantant de la bonhommie du marquis de Monteynard, flattés des caresses du duc d'Aiguillon. Au moins était-on forcé de rendre justice à sa sincérité vis-à-vis des officiers qui sollicitaient des grâces. Il ne les amusait point par ce que l'on appèle *de l'eau bénite de cour*, et quand il ne pouvait accorder ce qu'on lui demandait, il le déclarait promptement et irrévocablement. Il ne ménageait personne dans ce cas là, et n'avait fait qu'augmenter ainsi l'éloignement de la reine pour lui. Cette majesté lui avait demandé plusieurs choses qu'il avait cru injuste d'accorder, parce qu'il ne se regardait que comme le dépositaire des récompenses militaires, et chargé de ne les distribuer qu'au mérite.

» Cette princesse ne l'aimait pas déjà. Elle avait pris des impressions défavorables contre lui, en le voyant accepter un ministère qu'elle aurait desiré faire rendre à son favori le duc de Choiseul. Son excessive dévotion n'était pas propre à le faire goûter d'une reine jeune, aimable, et ne respirant que le plaisir. Enfin, son extérieur dur et repoussant, son défaut de grâces et d'aménité dans ses refus, le lui avaient rendu absolument odieux. Cette aversion avait encore été augmentée par les efforts du comte du Muy, pour empêcher d'être compris dans la promotion des maréchaux de France qui devait avoir lieu au sacre du roi, le duc de Fitz-James, que cette majesté portait avec la plus grande ardeur, et qui cette fois l'emporta sur le ministre (1).

» Il faudrait pour l'honneur de celui-ci pouvoir rayer de l'historique de son administration cette promotion. Je ne saurais vous rendre tous les brocards lancés contre ceux qui y furent com-

---

(1) Voici l'anecdote. Le duc de Fitz-james, par ses entours auprès de la reine, avait surpris la faveur de S. M. au point de l'engager à solliciter pour lui auprès du roi le bâton de maréchal de France, comme un dédommagement des commandements de Languedoc et de Bretagne qu'on lui avait ôtés successivement, en punition, ce semble, d'avoir témoigné trop d'attachement à l'autorité et de zèle pour le souverain. Il est constant que le roi gagné avait fait écrire à cet officier-général par M. le comte de Maurepas une lettre, où ce ministre lui marquait de la part de S. M. qu'il serait compris dans la première promotion à son rang pour cette dignité. Le comte du Muy, indigné de cette intrigue, marqua au duc son éloignement pour lui laisser accorder une pareille grâce au préjudice de ses anciens, tous aussi bons serviteurs du roi que lui; il l'assura qu'il allait s'en plaindre à S. M. et qu'elle était trop juste pour ne pas révoquer une grâce surprise à sa religion; ce qui fut fait. Le roi fit retirer la lettre, et peu de jours après M. de Fitz-james n'en fut pas moins maréchal de France.

pris, dont aucun n'avait par devers lui d'action à mériter cet honneur. Les Noailles surtout étaient l'objet de la dérision générale, d'autant qu'il n'y avait point d'exemple d'une telle faveur accordée en même temps à deux frères. Quant à M. du Muy, il s'excusa modestement d'avoir passé sur le corps de son frère et d'autres officiers de distinction, ses anciens, en disant que le roi l'avait exigé. On ne lui tint pas compte d'une raison aussi mauvaise; il eut sa part des quolibets. Le nombre de sept auquel se montaient les promus, prêtait infiniment aux sarcasmes. On voulut d'abord les comparer aux sept planètes, mais on ajouta qu'on ne voyait point de Mars. On les assimila plus heureusement aux sept péchés capitaux, et voici comme ils furent caractérisés : le duc d'Harcourt, la *paresse;* le duc de Noailles, l'*avarice;* le comte de Nicolaï, la *gourmandise;* le duc de Fitz-James, l'*envie;* le comte de Noailles, l'*orgueil;* le comte du Muy, la *colère;* et le duc de Duras, la *luxure* (1).

---

(1) Ce dernier ayant été élu de l'académie française (*) dans le même temps, on fit contre lui une épigramme plus sanglante. La voici :

Duras invoquait à la fois
Le dieu des vers et le dieu de la guerre :

(*) En remplaçant Dubelloi, le duc de Duras prononça néanmoins un discours digne d'un bon académicien, qui aurait été élevé à la Cour

Comme les vers donnent plus de grâce et plus de force à un bon mot, qu'ils se retiènent plus aisément, un poète plaisant voulut en quelque sorte rassembler tous les sarcasmes débités à ce sujet, roulant généralement sur l'impéritie de ces militaires, et en exprimer la quintessence dans le quatrain suivant :

> Réjouissez-vous, ô Français !
> Ne craignez de long-temps les horreurs de la guerre :
> Les prudents maréchaux que Louis vient de faire,
> Promettent à vos vœux une profonde paix.

Vous concevez par tout ce que je viens de vous rapporter des actes du ministère de ce maréchal, dans sa partie, qu'il ne sera pas regreté de son corps. Il ne le sera pas davantage de la magistrature, quoiqu'il n'eût rien en apparence de commun avec elle. Comme il avait été initié dans le conseil au moment où l'on agitait l'importante question du rétablissement des cours de justice ; qu'on savait l'espèce de vénération qu'aurait pour son avis le roi, pénétré de la confiance que son auguste père avait en ce Mentor, le chancelier n'avait pas manqué de

---

> Il réclamait le prix de ses vaillants exploits
> Et de son savoir Littéraire.
> Tous deux, par un suffrage égal,
> Ont satisfait sa noble envie.
> Phébus lui dit : je te fais maréchal ;
> Mars lui donna place à l'académie.

chercher à le circonvenir et à le mettre dans son parti. Il le trouva favorablement disposé. Le comte *du Muy* avait le cœur trop élevé pour n'être pas ennemi du despotisme, mais il détestait les parlements. Son attachement au clergé, aux Jésuites, était le principe de cette antipathie, et il est certain qu'il a combattu de son mieux pour éluder le rappel et la réunion des magistrats. Cette conduite était motivée par sa conviction intime du danger pour l'autorité royale de se rétracter et de revenir sur ses pas. Et cette crainte qu'il a inspirée au jeune monarque, n'a pas peu contribué à faire mettre à l'édit de rétablissement les clauses irritantes et contradictoires dont il est rempli. Les patriotes n'ont donc pas beaucoup de larmes à lui donner de leur côté. Cependant ils le regrètent comme un ministre *honnête-homme*, ce qui n'est pas un petit éloge.

Le clergé est le corps vraiment affligé de cette perte, en ce que M. *du Muy*, conjointement avec M. de Vergennes, le soutenait dans le conseil contre les attaques de M. Turgot et de M. de Malesherbes, qui ne sont rien moins que voués à cet ordre, qui voudraient réduire ses prérogatives et ses usurpations, et le mettre dans l'impossibilité de s'opposer aux vues salutaires qu'ils ont pour le bien public.

Ce maréchal de France a exigé d'être enterré simplement dans le caveau qu'il avait demandé à feu M. le Dauphin mourant la permission de faire faire à Sens, aux pieds du prince. Il était fort attaché à ce monument ; il le visitait tous les ans, et y descendait avec la même aisance qu'il entrait dans son hôtel. Voici l'épitaphe, qu'un poète lui a faite, et digne d'être gravée sur sa tombe :

> Sincère dans les cours, austère dans les camps,
> Stoïque sans humeur, généreux sans faiblesse,
> Le mérite à ses yeux fut la seule noblesse.
> Sous le joug du devoir il fit fléchir les grands ;
> Méprisant leur crédit, mais payant leurs blessures,
> Il obtint leur estime en bravant leurs murmures.
> Juste dans ses refus, juste dans ses bienfaits,
> Il n'eut point de flatteurs et ne voulut pas l'être :
> Il fut et le censeur et l'ami de son maître.
> Placé près d'un héros, objet de nos regrets,
> Leurs mânes dans ce temple habitent confondus.
>   L'état leur doit un double hommage :
>   L'un, fut le Caton de notre âge ;
>   L'autre en eût été le Titus !

M. le maréchal *du Muy* ne laisse point d'enfants. Il s'était marié depuis son élévation au ministère à une fille de qualité (1), chanoinesse étrangère, ancienne connaissance, pour laquelle il avait conservé une tendre amitié, mais dont il ne pouvait espérer beaucoup de lignée. Cet hymen

---

(1) Mademoiselle de Blanchard, chanoinesse de Nuys.

était une affaire de convenance pour sa place, et ne devait vraisemblablement rien déranger à son plan de vie, de privation et d'austérité.

Quoi qu'il en soit, madame la maréchale n'en est pas moins inconsolable de cette perte. Elle en est tellement pénétrée, qu'elle a supplié le roi de reprendre l'hôtel de Cambray à l'Arsenal, que S. M. avait donné à M. du Muy, et qu'elle avait conservé à sa veuve. Son projet est de se retirer dans un couvent et d'y finir ses jours.

Paris, 26 octobre 1775.

LETTRE X.

De l'abbé de Voisenon, de sa singulière belle-sœur, du duc de Saint-Aignan. Quelques anecdotes littéraires et autres.

Je sais parfaitement, Milord, que la perte d'un homme de lettres distingué vous intéresse autant que celle d'un héros célèbre, et je n'aurais pas manqué de vous entretenir de la mort de l'abbé de Voisenon (1), si j'avais pu vous en dire autre chose que ce que les gazettes vous en ont appris. Comme il était membre du corps diplomatique (2), j'avais eu quelquefois occasion de dîner avec lui chez les ministres étrangers ; je l'avais trouvé convive très-aimable. Il avait une figure de singe, mais les yeux vifs et pétillants d'esprit. Sa conversation y répondait ; c'était un feu d'artifice continuel : beaucoup de saillies et pas le sens commun, voilà comme je l'aurais défini. Cependant je l'avais jugé trop légèrement pour pouvoir vous hasarder une dé-

---

(1) En décembre 1775.
(2) Envoyé de l'évêque de Spire.

cision aussi vague et aussi peu appuyée. Le hasard m'a servi depuis, et je suis en état de vous peindre cet auteur d'une façon plus vraie et plus détaillée, quoique courte et rapide. Un de ses confrères m'a communiqué une chanson faite sur lui, il y a plus de vingt ans, où toute sa vie passée, présente et future est ramassée avec une précision unique. On ne peut pas croire, malgré le piquant dont elle est, que la méchanceté l'ait faite, puisque c'est une production du couple charmant avec lequel il demeurait et dont il est toujours resté l'ami; que d'ailleurs ces vers lui ont été adressés à lui-même pour sa fête (1). Comme l'on m'assure que cette pièce, vraiment originale, d'une gaîté, d'un naïf délicieux, n'a jamais été imprimée, je vous la copie. Pour son intelligence, il faut vous instruire que le nom de baptême du héros était *Claude*, qu'il passait ses jours avec M. et Madame Favart, et qu'il appelait celle-ci sa nièce. La veille de la Saint-Claude elle vint chanter ces couplets avec beaucoup de symphonie:

<blockquote>
Mon oncle, prenez cette fleur,
De *Claude* c'est la fête:
Déjà ma muse avec ardeur
A la chanter s'apprête.
</blockquote>

---

(1) A la *Saint Claude*, du 6 juin 1755.

Mon esprit, sur des vers pompeux
    Jamais ne s'échaffaude ;
Il ne faut qu'un couplet ou deux
    Pour chanter *Claude !*

Sans en avoir aucun travers,
    Claude a le ton du monde ;
Il rougit de faire de vers,
    Qu'on s'arrache à la ronde :
Chez lui, vingt auteurs, le matin,
    S'en vont à la maraude ;
Et son esprit est leur butin :
    Claude est bien *Claude !*

Tandis qu'il a reçu des cieux
    Une heureuse jaunisse (1),
Il pourrait, en tournant les yeux,
    Gagner un bénéfice :
Mais contre lui, j'entends d'ici
    Mirepoix (2) qui clabaude ;
Que n'est-il hypocrite aussi :
    Claude est bien *Claude !*

Le soir, d'un conte libertin
    Il écrit quelques pages ;
Il dit ses heures le matin
    Et baise les images :

---

(1) L'abbé de Voisenon avait le teint très-jaune.
(2) M. Boyer, évêque de Mirepoix, qui avait la feuille des bénéfices, et qui n'en donnait point aux abbés faisant des vers.

En attendant que le malin
    Le rôtisse ou l'échaude,
Il a le bréviaire à la main :
    Claude est bien *Claude!*

Il pourrait, pour son médecin,
    N'avoir que la nature ;
Et des poisons d'un assassin
    Il fait sa nourriture (1) :
L'or potable, ce grand trésor,
    Qui vaut moins que l'eau chaude,
Epuise sa vie et son or :
    Claude est bien *Claude !*

Tandis que de mille agréments
    Il peut semer sa vie,
Deux sots époux à sentiments
    Lui tiènent compagnie ;
L'époux gourmand ouvre les yeux
    Et la femme minaude ;
Il vit avec ces ennuyeux :
    Claude est bien *Claude !*

Ce qu'il y a d'excellent, c'est que les auteurs de la chanson s'y peignaient aussi franchement que l'abbé, à ce que l'on prétend. Du reste, ce qu'on pourrait ajouter sur le compte du défunt, ne serait que le commentaire de ce tableau piquant.

---

(1) L'abbé de Voisenon prenait d'un charlatan mille et mille drogues, et particulièrement d'une prétendue eau d'or potable.

Après vous avoir entretenu de l'abbé de Voisenon, Milord, c'est le cas de vous parler de sa belle-sœur, virtuose unique, et dont le cerveau à son trépas doit être un objet de dissection curieux pour les anatomistes. Petite-fille de madame Doublet, elle a été initiée de bonne heure dans la société de cette femme célèbre, dont on rapporte que la maison ouverte pendant quarante ans aux savants de toute espèce, a servi de modèle au bureau d'esprit de madame Geoffrin. Comme il allait beaucoup de médecins chez elle, la comtesse de Voisenon contracta un goût si vif pour cette science, qu'elle voulut l'exercer, et se mêla, dans sa terre, de visiter les malades, d'administrer des remèdes, et de tuer (1) aussi impunément qu'un membre de la faculté. Cette manie devint si forte, que des docteurs plaisants (2) imaginèrent de lui jouer un tour ; ils lui firent accroire que sur sa renommée elle avait été élue présidente du collége de médecine à Paris, en dressèrent les patentes et les lui expédièrent. Pour mieux la persuader on fit un carton à quelques exemplaires du *Journal*

---

(1) On cite un abbé Laugier, ex-jésuite et homme de lettres, qui avait eu le malheur de lui plaire, et étant tombé malade était devenu la victime de ce médecin femelle.

(2) Entre autres le docteur La Virotte.

des Savants, où l'on rendit compte de cet événement littéraire. Il en perça dans les pays étrangers, et d'autres journalistes de bonne foi ne manquèrent pas de répéter cette nouvelle absurde, de sorte que le fait a passé et passe ainsi pour constant auprès de beaucoup de gens.

Je n'aurais pu croire cette anecdote, si je n'avais eu sous mes yeux le volume (1) où le fait est consigné. Je vous le transcris ici.

» Madame la comtesse de Voisenon, aussi
» célèbre par la vivacité de son esprit et par les
» connaissances dont elle a su l'orner, que par
» les charmes séduisants que la nature s'est plu
» à lui prodiguer, ayant bien voulu accepter la
» place de présidente de la faculté de médecine
» de Paris, elle a été reçue en cette qualité avec
» un applaudissement universel, et a prononcé
» le discours le plus élégant que MM. les doc-
» teurs ayent jamais entendu dans leurs écoles ;
» ainsi nous ne pouvons trop nous empresser de
» le rendre public.

» Messieurs,

» C'es le propre des grands hommes d'être
» généreux et bienfaisants. Le rang que vous
» m'avez donné parmi vous en est une preuve.

---

(1) Du *Journal des Savants*, mars 1734, p. 573, in-12.

» Attachés aux occupations laborieuses d'un art
» aussi noble qu'il est utile, il vous fallait un
» amusement. Ce qui n'est qu'un jeu de votre
» esprit fait presque illusion au mien, et je me
» crois déjà des lumières depuis que j'ai droit
» sur vos talents. Recevez donc, Messieurs,
» les témoignages de ma reconnaissance. Plus
» vous voyez de près les faiblesses de l'humanité,
» plus j'ai lieu de prétendre à votre indul-
» gence (1). » Pauvres humains! voilà comme on

---

(1) On lit à la suite : « Cet événement, plus honorable
« à la faculté, qu'à celle qui y préside, a été célébré par
» quelques-uns de nos meilleurs poètes ; mais nous ne rap-
» porterons ici que les derniers vers faits à cette occasion.
» Ils sont dus à un auteur qui possède l'heureux talent
« de faire passer dans sa poésie la douceur, l'aménité et
« surtout ce ton de galanterie fine et délicate qui le dis-
« tingue dans les sociétés dont il fait l'agrément.

« Quelle est la déité nouvelle
» Qui vient s'offrir à mes yeux enchantés?
» Je vois les grâces avec elle,
» Et les amours à ses côtés.
» Je reconnais Vénus à sa suite brillante,
» C'est la reine de la beauté.
» Elle vient enseigner sa doctrine charmante
» Dans le temple de la santé.
» Venez voir votre souveraine,
» Jeunes docteurs, suivez ses pas.
» Votre art entre ses mains va mériter sans peine
» L'estime qu'on n'en faisait pas.

vous abuse (1). Jugez, Milord, si l'on nous en impose ainsi sur un fait simple et prétendu arrivé sous nos yeux, ce que doit être l'histoire, et quelle foi il y faut ajouter ?

Quoi qu'il en soit, pour en revenir à la virtuose dont il est ici question, indépendamment de ce ridicule, elle est remarquable par des choses plus extraordinaires encore. J'ai eu occasion de la voir, de lui plaire, de l'étudier de près moi-même, et je puis vous assurer que c'est l'être le plus indéfinissable qu'il soit possible de rencontrer. Elle réunit tous les extrêmes, conservant encore à l'entrée de la vieillesse l'imposant d'une beauté majestueuse ; elle y joint, les agréments d'une société douce et séduisante ; pleine de connaissances, d'esprit, de sentiment, de délicatesse, elle se fait adorer : puis c'est soudain une femme impertinente, sans honnêteté,

---

» Et vous jeune beauté, dont le zèle est extrême,
    » Remettez-leur tous vos secrets ;
    » Mais songez à guérir vous-même
    » Tous les maux que vos yeux ont faits. »

On croit que l'abbé de Voisenon, de concert avec les rieurs, est auteur de ces vers : d'autres les attribuent à M. Duché.

(1) On poussa la plaisanterie, dit-on, jusques à payer les afficheurs de la faculté, pour aller mettre à sa porte toutes les thèses et autres affiches d'usage à celles des docteurs.

sans décence, sans usage, ou plutôt c'est une folle, une mégère, une furie, un monstre faisant fuir tout ce qui est autour d'elle, excepté son mari, habitué à ses incartades. Son inconstance règne dans ses études comme dans ses attachements, ainsi que dans ses opinions et sa conduite. Quelquefois elle ne croit pas en Dieu, puis elle joue le rôle de dévote. Après avoir touché du clavecin elle prend la scalpel, et repousse de ses bras un colonel aimable et brillant, pour y recevoir un moine ignare et crasseux. En un mot, c'est une femme comme il n'en est point dans nos miladys, et un portrait qui manquait à notre *Spectateur* ; ce qui m'a déterminé à vous en tracer l'esquisse.

Je passe au duc de Saint-Aignan, mort depuis peu, ou plutôt éteint. C'est l'homme qu'Horace desirait trouver, sortant de la vie, comme un convive rassasié se lève de table après un bon repas (1). Il est presque inutile de dire que

---

(1) *Inde fit, ut raro, qui se vixisse beatum,*
Dicat, et exacto contentus tempore vitæ
Cedat, uti conviva satur, reperire queamus.

De là il arrive que rarement on trouve des gens qui conviènent d'avoir vécu heureux, et qui contents de la manière dont ils ont passé leur vie, sortent de ce monde, comme un convive rassasié sort d'un festin.

Hor., liv. I, Sat. I.

l'apathie faisait le fond de son caractère. Sans cet heureux naturel un courtisan ne pousse guères sa carrière aussi loin (1). Une dévotion soutenue, mais douce et minutieuse, sans énergie et sans activité, en était l'autre qualité dominante. Une anecdote repandue chez les courtisans, et regardée comme constante, vous donnera de ce vieillard l'idée la plus juste en ces deux points. Quand il se sentait aiguillonné par la chair et qu'il voulait procéder à son œuvre, il ne se laissait point aller aux élans impétueux d'une volupté brutale ; sachant qu'on peut sanctifier toutes ses actions, même les plus terrestres : *préparons-nous, m'amour*, disait-il à sa chaste moitié, *travaillons à faire un chrétien*. Et pour faire ce chrétien plus décemment, il portait à sa chemise, ainsi que la duchesse, une œillère, et remplissait ainsi le devoir conjugal. Le ciel approuvait, sans doute, cette façon de multiplier, car il l'a bénie par une fécondité rare. Au reste, il ne faut pas induire du détail de ce déduit amoureux que le seigneur dont il s'agit fût un homme borné ; il prouve seulement combien la bigoterie atténue et rétrécit les facultés de l'âme. Il avait passé pour un courtisan très-aimable sur la fin du règne de Louis XIV ; il avait brillé par

―――――――――――――――――――

(1) Le duc de Saint-Aignan est mort dans sa quatre-vingt-douzième année, à la fin de janvier 1776.

des poésies légères et ingénieuses ; il avait été employé avec succès dans les négociations, et en général s'était bien conduit partout et en tout.

Le trépas de M. le duc de Saint-Aignan laisse une place d'honoraire vacante à l'académie des inscriptions et belles-lettres, et une de membre de l'académie française. Quant à la première, il y a apparence qu'elle sera donnée à M. Turgot. La compagnie savante qui le recherche a toujours soin de s'emparer des ministres, et surtout des contrôleurs-généraux, à mesure qu'il s'en présente. Celui-ci sera le troisième séant chez elle (1). Elle connaît la maxime utile de recueillir constamment dans son sein celui qui tient la clef des finances. Quant à l'autre, elle est travaillée par de violentes cabales. Dix grands seigneurs se présentent pour la consoler de la perte d'un. En général, rien de plus singulier que les alternatives de faveur et de discrédit de l'académie française. On m'a cité à cette occasion une épigramme vive et courte, qui les peint à merveille :

> Quand nous sommes quarante, on nous méprise tous,
> Sommes-nous trente-neuf, on est à nos genoux.

Outre les gens de la cour, il y a une multi-

---

(1) On y voyait déjà M. Bertin, M. de Laverdy, et en général huit ministres sur dix honoraires.

tude d'hommes de lettres sollicitant la place. On croit que par politique le successeur sera choisi entre ceux-ci. Elle est fondée sur ce que, l'égalité étant l'essence et l'attribut distinctif de la composition de l'académie française, certains membres s'imaginent, pour la mieux conserver, devoir faire indistinctement succéder un petit-maître de Versailles au poète qui en a peint les ridicules, et remplacer le général d'armée par son historien. Ils ne savent pas, me dit un membre plus judicieux, que par cette égalité établie, l'instituteur a voulu seulement que chacun, en entrant dans ce sanctuaire des Muses, se dépouillât de son néant ou de ses titres, pour ne se revêtir que de son mérite académique ; ou plutôt que c'est une leçon aux votants de n'avoir égard dans leurs suffrages qu'à cette qualité personnelle. Il ne s'ensuivra jamais qu'un pédant de collége, en s'asseyant dans le fauteuil du maréchal de Villars, puisse rayonner de gloire, ou qu'un duc et pair, élu confrère de Voltaire et de Gresset, deviène tout-à-coup philosophe ou bel-esprit. Telle était l'opinion du maréchal de Saxe, qu'on sollicitait d'entrer dans ce corps. Elle est consignée dans une lettre de ce général au maréchal de Noailles. Elle mériterait d'être inscrite au dessus de la porte de l'académie, qui jusqu'ici, au contraire, a fait tous ses efforts pour en empêcher la publicité et l'impression.

A la lecture, Milord, vous en dévinerez aisément la raison. J'en ai pris la copie que voici.

» On m'a proposé, mon maître, d'être de » l'académie française; j'ai répondu que je ne » savais pas seulement l'orthographe, et que cela » m'allait comme une bague à un chat. On m'a » répondu que le maréchal de Villars ne savait » pas écrire ni lire ce qu'il écrivait, et qu'il en » était bien. C'est une persécution. Vous n'en » êtes pas, mon maître; cela rend la défense » que je fais plus belle. Personne n'a plus d'es- » prit que vous, ne parle et n'écrit mieux; pour- » quoi n'en êtes-vous pas ? Cela m'embarrasse. » Je ne voudrais choquer personne, bien moins » un corps où il y a des gens de mérite. D'un » autre côté, je crains les ridicules, et celui-ci » m'en paraît un bien conditionné. Ayez la bonté » de me répondre un petit mot »

J'ai observé à celui qui m'a communiqué cette pièce authentique, que sans doute le maréchal duc de Richelieu, aujourd'hui le doyen de l'académie, n'avait pas été si modeste, car, suivant les lettres citées au procès de madame de Saint-Vincent, et non arguées de faux, il ne sait pas plus l'orthographe que ses confrères les maréchaux de Villars et de Saxe. On m'a répondu à cela que cette place lui était due comme au neveu du cardinal fondateur. « En ce cas, ai-je dit, il

» faut donc aussi l'écarteler, comme le neveu
» d'un des plus grands monstres qu'ait produit la
» France. » Cette phrase un peu anglaise m'aurait trahi, quand je n'aurais pas été connu ; mais ce blasphême n'en est heureusement plus un aujourd'hui en France, où l'on commence à apprécier ce prétendu grand homme ce qu'il vaut, c'est-à-dire à le regarder comme un grand scélérat.

Tâchons, Milord, d'ouvrir les yeux à nos compatriotes en parlement sur un ministre qui semble vouloir prendre celui-là pour modèle, et introduire chez nous, comme lui, les lettres de cachet et le despotisme, si vous n'y prenez garde.

Paris, ce 5 février 1776.

LETTRE XI.

Sur la maison de madame Gourdan, et les diverses curiosités qui s'y trouvent.

Depuis le décret de prise de corps lancé par le bailliage contre madame Gourdan, ce qui a obligé, Milord, cette abbesse de laisser ses ouailles dispersées et de prendre la fuite ou de se cacher, ses meubles sont saisis et annotés, et sa maison est sous la sauve-garde de la justice. On y a mis un gardien qui ne l'ouvre que par ordre du président de tournelle. Mais comme celui-ci est un homme aimable et facile, il donne volontiers des permissions de voir ce temple de luxure. Beaucoup d'honnêtes gens qui n'auraient osé y entrer avant, profitent de l'occasion, et parmi ceux qui y avaient été, tels que moi, il en est quantité qui n'en ayant connu que les nymphes, en visitent aujourd'hui les appartements secrets, où ne s'admettaient que ceux auxquels ils pouvaient être utiles. Ces jours derniers je dînai chez une femme avec le magistrat dont je viens de parler ; il fut question de la maison de madame Gourdan, et l'on fit la partie entre hommes d'y aller avec lui. Je trouvai ce lieu digne de vous être décrit en certaines parties, par les recherches et les ressources de libertinage qu'on y trouve.

Je ne vous parle point du sérail, le mot seul caractérise cette salle d'assemblée, commune à toutes les maisons de cette espèce. On y rencontre toujours ce qu'on appèle *des plastrons de corps-de-garde*, c'est-à-dire, une douzaine de filles perdues, gangrenées jusqu'à la moëlle des os, et dont le cœur et l'esprit encore plus corrompus les rendent propres à recevoir cette multitude effrénée de jeunes militaires oisifs, débauchés, sans argent, qui s'établissent là comme en garnison, et que la police, pour éviter de plus grands désordres, oblige les abbesses de les recueillir. Jugez que d'ordures doivent se débiter dans un pareil cercle ! que d'horreurs et d'infamies doivent s'y commettre ! ce sont cependant de très-jolies créatures, condamnées à passer ainsi la fleur de leurs ans dans ces abominables exercices.

Je passe à la *Piscine*. C'est un cabinet de bain où l'on introduit les filles que l'on recrute sans cesse pour madame Gourdan dans les provinces, dans les campagnes et chez le peuple de Paris. Avant de produire un pareil sujet à un amateur, qui reculerait d'effroi s'il le voyait sortant de son village ou de son taudis, on le décrasse en ce lieu, on lui adoucit la peau, on la blanchit, on la parfume; en un mot, on y maquignonne un cendrillon comme on prépare un superbe cheval. On nous ouvrit ensuite une armoire où étaient les différentes essences, liqueurs et eaux à l'usage des demoiselles. On nous fit remarquer l'eau *de pucelle*; c'est un fort astringent, avec lequel la dame Gourdan répare les beautés les plus délabrées, et rend ce qu'on ne peut perdre qu'une fois. A côté était *l'essence à l'usage des monstres*; c'en est une dont on fait rarement emploi; cependant on nous dit que cette savante appareilleuse en faisait quelquefois l'application sur de petites novices, dont elle hâtait ainsi la maturité en faveur des personnages du plus haut rang, dont la paillardise avait besoin d'être excitée par la fraîcheur, l'élasticité, l'ingénuité de l'enfance, mais chez qui la vigueur ne répondait pas aux desirs. En revanche, nous ajouta-t-on, voici une liqueur dont il se fait ici une grande consommation. On nous montra en même temps une multitude de flacons du spécifique du docteur *Guilbert de Préval* (1). Il prétend qu'il est à la fois indicatif, curatif et préservatif du mal vénérien. On nous assura que madame Gourdan, très-intelligente, s'en servait dans le premier cas; que par des injections qu'elle faisait à une

---

(1) Médecin de la faculté de Paris.

courtisane qui se présentait chez elle, elle jugeait bientôt si elle n'était point saine, à des convulsions involontaires que la nymphe éprouvait sur-le-champ : que, d'autres fois, par une expérience plus sûre encore, elle en donnait en boisson, et que, dans les vingt-quatre heures, les symptômes les plus caractérisés se développaient sur une beauté fraîche, paraissant jouir de la meilleure santé : que dans le troisième cas, enfin, elle n'avait pas d'autre recette, celle-ci étant la plus commode, la plus courte et la moins dispendieuse ; qu'au moyen de cette utilité variée, elle faisait grand cas de l'inventeur du spécifique, et avait avec lui une intimité très-étroite.

Du cabinet des bains on nous conduisit dans le *cabinet de toilette*, où les élèves de ce séminaire de Vénus recevaient leur seconde préparation. Je ne vous y retiendrai pas long-temps. Vous avez quelquefois assisté à cet exercice journalier des femmes, et je ne vous apprendrai rien de nouveau. Imaginez-vous seulement ce séjour garni de tout ce qui peut contribuer à rendre une nymphe neuve et séduisante.

La *salle de bal* suit après, et quoiqu'elle ne serve point à danser, elle n'est pas mal nommée, parce qu'en effet c'est là précisément où chacune recevait son déguisement convenable, où la paysanne était métamorphosée en bourgeoise, et la femme de qualité en chambrière. On nous expliqua ce que signifiaient toutes les sortes d'habillements que nous y vîmes. Il n'y a qu'à Paris où l'on trouve de ces rafinements favorables à tant de supercheries qui s'y exercent; et si nos *bagnos* n'approchent pas de l'endroit dont je vous fais la description, ceux qui les tiènent sont encore plus éloignés de l'esprit de ruse, d'intrigue et de scélératesse que possèdent si supérieurement les entremetteuses de Paris, et surtout celle dont il s'agit ici. Pour mieux nous mettre au fait, le président nous fit ouvrir une armoire, dans laquelle nous apperçûmes, avec le plus grand étonnement, une porte, mais sur laquelle il y avait un scellé. Ne pouvant rompre le sceau de la justice, il nous dit que cette porte rendait dans un appartement d'une maison voisine, où elle était recouverte d'une semblable armoire; en sorte que ceux qui y entraient ne se doutaient en rien de la communication; que cet appartement était occupé par un marchand de tableaux, de curiosités, etc., chez lequel tout le monde pouvait entrer sans scandale, dont la maison d'ailleurs à porte cochère, très-honnête, et dans une autre rue (1) ne laissait soupçonner en

---

(1) C'était la rue Saint-Sauveur, dans laquelle se rend la rue des Deux-Portes, où était la maison de madame Gourdan.

rien la venue des personnes qui s'y rendaient. Ce marchand était d'intelligence avec sa voisine, et c'est de chez lui que pénétraient chez elle les prélats, les gens à simarre, les dames du haut parage, qui avaient besoin, d'une manière ou d'une autre, des services de la dame Gourdan. Au moyen de cette introduction furtive, et que les domestiques même ignoraient, on changeait, comme l'on voulait, de décoration en ce lieu. L'ecclésiastique pouvait se travestir en séculier; le magistrat en militaire, et se livrer ainsi, sans crainte d'être découverts, aux honteux plaisirs qu'ils y venaient chercher. Les femmes cachant également leurs grandeurs et leurs titres sous la bure d'une cuisinière, ou dans les cornettes d'une *Cauchoise* (1), recevaient hardiment les vigoureux assauts du rustre grossier que leur avait choisi leur experte confidente pour assouvir leur indomptable tempérament. De son côté, celui-ci croyant caresser sa semblable, se livrait, sans s'effaroucher, à toute l'impétuosité de son ardeur brutale.

On nous fit passer de là dans *l'infirmerie*.......

---

(1) Femmes du pays de Caux, qui conservent à Paris assez long-temps le costume de leur province, très-remarquable, et qui contribuent beaucoup, comme gentilles et disposées au libertinage, à remonter les mauvais lieux de la capitale.

Que ce mot ne vous épouvante pas, Milord ; il n'est point question de maladie pestilentielle, mais de ces voluptueux blasés dont il faut réveiller les sens flétris par toutes les ressources de l'art de la luxure. Ce lieu ne reçoit le jour que d'en haut, ce qui le rend plus tendre : de toutes parts on ne voit sur les murs que des tableaux, des estampes lubriques ; ces attitudes, ces postures lascives, inventées pour allumer l'imagination et ranimer ses desirs, sont répétées en sculpture comme pour frapper davantage les amateurs, et les morceaux les plus orduriers des poètes se lisent encadrés, et contribuent d'autant à enflammer le lecteur. Au fond d'une alcove est un lit de repos de satin noir ; le ciel et les côtés sont en glaces, et répètent non seulement les objets de ce délicieux boudoir, mais toutes les scènes même des acteurs sur ce matelas voluptueux.

En parcourant tant de choses, mes yeux se portèrent d'abord sur de petits faisceaux de genêt parfumés. Je demandai ingénûment à quoi cela servait ? Le président me rit au nez, et me dit : « Votre ignorance vous fait honneur ; je
» vous félicite de n'avoir pas besoin de ce
» secours ; mais comme cela pourra arriver, il
» faut vous apprendre l'usage de ces verges, car
» c'en sont de réelles, et elles sont destinées à
» une flagellation, souvent même violente. Il est

» des paillards malheureux, qui se font de cette
» sorte agiter le sang à tour de bras par une ou
» deux courtisanes : ainsi en mouvement il se
» porte dans les muscles, trop paresseux, or-
» ganes du plaisir, et ces libertins se retrouvent
» alors une vigueur dont ils ne se seraient pas
» crus capables. Il en est d'autres, ajouta-t-il,
» qui ont recours à un moyen moins répugnant
» en apparence, mais plus funeste, le voilà : »
En même temps il tira d'une petite armoire une
boîte, où étaient des pastilles en forme de dra-
gées de toutes couleurs. « Il suffit, continua-t-il,
» d'en manger une, et bientôt après on se sent
» un nouvel homme. » Elles étaient étiquetées :
Pastilles à la Richelieu. J'en demandai la raison ?
Il me répondit que ce seigneur en avait fait beaucoup d'usage, non pour lui, mais pour se rendre
favorables les femmes dont il avait la fantaisie
et qu'il avait trouvées rebelles ; qu'en leur faisant manger de ces bonbons, il les avait toutes
réduites : qu'ils avaient une efficacité telle, qu'ils
excitaient le tempérament des plus vertueuses,
et les rendaient folles d'amour pendant quelques
heures. Je lui témoignai mon dégoût d'un secret
qui, humiliant l'amour-propre même du vainqueur, devait être pernicieux à la victime, et
d'ailleurs la faire périr de douleur et de rage,
revenue à son sang-froid.

Le président me raconta à cette occasion la

scéleratesse du comte de Sade, ce gentilhomme si renommé par ses horreurs contre les femmes (1), qui étant restées impunies, l'ont autorisé

---

(1) Voici ce qu'on lit de cet homme fameux par son immoralité, dans les nouvelles du temps : « Un M. de
» Sade, homme d'un certain âge, et d'une famille dis-
» tinguée du Comtat, qui se prétend parent de la belle
» Laure, passant le Samedi Saint dans la place des Vic-
» toires, est arrêté par une femme qui lui demande
» l'aumône. Il l'envisage; il la trouve jeune et jolie; il
» veut savoir pourquoi elle ne fait pas un autre métier
» plus agréable et plus lucratif? Après un dialogue trop
» long à rapporter, sur la difficulté qu'il avait d'amener
» cette femme à ses vues, il paraît entrer dans ses be-
» soins, et lui propose de la prendre comme gouver-
» nante, de la mettre à la tête de sa maison. Elle y con-
» sent; il lui donne rendez-vous pour le lendemain, et
» la conduit à sa maison de campagne à Arcueil, où,
» se trouvant seul avec elle, il renouvèle ses instances
» galantes, et sur les refus persévérants de cette femme,
» il s'en empare; il l'oblige à se déshabiller, l'épée nue
» à la main; il la lie à une colonne de lit; il la flagelle;
» il lui déchiquète le corps avec un canif; il jète sur les
» plaies de la cire d'Espagne; il l'enferme et se retire.
» La malheureuse se démène et se détache; elle court à
» la fenêtre et appèle du secours, et, sur le bruit qu'elle
» entend à la porte de la chambre, croyant que son bour-
« reau veut rentrer, elle se jète par la fenêtre. L'homme
» revient à Paris. Grande émeute au village. Plainte chez
» le bailli. On prétend que la famille, très-accréditée de
» M. de Sade, avait intimidé ou gagné ce juge; mais que

à en commettre de nouvelles (1). Donnant, il y a quelques années, un bal à Marseille, il avait empoisonné ainsi tous les bonbons qu'il y distribuait, et bientôt toutes les femmes brûlées d'une fureur utérine, et les hommes devenus autant d'Hercules, convertirent cette fête en *lupercales*, et la salle de bal en un lieu public de prostitution. Je ne puis vous assurer s'il n'est pas résulté des morts de de cette débauche, mais certainement beaucoup d'hommes en ont été très-malades. Vous vous doutez bien que cela n'a pas été si pernicieux à la santé du sexe. L'auteur de cette gentillesse ayant par ce secours joui de la femme qu'il convoitait, s'est enfui avec elle, et quoi-

---

» le président Pinon, qui a une maison au même lieu, lui
» ayant reproché son indolence, l'affaire est en train. La
» femme, qui dit être celle d'un ouvrier du faubourg St.-
» Antoine, s'est cassé le bras et la jambe de sa chute. «

(1) Son procès lui avait été commencé par le parlement; mais sa famille accréditée et alliée du prince de Condé, dit-on, était parvenue à le soustraire à la vindicte des lois, par une lettre de cachet. C'était ainsi qu'en France tout roué de la Cour en était quitte pour l'exil ou la prison.

L'opinion publique paraît l'avoir puni depuis, en lui attribuant le roman de *Justine* et celui de *Juliette*, où l'on reconnaît, dans des horreurs imaginaires, une partie de celles dont on l'avait cru coupable.

qu'on ait commencé une seconde instruction contre lui, il pourra bien dans quelque temps imaginer quelqu'autre galanterie de ce genre.

Au surplus, continua le président, si, sans avoir recours à ce stimulant, il vous tombait sous la main une femme, ou plutôt une louve trop difficile à satisfaire, voilà de quoi l'assouvir et la mettre à la raison. Il me montra en même temps une petite boule en forme de pierre, appelée *pomme d'amour*. Il m'assura que la vertu en était si efficace, qu'introduite dans le centre du plaisir, elle entrait dans la plus vive agitation, et causait à la femme tant de volupté, qu'elle était obligée de la retirer avant que l'effet en cessât. Il ne put me dire si les chimistes avaient analysé cette pierre, qui passe pour une composition, et dont les Chinois font grand usage, surtout les hommes qui se la font introduire dans un lieu en horreur à l'amour et au beau sexe.

J'observai alors, en maniant un de ces instruments ingénieux, inventés dans les couvents de filles pour suppléer aux fonctions de la virilité, que sans doute les bonnes connaisseuses négligeaient celui-ci pour l'autre : « Oui, me répondit
» le président ; mais comme les *pommes d'amour*
» ne se cueillent pas dans ce pays-ci, que tout
» au plus il s'en voit chez quelques curieux ; il
» faut bien s'en tenir à l'ancien usage, et vous

» ne sauriez croire la quantité de lettres qu'on a
» trouvées dans la correspondance de madame
» Gourdan, à qui les abbesses et simples reli-
» gieuses s'adressaient pour être fournies de ce
» *consolateur.* »

Je vis ensuite une quantité de petits anneaux noirs, mais beaucoup plus grands que des bagues, et dont la destination ne paraissait pas faite pour les doigts. Je demandai ce que c'était ? « Encore une ressource, me dit le magistrat,
» pour les paillards, qui trouvant une courtisane
» froide, ainsi qu'il leur arrive communément
» de l'être, harassées, fatiguées, usées, comme
» elles sont dans les exercices de Vénus, ont
» desir de l'aiguilloner; c'est pour cela qu'on
» nomme ces bagues *des aides.* On les met,
» vous concevez où; elles se prêtent suivant la
» grosseur du cavalier. Elles sont fort souples,
» mais en même temps elles sont parsemées de
» petits nœuds, qui excitent une telle titillation
» chez la femme, qu'elle est forcée de suivre
» l'impulsion de l'amoureux et de prendre son
» allure. »

Pour finir l'inventaire de ces curiosités du cabinet de madame Gourdan, il ne faut pas omettre une multitude de *redingottes* appelées *d'Angleterre*, je ne sais pourquoi. Vous connaissez, au surplus, ces espèces de boucliers qu'on oppose aux traits empoisonnés de l'amour, et qui n'émoussent que ceux du plaisir.

Nous ne fîmes que jeter un coup-d'œil dans la *chambre de la question*. C'est un cabinet, où par des gazes transparentes, *des trompes-valets* (1), la maîtresse du lieu et ses confidents voient et entendent tout ce qui s'y fait et s'y dit. Il est d'un grand secours pour la police, et c'est là où les suppôts de cette dernière ont arrêté madame d'Oppis.

Nous terminâmes par une dernière pièce que le concierge appela le *salon de Vulcain*. Je n'y trouvai rien d'extraordinaire qu'un fauteuil, dont la forme singulière me frappa. « Asseyez-vous » dedans, me dit le président; vous allez con- » cevoir son utilité. » A peine je m'y fus jeté que le mouvement de mon corps fit jouer une bascule; le dos se renversa et moi aussi; je me trouvai les jambes écartées et enlacées mollement, ainsi que les bras en croix : « Ma foi, » répondis-je, les filets du dieu de Lemnos ne » valaient pas mieux. » Le magistrat m'apprit que ceux-ci se nommaient *les filets de Fronsac*; qu'ils avaient été imaginés par ce seigneur pour triompher d'une vierge qui, quoique d'un rang

---

(1) Un *trompe-valet* est une petite lucarne, que les marchands ont dans leur chambre, par où ils voient, quand ils le veulent, ce qui se passe dans leur boutique.

très-médiocre, avait résisté à toutes ses séductions, à tout son or et à toutes ses menaces. Devenu furieux d'amour, il se porta à commettre trois crimes à la fois pour assouvir sa passion : il se rendit coupable d'incendie, de rapt et de viol. Une belle nuit il fait mettre le feu à la maison de cette jeune fille par des coupe-jarrets à ses ordres : une vieille duègne, profitant du désordre qu'occasionne cet accident, s'empare de la demoiselle sous prétexte de lui donner un asyle, et l'ayant soustraite aux yeux de sa mère, la conduit dans ce repaire. Le duc de Fronsac y était; on la précipite dans ce fauteuil infernal, et là, sans égard à ses larmes, à ses cris, à son effroi, il se livre à toutes les infamies que peut lui suggérer sa coupable lubricité. Le local est disposé de façon, que le bruit des plaintes, des sanglots, des hurlements même ne pourrait se faire entendre au dehors. Ce ne fut qu'au bout de quelques jours, qu'au moyen des recherches de la police, la mégère, complice des forfaits du duc, fut obligée de relâcher sa proie.

Je frémis d'horreur à ce récit : « Comment, » m'écriai-je, on n'a pas écartelé un scélérat » coupable de tant de forfaits! — Non, me dit » le président; le feu roi, instruit des faits, » l'exila de sa cour; on commença une infor- » mation, et l'argent a fait le reste. Quand les » clameurs publiques ont été assoupies, il a re-

« paru ; il a continué les fonctions de *gentil-*
» *homme de la chambre*, dont il a la survi-
» vance (1), et il les exerce aujourd'hui auprès
» du monarque régnant. Et c'est ce prince aus-
» tère, l'ami des mœurs, dont, sans qu'il le
» sache, la personne sacrée est sans cesse
» souillée par les attouchements impurs de ce
» monstre de débauche et de corruption. »

Après avoir examiné tout ce qu'il y avait de remarquable dans cette maison, on fit des instances au président pour avoir communication de ce fameux livre, où l'historienne de la police rendait compte de toutes les personnes qui entraient chez elle, et de ce qui s'y passait. Il n'y eut pas moyen de le vaincre, et il se retrancha sur la gravité de son ministère, qui lui imposait la plus grande réserve sur cet article : « Mais,
» ajouta-t-il, je vais vous dédommager par une
» pièce d'éloquence qui vous donnera une idée
» de la composition de cette séductrice fameuse ;
» du moins assure-t-on que l'ouvrage est d'elle,
» et il est certain que le manuscrit, de sa main,
» et corrigé en divers endroits, a été trouvé
» dans son secrétaire. Vous allez en voir le
» paraphe fait par le substitut du procureur-
» général, qui en a dressé l'inventaire. » Il nous fit asseoir en même temps, et tira de sa poche

---

(1) Du maréchal de Richelieu, son père.

un papier qu'ils nous lut. Ce morceau me parut si original, que je priai le président de me permettre d'en prendre une copie, que je vous enverrai dans quelques jours. L'anecdote est que l'idée de cette facétie était venue au prince de Conti, à l'occasion de la mort de madame *Páris*, et que la petite comtesse la fit exécuter par quelques faiseurs de ses amis; et un jour, après une orgie de Son Altesse Sérénissime, en présence de beaucoup de gens de sa Cour, la prononça réellement. Vous pourrez, Milord, méditer sur cet excellent traité de morale: pour moi, je vais tâcher de nettoyer ma plume souillée par tant d'ordures qui découlaient naturellement du sujet. D'ailleurs nous sommes en carnaval; c'est une lettre du temps, et je sais que votre devise, ainsi que la mienne, est celle de notre ami Horace:

Interdum desipere, sapere est.

Paris, ce 16 février 1776.

LETTRE XII.

Sur Madame la Comtesse Dubarri et le livre de ses Anecdotes; deux lettres à cette occasion; suicide remarquable.

Pour faire diversion, Milord, aux matières politiques, je vais vous rendre compte de ce que vous m'avez demandé concernant une femme qui a fait beaucoup de bruit et est déjà oubliée. C'est madame Dubarri. Elle est toujours à la petite cour qu'elle a achetée sur la route d'Orléans, à quelques lieues de Paris (1). Ayant été dans le voisinage, j'ai voulu voir cette beauté. Il faut convenir qu'elle a la figure la plus séduisante pour un amateur; que malgré son séjour à la cour et le rôle important qu'elle a joué pendant quelques années, je lui ai encore trouvé parfaitement l'air d'une fille dans toute la valeur du terme, et cet air, nous autres étrangers, et surtout Anglais, vous savez que nous ne le haïssons pas. Du reste, on m'assure qu'elle n'avait jamais été mieux, et que depuis qu'elle était sortie du Pont-aux-Dames,

---

(1) *Saint-Vrain*, auprès d'Arpajon.

elle avait repris son enjoûment et ses charmes. J'ai voulu savoir comment elle vivait dans le canton. On m'a répondu qu'à son arrivée elle avait été voir tout le monde du voisinage ; qu'elle avait fait savoir ensuite qu'elle aurait régulièrement une table de vingt-cinq couverts, et que tous ceux qui voudraient lui faire l'honneur d'y venir, seraient très-bien reçus. On m'a ajouté que jusqu'à présent peu de gens s'étaient rendus à cette invitation, et surtout que les femmes s'y étaient refusées absolument. Comme elle est fort riche, avec le même goût de dépense et le même fonds d'ennui, elle s'amuse à faire bâtir, et quoique les travaux qu'elle a faits lui ayent déjà coûté beaucoup, elle veut revendre son acquisition nouvelle. Elle demande à revenir à Paris, tourbillon nécessaire à son oisiveté, et pour rendre la proposition moins difficile à faire passer, elle offre d'y résider en couvent. On ne doute pas qu'elle n'obtiène cette grâce. Elle a déjà la liberté d'aller à son château de Lucienne. Il paraît que le duc d'Aiguillon en est toujours amoureux. Non seulement pendant son séjour ici l'année dernière, il n'a pu contenir sa passion, au point d'en devenir plus odieux à la reine et de se faire donner un ordre de se retirer dans ses terres ; mais souffrant trop d'être éloigné de cette beauté, il l'a engagée à venir le voir. La duchesse, accoutumée à ses infidélités, s'est prêtée à ce concubinage, et le bruit général est que madame Dubarri est grosse. Quoi qu'il en soit, son amant ayant toujours de grandes relations avec sa tante madame de Maurepas, fait traiter sourdement par le mentor du roi, pour que S. M. permette à l'exilée d'habiter la capitale. Le monarque est indifférent à cet égard et n'y répugne en rien : c'est la reine qui est plus difficile à déterminer.

Quant au Dubarri le roué, il est effectivement rentré en France; et voici comment cela s'est passé. Ne trouvant aucun pays aussi bon que celui-ci pour faire valoir ses talents, il a eu l'impudence d'écrire à M. de Malesherbes, secrétaire d'état au département de Paris. Il a exposé à ce ministre qu'il se voyait à regret éloigné de sa patrie; qu'il en conservait toujours l'amour, et qu'il ne l'avait quittée que dans la crainte d'un ordre surpris contre lui à la religion du roi : qu'aujourd'hui, que sous son administration équitable et bienfaisante, non seulement les lettres de cachet n'avaient plus lieu, mais l'on réparait toutes les injustices commises précédemment, il prenait la liberté de s'adresser à lui pour savoir s'il était effectivement dans la disgrâce de S. M., et au cas où il aurait ce malheur, pour l'engager à trouver bon qu'il lui exposât sa justification, se flattant que ce ministre voudrait bien la présenter au roi.

M. de Malesherbes lui a répondu qu'il avait pris les ordres de son maître à son égard; que S. M. le confondait parmi ses autres sujets, et qu'il jouirait de tous leurs droits en se conformant aux lois et à ses devoirs; que du reste il n'était point un être assez important dans l'Etat pour qu'on s'occupât de lui particulièrement; qu'il eût désormais à s'adresser, pour les éclaircissements qu'il desirait avoir, au lieutenant de police, ce magistrat seul étant celui sous l'inspection immédiate duquel il pût et dût être. C'est avec cette permission, ou plutôt cette tolérance humiliante, que le Roué a reparu à Paris sur la fin de l'année dernière; mais on ne croit pas qu'il y reste, et l'on présume qu'on lui fera dire de se retirer en Languedoc, sa province.

Après cette explication préliminaire que vous me demandiez, Milord, je passe au livre dont vous me parlez. Vous ne devez pas être surpris que je ne vous en aye fait jusqu'ici aucune mention; ces sortes d'ouvrages imprimés chez l'étranger, y sont toujours connus long-temps avant de l'être en France. Cependant les *Anecdotes de madame la comtesse Dubarri* commencent à percer, et je les ai lues avec beaucoup de satisfaction. Elles sont aujourd'hui l'objet de la recherche des curieux : mais comme il y en a encore peu d'exemplaires, il faut attendre son tour pour les avoir, et l'on ne peut que les parcourir rapidement. Je vois que les courtisans y ajoutent beaucoup de foi, et présument que c'est quelque malin d'entre eux qui se sera amusé à jouer ce tour à la comtesse. Quant à elle, je ne puis mieux satisfaire à votre demande qu'en vous adressant les copies de deux lettres qui courent dans le monde. L'une est de madame *Cabouët de Villers*, femme du trésorier général de la maison du roi, et l'autre est la réponse de la comtesse. On m'a expliqué, avant de me les procurer, ce que c'était que la première. C'est une intrigante du premier ordre, et vous en jugerez en apprenant que cette femme, jolie et fort agréable, après s'être procuré la faveur du duc de Choiseul en lui prodiguant les siennes, avait eu l'art ensuite de se mettre dans les bonnes grâces de la comtesse, et que celle-ci expulsée, elle s'est si bien retournée qu'elle a plu à la reine, est entrée dans sa confidence et est très-aimée de S. M. Cependant elle a toujours conservé une relation secrète avec madame Dubarri. Vraisemblablement celle-ci, alarmée du bruit des *Anecdotes* répandues sous son nom, aura écrit à son ancienne amie pour en avoir plus de certitude, et savoir ce qu'on en pensait dans la famille royale. C'est ce qui a donné lieu à la réponse suivante.

Lettre de madame Cabouët de Villers à madame la comtesse Dubarri, en date du 2 décembre 1775.

Madame,

» Je vous ai trop d'obligations pour les oublier,
» et je m'estimerai toujours heureuse de pouvoir
» trouver quelque occasion de vous prouver que
» je m'en ressouviens. L'honneur que j'ai d'ap-
» procher de la personne de la reine, et d'en-
» trer quelquefois dans ses confidences, me peut
» procurer les moyens de vous être bonne à
» quelque chose; mais pour cela il faut que
» Sa Majesté ignore notre liaison, cela gâterait
» tout : il faut que ma reconnaissance soit voilée,
» pour ainsi dire, sous l'ingratitude. C'est un
» vilain masque, mais si commun dans ce pays-
» ci, qu'on n'y fait plus d'attention. Tandis que
» M. le duc d'Aiguillon met en œuvre madame
» de Maurepas auprès du roi pour faciliter
» votre liberté et votre séjour partout où il vous
» plaira, je dispose insensiblement la souveraine
» à ne pas se laisser aller aux mouvements d'une

» vengeance peu grande. Fiez-vous en moi : j'y
» suis personnellement intéressée, en ce que ce
» rapprochement me donnera lieu de vous faire
» ma cour sans déplaire, ou du moins sans qu'on
» le sache ; ce qui ne pourrait m'être permis
» dans l'éloignement où vous êtes de la capi-
» tale. Voilà la vraie raison de mon oubli ap-
» parent. Je reviens à ce qui vous intéresse si
» fort.

» Les *Anecdotes* sont arrivées ici par la voie
» de M. de Vergennes. Ce ministre, instruit
» par ses correspondants de l'existence du livre,
» a chargé quelqu'un de le lui envoyer. Comme
» il est presque le seul homme de la cour qui y
» soit loué, cet ouvrage a dû trouver grâce à ses
» yeux : il en a procuré des exemplaires à M. de
» Maurepas ; il m'en était tombé un sous la main,
» lorsque j'ai reçu votre lettre. Ainsi ces *Anec-
» dotes* ne m'étaient pas inconnues ; mais je n'ai
» pu les avoir que pour quelques heures ; chacun
» songe à soi, et je voulais voir ce qu'on disait
» de moi. Par une espèce de miracle je n'y suis
» point, et je ne sais à quoi attribuer cette réti-
» cence : ce ne peut être à l'ignorance de l'au-
» teur, trop bien instruit sur tout le reste et sur
» les choses les plus cachées. Ce n'est pas non
» plus une complaisance de sa part, car, Dieu
» merci, je ne sais quel il est. Quoi qu'il en soit,
» comme vous êtes intéressée et empressée

» d'avoir ce livre, je l'ai fait chercher à pied et
» à cheval, et Sauvigny (1) me l'apporte. Si ç'a-
» vait été précisément un libelle contre vous,
» croyez que je ne me serais point chargée de
» la commission; mais sûrement il ne ressemble
» en rien à celui du sieur Morande, et si l'écri-
» vain n'est pas de vos amis, il ne faut pas le
» compter non plus au rang de vos ennemis. A
» l'article de la galanterie près, sur lequel vous
» êtes assez philosophe pour ne pas vous dé-
» fendre, il rend justice à l'excellence de votre
» cœur et ne vous attribue en rien les maux de
» l'état. Vos adversaires y sont plus maltraités
» que vous, et la duchesse de Grammont,
» peinte de main de maître, et plus diffamée en
» dix lignes que vous dans tout le courant de
» l'ouvrage.

» Vraiment je n'ai eu garde d'en parler à la
» reine, et je ne crois pas que personne s'avise
» de lui procurer ce livre. On y a rapporté un
» de ces propos si plaisants dans votre bouche,
» quand vous en dissipiez l'ennui du feu roi,
» qu'ils perdaient, ce me semble, toute leur in-
» décence et leur méchanceté, mais capable de

---

(1) On ne sait ce que c'est que ce Sauvigny. Il y a apparence pourtant que c'est l'auteur du *Parnasse des Dames*,
ouvrage produit sous les auspices de la favorite, mais qu'il
n'a pu terminer avant la disgrâce de celle-ci.

» faire punir comme coupable de lèse-majesté
» au premier chef quiconque le répéterait au-
» jourd'hui. En voilà plus qu'il n'en faut pour en
» interdire la lecture à la cour. Les princes n'y
» sont pas bien accommodés, non plus, par des
» citations de couplets humiliants et injurieux
» pour eux : en un mot, tout le monde y est
» passé en revue tour à tour et y reçoit son coup
» de patte. Encore un coup, du caractère franc
» et folâtre dont je vous connais, vous ne serez
» pas trop fâchée de ce qu'on y dit de vous. On
» vous y défend même jusqu'à rejeter et dé-
» mentir tous les contes populaires accrédités
» sur votre naissance, prouvée légitime et hon-
» nête ; autre point qui vous touche peu, pré-
» jugé au dessus duquel vous êtes ; je ne vous ai
» jamais connu la morgue de vouloir descendre
» d'une origine illustre. Vous êtes charmante et
» paitrie de grâces ; vous avez le talent de plaire
» au suprême degré : voilà vos titres, contre les-
» quels nos douairières échangeraient bien leurs
» parchemins. Mais le plaisir de m'épancher
» avec vous m'entraîne, Madame, et pourrait
» me rendre bavarde et ennuyeuse. Je vous
» renvoye à votre brochure ; amusez-vous, en
» riant de vos caprices charmants, de vos
» douces folies. Je termine en vous assurant du
» respectueux attachement avec lequel je serai
» toujours, etc. »

*Réponse de madame la comtesse Dubarri à
madame Cabouët de Villers.*

« Vous avez raison, ma chère amie. C'est à
» quelques égards l'auteur des *Anecdotes* qu'il
» aurait fallu foudroyer, s'il eût été homme à
» cela, et non ce gueux de Morande, que l'on
» m'a fait payer si cher pour m'avoir dit les in-
» jures les plus infâmes d'un style plat et dégoû-
» tant; car c'est ainsi qu'en ont pensé, mon
» amour-propre à part, tous ceux à qui j'ai
» montré les cahiers de cet abominable libelle.
» Aussi sans l'avoir lu je ne me souciais point de
» l'acheter : je me suis toujours mise au dessus
» du *qu'en dira-t-on?* et je me f...... de tout ce
» qu'on peut écrire de moi. Il a fallu que l'enjô-
» leur Beaumarchais vînt employer toute son
» éloquence pour me déterminer à acheter un
» manuscrit, que j'avais refusé à meilleur compte
» par l'entremise de Benaven (1). Il a prétendu
» que c'était par zèle pour la gloire du roi que je
» devais empêcher cet ouvrage de paraître, si ce

---

(1) C'est sans doute ce Benaven impliqué dans le procès du maréchal de Richelieu.

» n'était pour moi. D'ailleurs, le duc d'Ai-
» guillon avait aussi intérêt d'étouffer ce libelle;
» et voilà comme je me suis laissée aller à choisir
» un pareil négociateur, bien digne au surplus
» de cette mission, et qui s'en est acquitté à
» merveille. Mais il y avait à parier que, tandis
» qu'on supprimait celui-là, dix plumes infer-
» nales en griffonnaient dix autres. Il est vrai
» que je ne m'attendais pas à ce que vous
» m'envoyez. Quel homme! il semble qu'il ait
» été mon ombre : car, à quelques additions
» près, qu'on juge bien placées là pour remplir
» la suite de ma vie sans interruption, on ne
» peut guères avoir tenu un journal plus exact
» de mes actions. Ma foi, puisque je suis des-
» tinée à occuper une place dans l'histoire,
» j'aime mieux la devoir à cet écrivain qu'à
» tout autre. J'espère qu'il empêchera qu'on ne
» me défigure, et certainement on ne me pein-
» dra jamais mieux que lui. Que de folies il m'a
» rappelées, que j'avais presque oubliées moi-
» même! L'histoire de Duval est un peu ar-
» rangée, mais le fond en est très-vrai. Celle
» du perruquier me fait encore plaisir quand j'y
» songe. Je ne puis dissimuler avoir eu quelque
» accointance avec la Gourdan; mais en effet
» l'intérêt ne m'a jamais conduite chez elle. En
» vérité, le souvenir de cette *maqua*, qui en
» humilierait d'autres, me réjouit, et je me ren-

» gorge en voyant la puissance de mes charmes
» qui m'ont fait faire tant de chemin ! C'est là la
» véritable royauté.

» Votre *reine*, ma chère amie, se recommande
» à son *esclave*. Je ne doute nullement de votre
» zèle, continuez à me rendre vos bons offices
» auprès de la *suprême*. Je conviens avoir été
» fort indiscrète à son égard ; mais c'est une er-
« reur de la langue : il faut me représenter
» comme une étourdie, que je suis, et d'ailleurs
» comme ayant la liberté de dire tout ce qui me
» passait par la tête, parce que c'était sans con-
» séquence. Enfin, tous ceux qui m'entouraient
» m'y encourageaient, ayant remarqué mon
» talent de dissiper les vapeurs du roi.

» Au surplus, je ne suis pas pressée d'aller à
» Paris dans ce moment-ci : j'y trouverais mon
» cher beau-frère. Ce b..... là m'a assez tour-
« mentée, tyrannisée, sucée ; il serait homme
» à vouloir coucher encore avec moi aujour-
» d'hui, que je ne lui suis plus bonne qu'à cela,
» et je le hais presqu'autant que mon f... cochon
» de mari. C'est lui qu'il faut faire expulser, et
» je vous le recommande entre nous. Adieu,
» mon cher *cœur*, mon *ange* ; toujours votre
» bonne amie. »

» La comtesse Dubarri. »

Je crois que vous me saurez gré, Milord, de

vous avoir recueilli ces deux pièces. On trouve que la dernière surtout porte un caractère d'originalité dans les f....... et les b...... dont elle est lardée. On dit que ces agréments sont dans le costume de la conversation et même du style épistolaire de l'héroïne, et la réponse ne peut guère être authentique que la lettre de madame Villers ne le soit.

Avant de finir cette dépêche, Milord, il faut que je vous apprène un suicide mémorable, qui prouve que les Français, nos rivaux en tout, nous imitent jusque dans cette malheureuse manie. M. Journet, intendant d'Auch, chargé tout récemment de l'emploi glorieux du rétablissement du parlement de Pau, sous M. le Noir, conseiller d'état, arrivé depuis peu de jours dans cette capitale, s'est coupé le col avec un rasoir (1). Il a été long-temps douteux si le fait était constant et quel en était le motif. La famille de ce commissaire départi, pour réhabiliter sa mémoire, a répandu le bruit qu'il avait été assassiné par son valet de chambre. Pour rendre la plainte plus vraisemblable, on a mis dans les mains du mort le rasoir, et l'on a fondé l'accusation sur cette attitude. On a prétendu que s'étant égorgé lui-même, le funeste instrument

---

(1) Le 30 décembre 1775.

aurait dû lui échapper. En conséquence on a arrêté ce domestique : mais on convient aujourd'hui que la manœuvre est concertée avec l'accusé, qu'on payera bien pour cela.

Une trop grande sensibilité est la cause de cet accident. La tête a tourné à M. Journet par les reproches vifs que lui a faits M. Turgot au nom du roi, dans une lettre qui le mandait à la suite de la cour. Le contrôleur général, toujours occupé plus essentiellement du régime économique que du reste, à l'arrivée de cet intendant, lui a témoigné combien le roi était mécontent de son administration, relativement à la maladie épizootique (1), soit à l'égard de sa négligence pour arrêter la communication, soit dans la distribution des fonds accordés par Sa Majesté pour indemnité aux propriétaires ruinés. Enfin il a su que M. de Clugny, l'intendant de Bordeaux, avait ordre de passer à Pau dès qu'il en serait parti, et d'aviser aux moyens de remédier aux maux qui désolent le Béarn : il n'a pu résister à cette humiliation. On estime sa folie d'autant plus grande, que M. Journet avait 50,0000 écus de rentes, et pouvait se passer des bienfaits et honneurs de la cour. Sa femme, qui était absente, ignore encore la nature de sa catastrophe, qu'on lui a

---

(1) Maladie des animaux.

déguisée : elle croit son mari mort d'un coup de sang.

Puissions-nous, Milord, n'avoir jamais pareille maladie, ou plutôt n'être point dans le cas de nous porter à une si cruelle extrémité ! car enfin, vous et moi, nous savons que c'est une ressource, mais dont il faut tâcher de ne jamais user.

Paris, ce 5 janvier 1776.

LETTRE XIII.

Détails sur le démélé que M. d'Alembert eut en 1755, avec le père Tolomas, professeur de rhétorique au collége de Lyon.

CE fut le 31 novembre 1754 que les Jésuites firent l'ouverture de leurs classes. Le père Tolomas, régent de rhétorique, prononça une harangue latine, selon l'usage, en présence du corps consulaire. Il eut soin de distribuer la veille un programme imprimé, conçu dans ces termes : *adversus Encyclopedistas pro scholis publicis dicet alleo rhetorum in aulá, etc.* Cette menace ou plutôt cet acte d'hostilité contre les encyclopédistes, attira l'attention de nombre de personnes, surprises néanmoins de la distribution d'un prospectus affiché contre les auteurs et non contre l'ouvrage. Le père Tolomas soutint d'abord que les encyclopédistes étaient des hommes pervers qui avaient porté atteinte à l'autorité royale, sapé la religion jusque dans ses fondements, des gens qui faisaient profession d'être les corrupteurs publics des mœurs. Il y eut un million de lazzis sur la qualité de philosophes qu'il leur refusait, qu'il leur accordait, et dont enfin il les mit ironiquement en possession. « L'encyclopédie, dit-il dans un endroit, ce livre monstrueux et énorme, *qui oneravit mundum* (*lapsus linguæ*), *ornavit*, a été tiré du néant dans lequel d'habiles journalistes, faits pour présider dans la république des lettres, l'avaient précipité, je ne sais par quelle fatalité, par quelle..... mais il en a été tiré : *non nosco hominem*. Ceci concerne M. de Malesherbes. Un autre trait très-insolent est celui qui regarde la naissance de M. d'Alembert. Il n'y a, dit-il, qu'un philosophe, *cui nec pater, nec res*, qui puisse blâmer l'éducation que nous donnons. » Les jésuites, pour se disculper d'une impertinence semblable, ont prétendu depuis que ce passage est d'Horace. On leur a répondu que le deux cent quarante-huitième vers de l'art poétique est celui-ci :

Offenduntur enim quibus est equus, et pater et res,

Pourquoi le père Tolomas a-t-il mis *cui* au singulier, si ce n'est pour mieux désigner M. d'Alembert; et une négation pour spécifier le lieu de sa naissance ? Ils ont avoué que le régent n'avait usé de cette expression que dans ce sens; c'est-à-dire, que dans les collèges ils parlaient aux gens d'une grande naissance ainsi qu'à ceux *cui nec pater est nec res*. Mais *quibus* devrait être préféré au *cui* dans ce cas; et d'ailleurs n'y a-t-il que deux classes d'hommes qui étudient aux jésuites, des gens de qualité ou des pieds-plats?

Enfin dans le discours dont il s'agit, on a continuellement supposé dans l'article *Collège* des absurdités qui n'y sont point.

Ce discours ayant fait beaucoup de bruit, les jésuites ont été déposer, trois jours après la prononciation de cette harangue, le cahier du père Tolomas, chez M. le prévôt des marchands, bien différent de ce qu'il avait été prononcé. M. d'Alembert, informé de tout ceci, n'écoutant que sa colère, au lieu de mépriser de telles invectives, s'est adressé par une lettre du 30 janvier de cette année à la société royale de Lyon, à laquelle il est agrégé, pour se plaindre du père Tolomas, qui est aussi de cette société. La société royale de Lyon lui a répondu le 22 février, et n'a pas voulu se mêler dans cette affaire. Cependant, comme la lettre de M. d'Alembert avait été lue à une assemblée où était le père Tolomas, ce jésuite s'offrit d'écrire à M. d'Alembert, pour désavouer ce qu'on disait de son discours, et le père Béraud, autre jésuite, de la même académie, et correspondant de celle des sciences de Paris, se joignit au père Tolomas pour en écrire à M. d'Alembert, prétendant qu'il n'avait été rien dit qui l'attaquât personnellement. M. d'Alembert, peu satisfait de ces réparations, s'en est plaint vivement dans une lettre à M. Bourgelat, écuyer du roi, du 17 mars 1775, qu'il a prié de rendre publique, et malheureusement pour lui elle ne l'est que trop. On l'a imprimée, et le ton qui y règne ne décèle rien moins qu'un philosophe insensible aux injures. Au lieu de mépriser toutes ces sottises il s'est compromis dans tout cela et l'on ne sait pas trop comment il s'en tirera. Il y perd déjà beaucoup, en ce qu'il n'a pas conservé cette modération que tous les gens sensés doivent avoir.

Lettre de M. d'Alembert, à la société royale de Lyon, le 30 janvier 1775.

Messieurs,

J'apprends de tous côtés par différentes lettres, qu'un régent de rhétorique, dont le nom se trouve écrit parmi les vôtres, a prononcé contre moi le 30 novembre dernier, au collége des jésuites de cette ville, une harangue très-injurieuse. Je ne puis croire, Messieurs, que si le fait était vrai, une compagnie aussi équitable et aussi éclairée que la vôtre eût pu garder à cet égard un si long et si profond silence; néanmoins la nouvelle me revient d'un si grand nombre d'endroits, que je ne sais plus qu'en penser. La philosophie m'a appris depuis long-temps à mettre à des invectives le prix qu'elles méritent : mais l'honneur des lettres, de l'encyclopédie, de ceux qui veulent bien y concourir avec moi, des différentes compagnies dont j'ai l'honneur d'être membre, et, j'ose ajouter, de la vôtre, Messieurs, ne me permet pas d'être indifférent sur les outrages publics d'un de vos confrères. J'ose donc espérer de votre équité et de vos lumières, ou que vous voudrez bien me faire justice publique sur ce sujet, de la manière que vous jugerez le plus convenable, ou que ceux d'entre vous, Messieurs, qui ont assisté à cette harangue, voudront bien me faire parvenir un écrit signé d'eux *tous*, et que je pourrai rendre public, par lequel ils déclareront que cette harangue, *telle qu'elle a été prononcée*, ne contenait rien d'offensant ni d'injurieux. C'est un service qu'ils rendront à l'auteur encore plus qu'à moi.

J'ai l'honneur d'être avec respect,

MESSIEURS,

Votre très-humble et
très-obéissant serviteur,
D'ALEMBERT.

Réponse de la Société royale.

Monsieur,

La société royale voit avec peine, par la lettre que vous lui avez adressée, votre mécontentement contre le père Tolomas; et le desir qu'elle a de vous obliger, l'engage à vous fournir les éclaircissements que vous exigez d'elle.

La harangue que ce religieux prononça à l'occasion de la rentrée des classes, est du ressort des colléges. L'académie n'y a point assisté : elle n'en a fait ni la lecture ni l'examen, et n'en peut porter aucun jugement, parce que sa juridiction ne s'étend pas au delà des bornes de ses exercices.

Pour vous prouver néanmoins, Monsieur, que nous n'ignorons point les égards qui sont dûs à votre réputation et à la supériorité de vos talents, que nous sommes mêmes empressés à vous procurer la satisfaction qui dépend de nous, la compagnie a fait lire votre lettre en pleine assemblée, et en présence de l'académicien dont vous vous plaignez. Il a protesté hautement qu'on l'avait desservi auprès de vous : qu'il n'a jamais eu l'intention de vous offenser; qu'il est prêt à affirmer que son discours ne contient aucun trait qui puisse vous regarder personnellement.

Il s'est enfin exprimé sur votre compte en termes si honorables, que l'académie n'a pas cru pouvoir prendre un meilleur parti que de le charger (sur l'offre qu'il en a faite) de vous écrire pour se justifier lui-même auprès de vous.

Voilà, Monsieur, tout ce que je puis vous dire au nom de la société royale sur une affaire qui lui est totalement étrangère, dans laquelle elle n'est entrée que par considération pour votre mérite personnel, et pour le rang que vous tenez dans le monde savant.

Je suis avec respect, etc.

BOILLOT MERMET,
Secrétaire de la société royale de Lyon.

P. S. Ne soyez pas surpris, Monsieur, du retardement de la réponse de l'académie ; votre lettre, datée du 30 janvier, ne lui a été remise que le 14 du courant.

Lettre du père Beraud à M. d'Alembert.

Monsieur,

J'étais à la séance de notre société lorsqu'on y fit la lecture de votre lettre, dans laquelle vous vous plaignez du discours du père Tolomas. L'honneur que j'ai d'être correspondant de l'académie des sciences, dont vous êtes un des principaux ornements, la sincère estime dont je suis pénétré pour votre mérite et vos ouvrages que j'ai lus et que je lis encore avec un nouveau plaisir, m'engagent à vous donner dans cette occasion des preuves de mon zèle pour ce qui vous regarde. Je puis donc vous protester, Monsieur, que dans la harangue du père Tolomas, à laquelle j'assistai, et que j'écoutai attentivement, je ne remarquai rien qui vous attaquât personnellement, rien qui ressentît l'invective, et encore moins l'injure. L'auteur, dans quelques endroits, donne à vos talents et à vos succès les éloges qu'ils méritent : du reste, il s'en tient à son sujet. Je vous prie, Monsieur, de vouloir bien ajouter foi à ce que j'ai l'honneur de vous dire. Si j'avais le bonheur d'être connu de vous, je me flatte que vous m'accorderiez cette grâce sans peine; mais vous avez dans l'académie quelques-uns de Messieurs les académiciens qui ont des bontés pour moi, et j'ose espérer qu'ils voudront bien être, au moins pour cette fois, les garants de ma parole.

Je suis avec tout le respect possible,

MONSIEUR,

Votre très-humble et très-obéissant serviteur,

BÉRAUD, jésuite.

Lyon, 21 février 1755.

Lettre du père Tolomas à M. d'Alembert.

MONSIEUR,

ON vous a prévenu contre moi; j'en suis également surpris et affligé : mais l'opinion que j'ai de votre équité, m'engage à vous adresser à vous-même la justification du discours latin que j'ai prononcé pour la défense des colléges attaqués dans l'encyclopédie. Devais-je imaginer qu'on pût me faire un crime du choix d'un sujet si convenable au lieu et au temps où je parlais ! Je ne me suis aucunement écarté, dans cet acte public, de la modération qu'on doit observer dans le cas même de la défense la plus légitime : aussi à la première nouvelle de quelques plaintes contre mon discours, je me hâtai de le déposer entre les mains de M. le prévôt des marchands, qui y avait assisté à la tête du consulat; tant je suis convaincu de mon innocence! tant elle m'inspire de sécurité ! Et comment d'ailleurs aurais-je pu débiter des personnalités offensantes, ou quoi que ce soit d'injurieux contre vous, Monsieur, qui ne m'êtes connu que par vos ouvrages, et par la haute réputation qu'ils vous ont justement acquise ?

Je suis avec respect.

Monsieur,

Votre très-humble et
très-obéissant serviteur,

Tolomas, jésuite.

Lyon, 25 févier 1755.

Lettre de M. d'Alembert à M. Bourgelat, écuyer du roi.

Je suis bien étonné, Monsieur, d'apprendre qu'on vous attribue, je ne sais par quelle raison, la lettre que j'ai écrite à la société de Lyon le 30 janvier dernier. Il était, ce me semble, naturel de penser qu'ayant été outragé publiquement, j'en porterais mes plaintes à la compagnie littéraire, qui compte encore aujourd'hui l'agresseur parmi ses membres : mais, sans doute, les mêmes personnes qui se croient permis de soutenir que je n'ai point été insulté après l'avoir entendu, se croient permis, à plus forte raison, de soutenir que je n'ai point écrit à la société, parce qu'elles ne m'ont pas vu écrire. Pour moi, Monsieur, qui fais toutes mes actions tête levée, qui n'ai et ne veux avoir de tort avec personne, et qui ne crois pas qu'après des injures atroces qui ont soulevé toute une ville, on doive en être quitte pour nier les faits, je ne dois point souffrir que vous ni personne soyiez traités de faussaires à mon occasion, même avec si peu de vraisemblance. Si mes plaintes eussent été supposées, j'aurais sans doute répondu à ce que la société m'a fait écrire par son secrétaire : mon silence doit lui prouver que ma lettre était de moi, et que je me crois désormais quitte de tout envers elle. J'ai écrit ces jours passés à M. Souflot pour lui demander justice : il a dû envoyer ma lettre au secrétaire de la société, et lui écrire en même temps tout ce qu'il pense de la conduite qu'on a tenue à mon égard. M. Montucla que j'ai vu, et à qui j'ai parlé très-vivement sur toute cette affaire, doit avoir écrit de son côté à M. Mathon. Je me flatte, Monsieur, qu'après toutes ces preuves de la réalité de ma lettre, et après des démarches si publiques, si mesurées et si justes, on voudra bien, si on l'ose, se plaindre de moi, et non pas de vous. Je n'aurais jamais cru, sans cet événement, qu'en Europe, au milieu du dix-huitième siècle, qui n'est pas un siècle de barbarie, et dans une des premières villes de France, pleine de citoyens polis et éclairés, il pût y avoir une compagnie littéraire, qui autorisât chacun de ses membres à outrager de la manière la plus indigne un homme de lettres qui n'a jamais insulté qui que ce soit, et qui même dans l'article *Collége*, objet ou prétexte de tant d'injures, a soigneusement ménagé les personnes en attaquant les abus. Si l'on a cru que je ne méritais pas moi-même aucun égard, j'en méritais au moins par les académies vraiment respectables auxquelles j'ai l'honneur d'appartenir, et peut-être aussi par les bienfaits dont un roi philosophe vient tout récemment de m'honorer.

Dans ces circonstances, je vous prie de nouveau, et vous conjure, Monsieur, pour votre intérêt et pour le mien, de rendre cette lettre publique par la voie la plus convenable. Je vous prie aussi de vouloir bien rendre publiques, en même temps et par la même voie, ma lettre à la société, sa réponse et celle des deux jésuites.

Ceux qui ont assisté à l'insulte, jugeront de la réparation. Je dois au moins ce procédé aux dignes membres de la société de Lyon, qui n'ayant pu me faire rendre justice, et ne voulant point attester que la harangue qu'ils ont entendue ne contenait rien d'injurieux, ont pris le parti de se retirer. Ma reconnaissance pour eux doit être d'autant plus grande, que je n'ai l'honneur d'en connaître aucun, et qu'assurément leur démarche n'a point été mendiée de ma part. Je vous prie de les assurer que comme j'oublie les bienfaits encore moins que les injures, je ne laisserai échapper aucune occasion de leur donner des marques de mes sentiments et de mon estime. J'ai l'honneur d'être avec toute la considération et toute l'amitié possible,

MONSIEUR,

Votre très-humble et
très-obéissant serviteur,

D'ALEMBERT.

Paris, 17 mars 1755.

LETTRE XIV.

Oraison funèbre de très-haute et très-puissante dame, madame JUSTINE PARIS, *grande-prêtresse de Cythère, Paphos, Amathonte, etc. prononcée le 14 novembre 1773, par madame Gourdan, sa coadjutrice, en présence de toutes les nymphes de Vénus.*

Mes organes lassés sont morts pour les plaisirs ;
Mon cœur est étonné de se voir sans desirs.

Épître de M. de Voltaire à M. de Genonville.

La V......, mon Dieu, m'a criblé jusqu'aux os ! (*)

AIMER le plaisir jusqu'à s'en rendre la victime, lui sacrifier ce qu'on a de plus cher, ne point craindre la mort, pourvu qu'on la reçoive au sein de la volupté, c'est un héroïsme dont il est sans doute peu d'âmes privilégiées qui soient susceptibles. Combien plus admirable n'est-il pas dans un sexe aussi faible, aussi délicat que le nôtre ! Et ce fut à ce période, mes chères filles, que le poussa l'illustre compagne que nous regretons, l'incomparable Justine. Aussi croirais-je avoir déjà fait son éloge en

(*) *Robé de Beauverger, dans son Débauché converti.*

lui attribuant ces paroles du texte : *Mes organes lassés sont morts pour les plaisirs*. Mais j'ai moins voulu entreprendre son panégyrique que votre instruction. Eh ! comment mieux vous instruire qu'en vous rappelant les merveilleuses qualités de cette héroïne ? Je vous retracerai ses fatigues incroyables dans une carrière où elle est entrée dès sa plus tendre enfance, son courage dans les attaques, sa fermeté dans les traverses ; sa constance dans les disgrâces, sa modestie dans les triomphes. Je couronnerai son front des lauriers moissonnés par ses mains. Je vous peindrai surtout sa mort, circonstance la plus glorieuse de sa vie.

Justine nâquit de parents pauvres, mais vigoureux. Consumés tous deux d'une maladie héréditaire, ils n'en conçurent l'un pour l'autre qu'une passion plus violente : ils confondaient leurs maux ensemble et ils les oubliaient. Des plaisirs si réitérés les conduisirent bientôt au lit de la mort. S'y voyant sans ressource, ils appelèrent leur fille, cette chère Justine, qui comptait alors douze ans.

« Fruit précieux de notre tendresse, lui
» dirent-ils, nous n'avons plus qu'un instant à
» vivre, et nous ne sçaurions mieux l'employer
» qu'à vous donner un conseil qui fera le bon-
» heur de votre vie si vous le suivez Comptez
» pour rien tous les jours que vous n'aurez pas

» consacrés au plaisir. Qu'importe qu'ils soient
» longs, s'ils ne sont pas remplis ! Croyez-nous,
» nous n'avons point intérêt de vous tromper en
» ce moment. Puisse cette maxime être à jamais
» gravée dans votre cœur ! Puisse-t-elle vous
» être rappelée sans cesse par l'image de notre
» mort ! » A ces mots ils ramassent leurs forces,
ils s'entrelacent, leurs âmes, s'unissent et ils
expirent.

Le tableau était frappant. Justine, d'un coup
d'œil rapide en saisit tous les traits. Elle n'exhala
point sa douleur en vains soupirs ; elle ne versa
point de larmes inutiles (Que le préjugé se taise
ici ; respectons les actions d'une héroïne, et ne
les mesurons point sur celles du faible vulgaire).
A l'aide du grossier artisan, constructeur du
cercueil qui devait recevoir le corps des deux
époux; sur cet autel funéraire, Justine offrit à
leurs mânes un sacrifice plus doux pour elle et
plus agréable pour eux (1). Elle sentit alors l'uti-

---

(1) Selon George Interiano, Génois, les Scythes ou Tartares Circassiens croyent si peu qu'il soit honnête de pleurer les morts, qu'une femme serait déshonorée chez eux, si elle était convaincue d'avoir seulement soupiré aux obsèques de son mari, auxquelles on a coutume, entre autres jouissances, de déflorer, à la vue de tous les assistants, une fille de douze à quatorze ans, *comme pour narguer la nature. Année Littéraire*, 1763, *t.* 3, *p.* 531, Article *de l'esprit de la Mothe Le Vayer*.

lité des avis d'un père et d'une mère mourants : elle découvrit en elle une source intarissable de volupté : elle comprit qu'en lui dictant cette maxime, ses parents lui avaient laissé l'heritage le plus précieux. Elle ne s'en tint pas à ces premiers essais ; ses succès s'étendirent bientôt; sa réputation et sa beauté lui acquirent des esclaves distingués. Tous les jours de sa brillante jeunesse étaient marqués par de nouveaux triomphes.

Il est dans cette capitale un temple consacré à Vénus, école des talents, du goût et du plaisir, où de jeunes prêtresses sont formées aux arts aimables qui peuvent émouvoir les sens et les séduire. Les unes charment l'oreille en célébrant les louanges de leur déesse; d'autres, par des danses passionnées, en rappèlent les aventures, en peignent les situations les plus voluptueuses; toutes s'efforcent à l'envi d'allumer dans tous les cœurs ce beau feu, âme de l'univers, qui tour à tour le consume et le reproduit.

Le mérite naissant de Justine la fit admettre dans ce séminaire. Elle y perfectionna ses dispositions précoces au plaisir ; elle ne tarda pas à trouver l'occasion de les faire valoir et de les développer avec éclat. Le Turc était venu dans ce temps à Paris rendre hommage à la puissance du roi. Vous connaissez le renom de cette nation, mes chères filles, et s'il n'est aucune de vous qui ait reçu les embrassements de quelqu'un de ces étrangers, si vous ne savez pas par expérience quels héros ce sont dans les champs de Vénus, il n'est pas que vous n'ayiez entendu parler souvent de leurs exploits. Ce temple même, ce sérail qui emprunte son nom d'eux, vous retrace l'image de leur valeur : il atteste quels sectateurs ardents ils sont de la divinité que nous adorons toutes. *Mehemet Effendi*, ambassadeur de la Porte, excellait par dessus ses compatriotes : jamais femme n'avait encore eu l'honneur de le faire rendre. Nouvel Anthée, ses chutes semblaient lui donner de nouvelles forces : on eût dit qu'il sortait du combat toujours reposé, toujours frais, toujours neuf. Déjà les compagnes de Justine avaient été défaites par ce superbe vainqueur. Elle s'offrit à son tour avec confiance sur le champ de bataille ; une nuit entière elle soutint les assauts de l'impétueux Musulman. Enfin elle l'attaqua elle-même, le pressa, le terrassa, l'anéantit : il baissa sa lance, il s'avoua vaincu. Quel triomphe ! cette mémorable action fut gravée dans les fastes de Cythère. Mais qu'un grand nom est un pesant fardeau ! il attire à la fois et l'admiration et l'envie ! Justine ne l'éprouva que trop. Elle fut obligée de quitter un séjour où la jalousie empoisonnait sa gloire et son bonheur ; elle résolut de voyager : Paris ne devait pas posséder seul une si rare merveille. Plusieurs nations furent les témoins de ses exploits. Les héros les plus fameux de l'Europe luttèrent tour à tour contre elle et furent défaits. Elle parcourut l'Angleterre, l'Espagne, l'Allemagne. Étrangère en ces contrées, la différente façon de combattre des peuples qui les habitaient, ne lui parut pas nouvelle. Flegmatique avec l'Anglais, grave avec l'Espagnol, emportée avec l'Allemand, elle se fit à tout, s'offrit partout et triompha de tous. Elle termina ses voyages par l'Italie : elle fut à Rome, reine du monde et centre de la paillardise. Là, sous la pourpre, gît la luxure la plus effrénée. Là, de pieux fainéants consacrent leurs loisirs au rafinement des voluptés. Là des vieillards blanchis sour le harnois de Vénus, semblent ne plus vivre, ne plus respirer que par le plaisir. Quel champ de gloire à moissonner pour notre compagne ! Mais aussi quels travaux ! Il lui fallut pratiquer toutes les marches, toutes les contremarches des Italiens, se mettre en garde contre toutes leurs ruses, faire une guerre d'artifice, d'autant plus pénible qu'elle est plus longue, enfin se montrer aussi profonde dans l'art des Arétins que l'éminence la plus consommée. On ne put refuser à Justine cette fameuse couronne qu'autrefois les Scipion, les Emile allaient recevoir au capitole, et qui depuis a été consacrée aux grands artistes, aux hommes célèbres dans tous les genres. Il faut l'avouer pourtant : si Justine avait toujours l'avantage, Justine n'était pas toujours invulnérable. Elle revint couverte de lauriers, mais ces lauriers couvraient des blessures, et si à vingt-deux ans elle comptait plus de succès que n'en compta la fameuse Ninon de l'Enclos après un siècle de vie, ou plutôt s'ils étaient déjà innombrables, ses cicatrices l'étaient aussi.

Parlons sans figures. Ses parents, en lui transmettant cette vigueur et cet amour de la volupté, qualités héréditaires dans sa famille, lui avaient transmis une maladie qui en est le fruit. Cette maladie, née avec elle, fomentée par le plaisir, accrue par les veilles, était devenue incurable par les travaux et les fatigues de notre héroïne. Toutefois elle semblait l'avoir respectée jusque-là; mais ce levain malheureux, mêlé aux levains étrangers qu'elle avait ramassés de toutes parts, vint à fermenter. Déjà tout l'intérieur de sa machine s'en ressentait; la masse de ses humeurs en était infectée; il ne circulait plus que du poison dans ses veines au lieu de sang, et Justine pouvait s'écrier, encore plus que M. de Voltaire : *Mes organes lassés sont morts pour les plaisirs.*

Tel était son état quand elle revint dans sa patrie. Elle sentit l'horrible ravage qui se faisait au dedans d'elle-même et n'en fut pas épouvantée. Avertie par-là qu'elle n'avait plus long-temps à jouir, elle résolut d'en mieux employer le peu de jours qui lui restaient. Heureusement que sa figure, quoique altérée par le mal qui la minait intérieurement, était encore séduisante. C'était un bâtiment dont les dehors gracieux, en laissant entrevoir des ruines, faisaient toutefois plaisir à la vue et arrêtaient le spectateur.

Ses succès recommençaient en cette ville, lorsqu'il lui survint une disgrâce qui épura son mérite, mit le comble à sa célébrité, et nous donna lieu de nous lier de l'amitié la plus étroite. L'envie triompha cette fois. Cette illustre fille fut conduite en cet édifice superbe que la magnificence de nos rois a fait construire pour la retraite des femmes invalides. J'y gémissais depuis longtemps dans une dure captivité. Sa présence fit naître la joie dans mon cœur. Je la voyais pour la première fois, et je trouvai que la renommée n'en avait rien dit de trop. Un coup de sympathie nous fit sentir une tendresse réciproque, et je fus presque fâchée d'obtenir une liberté qui m'empêchait de jouir de la société de cette aimable compagne. Cependant on essayait de dompter ce courage rebelle. Déjà les Esculape et les Machaons mettaient en œuvre tout leur art pour en arrêter la fougue : ce fut inutilement; ils devinrent eux-mêmes les victimes de l'art de Justine. Ces faibles humains éprouvèrent combien il était dangereux de voir de trop près ses charmes. Il fallut donner l'essor à une héroïne dont rien ne pouvait contenir l'impétuosité. Ce fut alors qu'elle fonda cette maison, qu'elle me prit avec elle pour y présider sous son inspection. Plusieurs années de la vie de Justine s'écoulèrent de nouveau dans des fêtes délicieuses. Je ne sais combien d'illustres amants voulurent partager ses trophées et ses cicatrices. Je ne vous retracerai pas, mes chères filles, la dernière partie de sa vie. Vous en avez été les témoins, et votre ardeur à suivre ses exemples est une preuve de l'impression qu'ils faisaient sur vous. Vous savez avec quelle intrépidité elle voyait approcher à pas lents cette mort, l'écueil des héros, et qui mit le comble à sa gloire. Soustraite depuis quelques jours à vos regards, c'est surtout dans ces derniers instants qu'elle a montré une fermeté dont je vais vous faire le récit pour votre édification.

Détruite en détail, cette héroïne s'est toujours survécue à elle-même. Elle voyait peu à peu diminuer le nombre de ses membres, et son grand cœur n'en était point affaibli. Son âme, retranchée en cet endroit du corps, centre de la vie, où elle a semblé établir son siége, paraissait avoir abandonné la défense du reste pour veiller à cette partie précieuse : imaginez-vous un roi qui laisse piller son palais et qui, immobile sur le trône, ne veut s'ensevelir que sous les ruines de ce dernier attribut de la majesté.

Mais que vois-je, mes chères filles ! vos sanglots redoublent, ils me coupent la parole. Eh quoi ! malheureuses, des pleurs stériles seront-elles l'offrande que vous présenterez au tombeau de votre *concitoyenne* ! songez que si quelquefois les larmes sont une preuve de la bonté du cœur, elles le sont encore plus souvent de sa faiblesse ? Le dirai-je ? Je tremble que sous ces regrets que vous arrache le sort de Justine, vous ne déguisiez la crainte d'en éprouver un pareil. Ah ! si mon soupçon était réel, mes chères filles, si quelqu'une de vous avait cette lâcheté, qu'elle se lève, qu'elle sorte ; elle n'est pas digne de cette maison !

Mais plutôt qu'elle reste, qu'elle apprène que la mort de Justine fut, non la peine, mais la récompense de ses travaux, et qu'il n'est pas donné à toutes de la mériter.

Moi-même qui vous parle, combien de fois ne me suis-je pas vue attachée au lit de douleur ! Combien de fois ne me suis-je point écriée : *Mes organes lassés sont morts pour les plaisirs !*

J'en suis revenue autant de fois. Que ne puis-je vous montrer mes anciennes blessures ! Là, vous dirais-je, une pierre vraiment infernale me fit ces horribles cavités : ici le fer impitoyable détruisait une partie de moi-même pour sauver l'autre : par ce canal, affreusement obstrué, des liqueurs brûlantes entraînaient, avec mes humeurs, le venin qui les corrompait. Ma peau, partout cicatrisée, tous mes nerfs affaiblis n'attestent que trop les douloureux frottements que toutes les parties de mon corps ont essuyés. Actuellement les yeux caves et troubles, les joues allongées, le front couronné du chapelet fatal, je porte sur moi les symptômes du *mal qui m'a criblée jusqu'aux os.*

Vous le savez pourtant, je suis intrépide : six champions vigoureux se relèvent infatigablement à mon service. Puissé-je mériter la mort de l'héroïne que nous célébrons ! puisse mon âme, comme la sienne, s'écouler avec ma substance toute fondue, pour ainsi dire, en torrents de volupté !

Je n'exige pas ces souhaits de vous, mes chères filles. Si l'espoir d'une mort glorieuse fait les héros, l'espérance de l'éviter soutient le commun des guerriers. C'est cette espérance qui doit vous animer, mes chères filles. Déjà les portes s'ouvrent, quelques équipages entrent dans nos cours ; des essaims de fous en sortent; ils amènent avec eux la joie et les plaisirs. Essuyez vos pleurs, rassérénez votre visage; que l'enjoûment et les grâces s'y peignent de nouveau :

reprenez vos sacrifices ordinaires ; que le plus pur sang des victimes efface les larmes dont les marbres de ce salon pourraient être souillés, et songez surtout que ce n'est qu'en imitant Justine que vous honorerez sa mémoire !

LETTRE XV.

Sur le Jubilé ; Écrit à cette occasion.

Miséricorde, Milord ! il n'y a pas moyen d'échapper : me voilà pris. Au moment où l'on s'y attendait le moins, les trésors spirituels de l'église se sont ouverts (1) par un jubilé universel qui doit répandre les grâces les plus abondantes. Tout le monde me prêche, et l'on veut absolument que je me fasse catholique pour ne pas manquer une aussi belle occasion (2). En vérité,

---

(1) Le 11 mars 1776.

(2) « Admirez ici, mes très-chers frères » (dit M. l'archevêque dans son mandement du 6 mars), « la bonté
» infinie de votre Dieu : il veut tout pardonner, tout ou-
» blier, tout effacer; mais il veut en même temps que
» vous rentriez sincèrement en vous-mêmes, que vous
» fassiez l'humble aveu de vos fautes, que vous les dé-
» testiez, que vous y renonciez pour toujours, que votre
» changement se manifeste par une vie nouvelle et par de
» dignes fruits de pénitence. Tel est le prix qu'il met à
» votre réconciliation. Quant aux peines temporelles dues
» au péché même après qu'il est pardonné, les mérites
» de Jésus-Christ, de la très-sainte Vierge et des Saints,
« vous seront appliqués, vous deviendront propres, et

j'en suis presque tenté, afin d'être comme tout le monde, autrement l'on ne sait plus que faire. C'est devenu une mode, une fureur, autant que les coiffures hautes et les grandes boucles. Les femmes ont remis leurs amants à six semaines ; elles ne portent plus de rouge, et je n'entends de toutes parts agiter dans les conversations que le problème important : lequel est plus commode de suivre à pied les processions de sa paroisse à la cathédrale, ou de s'y rendre en carrosse et visiter trois autres églises entre celles désignées ? Du reste, plus de joie, plus de plaisirs ; et M. l'archevêque, prélat très-rigoriste, voulait que les spectacles fussent fermés pendant tout ce saint temps ; mais M. le lieutenant-général de police, alarmé d'une interruption aussi longue, a prévu heureusement qu'elle occasionnerait plus de mal que la comédie ; qu'il en résulterait un scandale et un désordre dans Paris qu'il ne pouvait calculer. Le gouvernement s'est rendu aux représentations de ce magistrat, et les spec-

---

» suppléeront à votre faiblesse. La promesse de ces grâces
» est attachée à certaines conditions qu'il est en votre
» pouvoir de remplir ; c'est de venir vous laver dans la
» piscine sacrée, de participer dignement aux saints mys-
» tères, et d'accomplir avec une exacte et édifiante fidé-
» lité les exercices de piété prescrits pendant cette car-
» rière de salut. » Cela n'est-il pas bien séduisant, Milord ?

tacles n'ont vaqué qu'à l'ordinaire (1), sauf les dimanches et fêtes où ils n'ont pas eu, et n'auront pas lieu durant deux mois.

Au reste, comme je profite de toutes les occasions de m'instruire pour remplir vos vues, Milord, voici en passant ce que m'a appris sur cette cérémonie un ecclésiastique point cagot.

« Le jubilé est une pratique qui vient des
» Juifs, comme la plupart des autres pratiques
» extérieures de la religion. C'était chez eux
» une époque de repos, même pour la terre,
» qu'il n'était permis ni de labourer ni d'ense-
» mencer ; un temps d'affranchissement pour les
» esclaves, d'abolition pour les dettes, et de res-
» titution universelle de tous les biens aliénés.
» L'effet du jubilé était de ramener l'égalité pri-
» mitive, que les institutions sociales tendent
» sans cesse à altérer. Il est vrai que ce moyen
» n'était pas propre à jamais rendre une nation
» puissante ; mais c'en était un de diminuer parmi
» les individus les maux auxquels les expose
» leur état de membres d'une association poli-
» tique. Cette restauration générale, cet anéan-
» tissement de tous les fers qui chargeaient les
» hommes, avait lieu de 50 en 50 ans. La ruine

---

(1) C'est-à-dire, à commencer du dimanche de la passion.

» des Hébreux, leur dispersion chez les autres
» peuples, leur dépendance habituelle ne leur
» permirent pas de conserver cet article de leur
» loi et de leurs usages; mais il ne s'est pas
» perdu, et il a passé dans le christianisme avec
» cette différence seulement, que chez les en-
» fants d'Israël il ne s'appliquait qu'aux choses
» temporelles, comme tout y était ramené chez
» un peuple tout matériel, qui n'avait alors au-
» cune idée de la spiritualité de l'âme, et qui
» ne connaissait d'autre félicité que celle qu'on
» éprouve sur la terre; au lieu que parmi les
» chrétiens, ce sont les biens spirituels dont le
» jubilé est devenu l'objet. C'est un temps ou
» l'église ouvre plus spécialement les trésors de
» grâces et d'indulgences dont Jésus-Christ l'a
» rendue dépositaire, et elle en attache le prix
» et le mérite à de certaines pratiques religieuses
» qu'elle désigne, telles que de se confesser et
» de communier, de visiter un nombre d'églises
» déterminé, etc. On attribue cet établissement,
» ou plutôt l'application de cet établissement
» qui était déjà connu, comme on l'a dit, à Bo-
» niface VIII. Plusieurs papes l'ont depuis
» étendu, restreint, modifié par des bulles; et ce
» n'est qu'au quinzième siècle qu'on a commencé
» à lui donner le nom de jubilé. Il devait d'abord
» se renouveler tous les cent ans, ce qui en fai-
» sait une espèce de fête séculaire. Clément VII

» en réduisit les intervalles à 50 ans, Gré-
» goire XI à 33, et enfin Paul V à 25 ; c'est ce
» qu'on appèle l'année sainte. Dans le commen-
» cement de cette institution, pour participer
» aux grâces qui y étaient attachées, il fallait
» aller les chercher à leur source même et faire
» le pélérinage de Rome. Cette obligation était
» aussi injuste, aussi dangereuse dans ses effets
» que politique et adroite dans son objet, qui
» était visiblement d'enrichir la cour de Rome
» et ses états, par l'affluence des fidèles qui y
» venaient de toutes les parties du monde ap-
» porter leurs biens temporels aux pieds du
» dispensateur des biens spirituels. Sous
» Alexandre VI, dont le règne eût déshonoré
» les annales même des gouvernements les plus
» despotiques et les plus atroces de l'Asie, on
» compta, dit-on, plus de 300 mille étrangers
» qui allèrent à son jubilé, et qui, en abhorrant
» sans doute les horreurs dont il s'est rendu cou-
» pable, ne le regardèrent pas moins comme la
» source d'où découlaient légitimement les bien-
» faits de l'église dont il était le chef. Aujour-
» d'hui les choses ont changé ; et les indulgences
» se gagnent avec moins de fatigues et de dan-
» gers. Le souverain pontife autorise, par une
» lettre circulaire, tous les évêques à ouvrir,
» chacun dans son diocèse, ces distributions édi-
» fiantes, et c'est ce qui a eu lieu successivement

» dans les diverses contrées catholiques, comme
» on en est informé par les papiers publics. »

Cependant, Milord, si cette institution prive les profanes de certains jours de spectacles, elle y supplée par d'autres qu'elle leur procure. Le coup-d'œil des processions offre à des yeux philosophiques des objets dignes de leur curiosité. J'y admire l'insolence des prêtres se promenant en triomphe, et l'humilité des fidèles tout honteux de leur rôle. Quelques-uns entre ceux-ci se distinguent par leur hypocrisie, d'autres par un luxe qui les suit jusque dans cet acte d'abjection. J'aime ces bedauds affairés, dirigeant, prescrivant l'ordre et la marche. Les suisses m'effrayent, au contraire, par leur aveugle brutalité : ils marchent toujours comme en pays ennemi; prêts à terrasser quiconque ne se prête pas facilement à leur passage. Les porte-bannières ont une audace qui ne fléchit en aucun cas. Malheur à deux qui se rencontrent! L'étiquette de l'église n'est pas moins tracassière que celle des cours; et plus d'une fois on a vu ces promenades pieuses dégénérer en combats véritables. Aussi n'est-ce pas un petit soin que celui d'arranger les marches de toutes les processions, pour qu'elles ne se troublent, ne s'embarrassent, ne se croisent point, et ne fassent pas rire les impies par des scènes sanglantes.

Ces jours derniers je remarquai un magistrat

qui suivait une procession avec l'appareil auguste d'un chef de compagnie. Surpris de cette rencontre je demandai son nom. On me répondit que c'était M. de la Bourdonnais, le premier président du grand conseil, personnage très-pieux, très-assidu aux exercices spirituels relatifs à ce temps de pénitence. J'admirai sa dévotion ; mais j'observai qu'une compagnie dont le chef pouvait vaquer librement à tant de pratiques minutieuses, n'avait, sans doute, pas de grandes occupations.

Par une condescendance bien louable du ministère pour notre amusement, M. l'archevêque de Paris n'avait pu gagner un autre point qu'il sollicitait ; c'était de faire fermer les portes du bois de Boulogne pendant les jours saints. C'est une promenade où, dans la cessation générale des spectacles, se rendent en concours très nombreux, les filles les plus élégantes de cette capitale, les aimables libertins de la cour et de la ville. Le bruit qui avait couru de cette interdiction n'avait fait qu'irriter davantage la curiosité, et donner plus de vogue au lieu du rendez-vous, qu'on appèle *Longchamp*, à cause d'une abbaye de ce nom, où l'on allait autrefois entendre de belles voix à ténèbres. Il n'est plus permis d'entrer dans l'église, ce dont on se passe bien, et l'on circule en carosses sur plusieurs files. C'est ordinairement là où les grands, les petits-maîtres opulents produisent leurs maîtresses, leurs chevaux et leurs voitures nouvelles, et c'est à qui fera le plus admirer son goût et sa magnificence.

Le concert spirituel a fait encore diversion à l'ennui de la semaine sainte. C'est un théâtre où vièrent briller les divers virtuoses des deux sexes, admirés chez l'étranger, et curieux de s'acquérir une célébrité en France. J'y ai entendu cette année un castrat nommé *Piozzi*, qu'on avait annoncé pour le plus fameux après Caffarelli. Les amateurs ont été partagés sur son compte : tous s'accordent à le trouver excellent pour les bouffes, c'est-à-dire pour les ariettes gaies et folâtres des opéras-bouffons ; mais les critiques lui reprochent de n'avoir pas le ton du sentiment, et je suis de leur avis.

Ce qui m'amuse surtout durant ce temps-ci, ce sont les déclamations du clergé contre les philosophes. Il est vrai que le saint-père leur a donné l'exemple dans sa bulle par ce paragraphe remarquable :

« Après avoir répandu, dit-il, de toutes parts
» les ténèbres de leur impiété, et comme arraché
» la religion du cœur des hommes, ces philo-
» sophes corrompus tentent aussi de briser tous
» les liens qui unissent les hommes entre eux et
» avec ceux qui les gouvernent. Élevant leurs

» voix, ils annoncent à grands cris que l'homme
» est né libre, et répètent sans cesse qu'il n'est
» soumis à l'empire de qui que ce soit ; que la
» société n'est qu'une multitude d'hommes igno-
» rants, dont la stupidité se prosterne devant des
» prêtres qui les trompent, devant des rois qui
» les oppriment ; de manière que l'union entre
» le sacerdoce et l'empire, n'est, selon eux,
» qu'une conspiration barbare contre cette pré-
» tendue liberté qui est naturelle à l'homme. Qui
» ne voit pas que de si monstrueuses extrava-
» gances, et tant d'autres délires semblables,
» couverts avec tant d'art, menacent d'autant
» plus le repos et la tranquillité publique, que
» l'on tarde à réprimer l'impiété de leurs au-
» teurs, et qu'ils sont d'autant plus pernicieux
» pour les âmes rachetées au prix du sang de
» Jésus-Christ, que leur doctrine, comme la
» gangrène, gâte de plus en plus ce qui est sain,
» et se glisse dans les académies publiques, dans
» les maisons des grands, dans les cours des rois,
» et, ce qui nous fait presque horreur à dire,
» s'insinue jusques dans le sanctuaire. »

Ce signal a enflammé le zèle général des prêtres, et il a été bientôt suivi par les évêques dans leurs mandements, par les curés dans leurs prônes, par les prédicateurs dans leurs chaires. Enfin M. de Montazet vient de traiter la matière *ex professo*, et nous a donné un ouvrage volumineux et effrayant par son étendue (1) sous le titre imposant d'*instruction pastorale de Monseigneur l'archevêque de Lyon, sur les sources de l'incrédulité et les fondements de la religion*. Je vous l'envoie dans sa nouveauté et vous laisse le soin de le lire et de le juger.

Je voudrais pouvoir y joindre une facétie manuscrite que j'aime autant que ce gros traité, mais dont l'auteur (2) n'a pas voulu me laisser prendre copie. C'est aussi un mandement qu'il suppose donné par un prélat pour la publication du jubilé, et dont je vais vous faire l'analyse, sinon pour votre édification, au moins pour votre amusement. Dans son début burlesque, il commence par peindre au naturel l'état physique et moral de la plupart de nosseigneurs du clergé. Il donne ensuite l'explication du mot jubilé, qui, selon lui, est une annonce d'allégresse, une indication de plaisir, une invitation à une joyeuse vie. C'est à quoi l'évêque exhorte ses paroissiens et paroissiennes, à entreprendre des promenades ensemble, à faire des stations à certaines cha-

---

(1) Il a 464 pages..

(2) M. Dulondel, chevalier de saint Louis, qui était secrétaire des commandements du duc de Penthièvre. Comme son prince passait pour être fort religieux, il ne voulut pas laisser répandre cette facétie, de peur qu'elle ne lui parvînt et ne l'affligeât.

pelles : pélerinages dont s'acquittera sans doute à merveille le sexe dévot et infatigable dans ces sortes d'exercices : mais il réveille l'engourdissement des hommes, plus sujets à broncher, à s'arrêter, à rester sur les dents. Le paradis doit être la récompense de tant de zèle et de persévérance. Vous sentez, Milord, à quelles allusions peut fournir lieu cette allégorie soutenue. L'auteur adroit frise continuellement l'obscénité et l'évite. C'est une des plus jolies choses qu'on puisse voir en ce genre.

On m'a communiqué encore une chanson sur ce sujet dans le même esprit, qui a du sel et de la gaîté. Vous la préférerez aux plats cantiques des missionnaires, qui prétendent qu'il faut servir le Seigneur *in lætitiá.*

Air : *des Fanatiques.*

Du paradis le porte-clé,
 Par bonté paternelle,
Nous accorde un jubilé :
 Courons voir Isabelle.
Mon bonheur sera comblé,
 Si je le fais avec elle.

Comme la même affection,
 Nous dirige et nous touche,
Et qu'à ma dévotion
 Elle n'est pas farouche,
Ma première station
 Sera sur sa belle bouche.

Ensuite j'irai séjourner
　Sur son sein adorable;
Ce sein qui ferait donner
　Les plus grands saints au diable,
Par degrés doit m'amener
　Au bien le plus desirable.

Avant de visiter enfin
　La chapelle du sexe;
Docile au rite romain
　Je verrai son annexe;
Mais dans un si beau chemin,
　Je ne serai point perplexe.

Avec ferveur je poursuivrai,
　Ma dévote carrière,
En certain lieu je ferai
　Ma station dernière;
Et c'est là que j'obtiendrai
　Une indulgence plénière.

Encore un coup, Milord, priez Dieu pour que je ne me laisse point aller à ce que vous appelez à Londres *puérilité*, et ce qu'on nomme ici *édification publique* : à ce que je ne devîene point un *imbécille* suivant vous, et un *saint* suivant les catholiques.

Paris, ce 4 avril 1776.

LETTRE XVI.

Notice curieuse sur Fréron; quelques anecdotes sur sa vie privée; sa mort; son épitaphe.

Je n'ai point voulu, Milord, vous entretenir de ce critique célèbre, et vous parler de sa mort avant d'avoir consulté plusieurs gens de lettres, amis et ennemis, impartiaux encore mieux, mais j'en ai peu rencontré dans ce cas : j'ai surtout questionné ceux qui ont vécu avec lui, afin de recueillir ces anecdotes précieuses dont vous êtes si curieux, qui font le charme des mémoires particuliers, et qu'on ne peut espérer de trouver dans des écrits vagues sous le nom d'éloges (1), ou dans des satires que dictent la

---

(1) Il paraît tous les ans depuis 1766, un ouvrage intitulé : *Le Nécrologe des hommes célèbres de France, par une société de gens de lettres.* On sent bien qu'un écrit périodique s'imprimant sous les yeux de la police, ne peut contenir mille particularités que tant de gens sont intéressés à supprimer pour ou contre. D'ailleurs il paraît que les rédacteurs ne se donnent aucun soin pour rechercher les faits; et c'est moins la notice de l'homme que de ses œuvres déjà connues qu'on y lit.

la vengeance, la haine, l'envie et toutes ces passions basses, toujours triomphantes de la chute d'un littérateur distingué. Voici ce qui m'a paru de plus certain ou de plus vraisemblable entre la multitude de détails qu'on m'a rapportés concernant M. Fréron.

Il était né en 1719 : il avait la manie de se dire gentilhomme. On lui accorde seulement d'être sorti d'une famille honnête. On dit que par sa mère il était allié au nom de Malherbe, titre plus précieux pour un auteur que des lettres de noblesse.

Né à Quimper en Bretagne, il avait le tic, en parlant dans ses feuilles de cette partie du royaume, de dire toujours « ma province » : façon de parler de grand seigneur, qui ne va point à un journaliste, et qu'on lui a reprochée avec raison.

Entré de bonne heure dans la *Socité de Jésus*, il en sortit au bout de quelques mois. Suivant une remarque non moins honorable pour cet ordre que pour ses élèves, il lui resta toujours attaché : il n'y avait point d'écrivain jésuite qui n'eût droit à ses éloges. Il est vrai que la politique pouvait entrer autant que la reconnaissance dans sa conduite.

Dans le nombre considérable de membres qui sortaient des jésuites, on en voyait peu passer tout-à-coup de cette souquenille grossière à la décoration d'un petit-maître élégant : ils restaient quelque temps dans le travestissement d'abbé, comme pour essayer et s'habituer aux airs du monde. C'est ainsi que vint à Paris M. Fréron, connu d'abord sous le nom d'*abbé Fréron.*

Il s'attacha à l'abbé Desfontaines, autre ex-jésuite qui composait des feuilles. Il fit sous lui son apprentissage et prit enfin son essor par l'annonce d'une brillante correspondance (1); puis il quitta le petit collet et s'intitula *chevalier*, pour se donner un ton, comme beaucoup de provinciaux qui croient ainsi se rendre recommandables dans cette capitale. Cette vanité de jeunesse s'étant évanouie, il devint bon homme et ne fut plus que M. Fréron, ou Fréron; car il tutoyait volontiers et donnait dans le défaut contraire de se trop familiariser.

Ayant été obligé d'interrompre ses premières feuilles par des tracasseries qu'éprouvent souvent ces sortes de journalistes, il prit le parti de se former des appuis distingués propres à le soutenir contre les orages qu'il aurait à éprouver. Il trouva un protecteur dans le roi Stanislas, et conséquemment dans son auguste fille, la reine de France. Ses feuilles reprirent vigueur avec

---

(1) *Lettres de madame la comtesse de* *** *sur quelques écrits modernes*, 1746.

une annonce plus simple (1): mais en se rangeant sous cette double égide, il contracta l'engagement non-seulement de ne s'en point rendre indigne par des liaisons suspectes avec la secte des philosophes qui commençait à prendre consistance, mais à combattre leurs ouvrages de toutes ses forces, ou du moins à les tourner en ridicule, s'il ne pouvait les pulvériser. Ce n'est pourtant pas avec cet air menaçant qu'il s'annonça. Voici son prélude, d'un genre neuf.

« La critique m'apparut dernièrement en
» songe, environnée d'une foule de poètes, d'ora-
» teurs, d'historiens et de romanciers. J'apperçus
» dans une de ses mains un faisceau de dards,
» dans l'autre quelques branches de lauriers.
» Son aspect, loin d'imprimer la crainte, ins-
» pirait la confiance aux plus ignares amants
» des savantes sœurs. Ils osaient l'envisager d'un
» œil fixe, et semblaient défier son courroux.
» La déesse, indignée, faisait pleuvoir sur eux
» une grêle de traits. Quelques écrivains, dont
» la modestie rehaussait les talents, obtenaient des
» couronnes : plusieurs recevaient à la fois des
» récompenses et des châtiments.

» Cette vision, Monsieur, m'a fourni l'idée

---

(1) Sous celui de *lettres sur quelques écrits de ce temps*, 1749

» de ces lettres, où l'éloge et la censure seront
» également dispensés, etc. . . . . . . »

Ce ton modeste et honnête n'était qu'un art de s'insinuer dans le monde littéraire, et de se concilier des lecteurs. Mais le journaliste savait trop bien que pour les conserver il fallait quelque chose de plus piquant. Il avait déjà différents caractères de réprobation qui le devaient rendre odieux à M. de Voltaire : il sortait des jésuites, il avait fait ses premières armes sous son plus cruel ennemi, il s'annonçait comme un écrivain religieux, anti-philosophe. Il n'en faut pas davantage pour juger de ce qui a pu donner lieu à la guerre que ces deux hommes se sont déclarée. Quel a été l'agresseur? c'est ce qu'il est plus difficile de déterminer. Il y a cependant à parier que ce n'est pas M. Fréron, car on voit dans ses premiers essais une vénération pour ce grand poète qui aurait pu le satisfaire, s'il n'eût pas désiré une admiration exclusive. Il faut donc croire que celui-ci ne se trouvant pas assez loué par le journaliste, et ne pouvant supporter la plus légère critique, commença les premières hostilités.

C'est ce qui résulte du moins de plusieurs anecdotes à cet égard, confuses, embrouillées, contradictoires, incertaines. Pourquoi? je ne m'y arrête pas.

Ce qu'il y a de sûr, c'est que M. Fréron ayant commencé ses attaques ne voulut admettre aucune trêve, aucun accommodement. Il n'ignorait pas, suivant une maxime politique, qu'on peut appliquer ici sans une emphase ridicule, qu'un sujet qui a tiré l'épée contre son souverain ne doit jamais la remettre dans le fourreau.

Le journaliste ne tarda pas à éprouver en effet quelle autorité supérieure à lui avait son puissant adversaire, par l'interruption de ses feuilles, arrivée au bout de deux ans pour une cause fort injuste. Voici l'anecdote, elle est intéressante.

On lisait dans une lettre de Fréron (1) le portrait suivant.

« S'il y avait parmi nous, Monsieur, un au-
» teur qui aimât passionnément la gloire, et qui
» se trompât souvent sur les moyens de l'ac-
» quérir; sublime dans quelques-uns de ses écrits,
» rampant dans toutes ses démarches; quelquefois
» heureux à peindre les grandes passions, tou-
» jours occupé de petites; qui sans cesse re-
» commandât l'union et l'égalité entre les gens
» de lettres, et qui, ambitionnant la souverai-
» neté du Parnasse ne souffrirait pas plus que le
» grand turc qu'aucun de ses frères partageât
» son trône; dont la plume ne respirât que la
» candeur et la probité, et qui sans cesse tendît
» des piéges à la bonne foi ; qui changeât de

---

(1) Lettre première, t. VI, 1752.

» dogme selon le temps et les lieux, indépen-
» dant à Londres, catholique à Paris, dévot en
» Austrasie, tolérant en Allemagne : si, dis-je,
» la patrie avait produit un écrivain de ce ca-
» ractère, je suis persuadé qu'en faveur de ses
» talents on ferait grâce aux travers de son esprit
» et aux vices de son cœur. »

Vous voyez que M. de Voltaire n'y étâit nommé ni personnalisé en rien ; que la méchanceté était d'autant plus adroite, qu'on ne pouvait supposer que le peintre l'eût eu en vue, sans convenir de la vérité des traits. Il aima mieux avouer en quelque sorte cette ressemblance, et satisfaire son ressentiment. N'étant point à Paris, il mit en mouvement madame Denis, sa nièce, et obtint une partie de la vengeance qu'il desirait. Mais il en résulta une épigramme plus sanglante que le paragraphe :

La larme à l'œil, la nièce d'Arouet,
Se complaignait au surveillant Malsherbe
Que l'écrivain, neveu du grand Malherbe,
Sur notre épique osât lever le fouet :
Souffrirez-vous, disait-elle à l'édile,
Que chaque mois ce critique enragé
Sur mon pauvre oncle à tout propos distile
Le fiel piquant dont son cœur est gorgé ?
Mais, dit le chef de notre librairie,
Notre Aristarque a peint de fantaisie
Ce monstre en l'air que vous réalisez.

—Ce monstre en l'air ! votre erreur est extrême,
Reprend la nièce : eh ! monseigneur, lisez :
Ce monstre-là, c'est mon oncle lui-même !

Au bout de six mois, M. Fréron eut la liberté de reprendre la plume, et si l'on en croit un pamphlet d'alors (1), il la dut à M. de Voltaire.

---

(1) *Le contrepoison des feuilles, ou lettre à M. de ***, retiré à *** sur le sieur Fréron*. On y lit :
« Bientôt il imagina qu'il fallait se distinguer par une
» entreprise si extravagante, qu'elle fît parler de lui : par
» cette raison là même il s'avisa de déchirer un des plus
» grands hommes du siècle, et s'y attacha avec cette
» opiniâtreté aveugle, qui désigne si bien une basse
» jalousie, la folie outrée d'une concurrence ridicule,
» ou mille motifs que je tais, bien plus condamnables
» encore. Vous vous souvenez, Monsieur, de la seule
» parole de vengeance qui échappa à l'homme illustre
» qu'il persécutait : *que me veut donc le ver sorti du ca-*
» *davre de l'abbé Desfontaines ?* L'autorité supérieure
» avait fait cesser une piraterie aussi indigne : M. de
» Voltaire demanda lui-même qu'on lui rendît sa subsis-
» tance ; le sieur Fréron le sut, et le déchira dans la
» feuille suivante. »

Cependant M. Fréron, dans sa lettre quinzième du n°. 45, déclare hautement qu'il doit le rétablissement de ses feuilles au roi de Pologne. Il pouvait se faire que M. de Voltaire, en habile politique, sentant l'impossibilité de lutter contre ce monarque, eût voulu se faire un mérite auprès de lui d'oublier son ressentiment, et eût fait quelques démarches apparentes de réconciliation.

Ce qui justifie ce que j'ai dit plus haut, c'est qu'il ne fut point la dupe d'une telle générosité, et dès sa première feuille il lança de nouveaux brocards contre ce perfide bienfaiteur.

Pour ne pas mettre un acharnement trop marqué dans cette querelle, et pour varier ses méchancetés, il y enveloppa la plupart des partisans de son adversaire : les encyclopédistes surtout, dont M. de Voltaire devint le chef, fournirent bientôt d'excellentes victimes à ses sarcasmes, soit par l'illustration des personnages, soit par le ridicule auquel ils prêtèrent. En revanche, ceux-ci, pendant plus de trente ans qu'à écrit le journaliste, n'ont cessé de décrier ses feuilles et de travailler sourdement auprès de l'autorité pour les faire supprimer ; et il est inconcevable à quel degré de persécution ils se sont portés contre lui. Je n'entrerai point dans le détail de ces manœuvres clandestines, trop longues à rapporter, mais vraiment intéressantes, dans le récit qu'il en fait lui-même (1), auquel je vous renvoie.

Indépendamment de ces contradictions qu'il éprouvait journellement au milieu des apparences même du plus grand calme, sa liberté était souvent inquiétée, et on lui faisait faire tour à tour

---

(1) Voyez l'avertissement de 1770 et le préambule curieux de 1772.

connaissance avec les diverses prisons de cette capitale, destinées aux beaux-esprits. A juger des autres sujets de captivités successives, auxquelles il a été condamné, par deux qu'on m'a racontés (1), il faut convenir que le ministère se joue ici bien légérement de la propriété la plus précieuse de l'homme après la vie.

En 1760, ce journaliste avait rendu compte d'un *Éloge prononcé par la Folie* (2). Cette plaisanterie était une espèce d'oraison funèbre du marquis de Bacqueville, très-renommé pour ses extravagances, et, qui, tout récemment cette année venait de mourir victime de son opiniâtreté folle à rester dans sa maison qui était en feu. La brochure se vendait publiquement ; le héros n'était désigné que par les lettres initiales de son nom, et M. Fréron avait eu soin de prodiguer au fils des louanges qui pussent mieux faire passer ce qu'il rapportait du père dans son extrait. Mal-

---

(1) Il n'est pas jusqu'à mademoiselle Clairon qui, à raison d'un portrait d'elle, inséré dans la feuille, n°. II, de 1763, quoiqu'elle ne fût pas nommée, exigea que Fréron fût mis au Fort-l'Évêque. Il était malade heureusement, et la reine qu'il eut le temps d'instruire voulut bien le soutenir contre l'actrice ; celle-ci eut peine à se désister, et il fallut négocier beaucoup auprès des gentilshommes de la chambre, parce qu'elle menaçait de quitter si l'on ne lui faisait pas justice.

(2) Dans la feuille XXXIV, pag. 54 et suiv.

gré tant de précautions, ses illustres protecteurs ne purent le dérober au ressentiment du Seigneur offensé, et il fut mis au Fort-l'Évêque.

En 1763, on écrit une lettre à l'écrivain périodique, où l'on lui apprend un trait de bienfaisance, qui m'a fait verser des larmes en le lisant (1). Il ne sent vraisemblablement pas que c'était une censure indirecte de l'étourderie d'un ministre d'alors, qui voulait peupler un continent (2) éloigné, et laissait mourir de faim avant, les malheureuses familles d'étrangers qui se rendaient en France dans l'espoir d'un bien-être chimérique. Il croit devoir enrichir ses feuilles d'une anecdote véritable, plus touchante que les scènes les plus pathétiques des romans les mieux imaginés. M. le duc de Choiseul le trouve mauvais, il fait arrêter M. Fréron, qu'on traîne à la Bastille.

Mais en apprenant ces atteintes multipliées à la liberté d'un citoyen, si j'ai été indigné, Milord, du despotisme du gouvernement, je ne l'ai pas

―――――

(1) Voyez la feuille XXXIV, p. 260 et suiv.

(2) La Guiane, partie du continent de l'Amérique méridionale, que le duc de Choiseul s'était mis en tête de peupler, s'imaginant qu'il allait ainsi réparer la perte des colonies que la France venait d'abandonner aux Anglais par le traité de paix ; on faisait venir alors beaucoup de familles alsaciennes surtout, sans pourvoir à leur subsistance jusqu'à l'embarquement.

moins été de la bassesse de l'écrivain, se soumettant ainsi servilement à être le jouet de l'injustice, du caprice, ou du crédit de quelque homme puissant. Sans doute, s'il eût senti convenablement la dignité de son être, plutôt que de le laisser ainsi dégrader, il aurait préféré l'état le plus dur ou le plus grossier; ou si, entraîné par l'ascendant de son génie, il n'avait pu résister, comme Boileau, à la manie de critiquer et de satiriser, il serait passé en pays propre à le faire, ou du moins il aurait usé de la ressource des presses étrangères, dont se servent habituellement aujourd'hui les écrivains, amis de la vérité et de leur repos.

On ne peut disconvenir que cet auteur s'étant ainsi trop familiarisé avec les châtiments, avait contracté à cet égard une apathie qui l'en faisait rire le premier. Sa manière de se conduire durant sa première détention au château de Vincennes, annonçait alors peu d'élévation et de délicatesse dans l'âme. Pour s'étourdir de son malheur, il se livrait à la passion du vin très-ordinaire à sa nation (1), et se soulait comme un porte-faix dès le matin ; ce qui lui faisait, disait-il, supporter patiemment le reste de la journée. Quelquefois, lorsqu'il avait la liberté d'écrire et de composer,

---

(1) Il est assez plaisant d'entendre un Anglais accuser les Français d'avoir la passion du vin !!

il continuait ses feuilles avec toute la présence d'esprit possible, et se ménageait par-là d'avance de nouveaux moyens de revenir au lieu où il était.

Cette façon de penser sans noblesse et sans énergie le conduisit bientôt à faire de l'art de la critique un métier, à vendre sa plume et ses éloges à qui voulait les acheter. Ainsi, tandis qu'il était décidé d'avance à trouver mauvais tous les ouvrages du parti qu'il avait en tête, il se rendait facile à juger bons tous ceux dont on voulait lui payer un extrait favorable, ou lui faire adopter quelquefois celui de l'auteur même, fourni par l'un et inséré par l'autre sans pudeur. De-là, tant de gens décriés ou prônés avec une égale injustice. Il est vrai que lorsqu'il se donnait la peine de travailler lui-même ces morceaux de haine ou de faveur, il avait l'art merveilleux de rendre plausible son jugement, de saisir le côté le plus propre à prêter pour ou contre, et de persuader un lecteur qui s'en serait tenu à son rapport et n'aurait pas été en garde contre lui, qui n'aurait pas voulu revoir son jugement par la lecture des livres mêmes. Mais si ce talent faisait honneur aux ressources et à l'adresse de son esprit, il dévoilait la corruption de son cœur vil et mercénaire.

Les revenus considérables que lui valaient ses feuilles, l'accoquinèrent à ce métier, très-commode d'ailleurs pour sa paresse; à raison de la facilité qu'il avait de choisir des coopérateurs qui ne lui coûtaient rien. N'ayant pas trouvé assez bon le premier marché qu'il avait contracté avec un imprimeur (1), il en accepta un autre d'un nouvel entrepreneur (2); et comme il sentait la vilainie de ce procédé, il y ajouta la fausseté de paraître renoncer à sa profession : il reproduisit son ouvrage sous un autre titre, et fut quelque temps avant de s'en avouer l'auteur (3). C'est ce titre qu'il a conservé depuis jusqu'à sa mort, et que le continuateur a adopté.

La nouvelle forme de ce journal lui donna encore plus de vogue, et M. Fréron y ayant joint la direction d'un autre (4) dont on était engoué

---

(1) Le libraire Duchesne, qui donnait à M. Fréron dix louis par feuille de ses *Lettres sur quelques écrits modernes*, et trente exemplaires.

(2) Le sieur Lambert, qui lui donnait une augmentation considérable.

(3) Il est question de l'*Année Littéraire*, dont les premiers cahiers parurent au commencement de 1757; M. Fréron disant, imprimant qu'il n'y avait aucune part, et peu après on vit un prospectus intitulé : *Avertissement au sujet du nouvel ouvrage périodique intitulé : l'Année Littéraire, par M. Fréron, des académies d'Angers, de Montauban et de Nanci.*

(4) Le *journal étranger*, auquel présidait M. Fréron en 1745, après M. l'abbé Prevôt.

alors, se vit pendant quelque temps un revenu de près de quarante mille livres de rentes. Heureux s'il eût su mettre à profit ces années d'abondance et se ménager des ressources pour l'avenir! mais il était trop dissipé pour subvenir véritablement à un seul de ces deux ouvrages, à plus forte raison à deux. Il perdit bientôt le dernier, et, quoique le premier se soutînt, par sa négligence et sa partialité il vit diminuer le nombre des souscripteurs, et n'en recueillit pas le même profit. Il lui rendait, sans doute, encore plus qu'il ne lui en fallait pour vivre honorablement, s'il n'eût contracté beaucoup de dettes et n'eût donné dans un luxe ruineux.

M. Fréron était naturellement dépensier et prodigue, il se livrait à des folies auxquelles aurait à peine suffi la fortune la mieux établie. On m'a fait voir pour échantillon un appartement dont il n'était que locataire (1), où il avait dépensé pour plus de trente mille livres en dorures seulement. Il s'était avisé de se faire construire une maison de campagne, où il était allé loger, et qui, quoiqu'à la porte de Paris, lui nécessitait une voiture pour ses affaires, et pendant ce

---

(1) Rue de Seine, chez le sieur Le Lièvre, distillateur et auteur du *Baume de Vie*, qu'à célébré M. Fréron dans une pièce de vers.

temps-là il était accablé de créanciers qui lui faisaient saisir ses meubles.

L'article le plus dispendieux de sa vie était une table ouverte, qu'il avait comme un fermier général, où, à l'exemple de ces financiers, il admettait surtout les flatteurs qui venaient l'encenser et l'amuser. C'était une profusion, un désordre, un gaspillage incroyable. Il est vrai que rien n'était si gai que ses soupers. J'ai vu quelqu'un qui a été pendant long-temps un convive assidu de ces orgies, et qui avoue que c'est le temps le plus heureux de sa vie. En effet, tous étant gens de beaucoup d'esprit, un sot n'aurait pu se plaire en pareille compagnie, et les femmes même qui y étaient admises et en faisaient l'âme, devaient nécessairement avoir une tournure analogue à celle de la société : une bégueule s'en serait exclue naturellement. Il en résultait une liberté qui, sans doute, tenait fort de la licence, mais ne répandait que plus de charmes et de piquant dans les conversations. D'ailleurs chacun s'évertuait à l'envi à imaginer des moyens de rire et de varier les amusements. Dans ces sortes d'assemblées il y a toujours quelqu'un qui est le plastron des plaisanteries, des polissonneries, et c'est là où se sont passées les mystifications d'un auteur qui ne manquait pas de mérite, mais si ignorant et si paîtri d'amour-propre qu'en caressant celui-ci on lui faisait accroire les choses les plus absurdes. Vous en allez juger par un trait que je ne puis me refuser à vous raconter.

Cet auteur, mort depuis, se nommait Poinsinet (1). Un autre, appelé Palissot (2), alors un des collègues de M. Fréron pour la composition de ses feuilles, et qui avait quelque alliance avec le premier (3), sentant quel fonds inépuisable de ridicules acquérait la société en la personne de ce poète, lui fait entendre que le journaliste, admirateur de ses talents, a très-grand desir de faire connaissance avec lui et de l'initier à ses festins, les plus délicieux de Paris. Le petit Poinsinet (4), enchanté, se rengorge et ne demande pas mieux. Le jour est pris : le matin, Palissot arrive chez lui, l'œil morne, la figure allongée : il lui annonce que Fréron est bien malade, qu'il est mourant, mais qu'il n'en veut pas moins que le souper ait lieu ; qu'il prétend lui remettre le sceptre de la critique et de le décla-

---

(1) Il ne faut pas le confondre avec un Poinsinet de Sivry, traducteur des *Odes d'Anacréon*. Le premier est connu par une petite pièce très-ingénieuse, restée au théâtre, intitulée *le Cercle*.

(2) Auteur de la comédie des *Philosophes*.

(3) M. Palissot avait épousé la sœur du Poinsinet de Sivry, cousin de l'autre Poinsinet.

(4) On le qualifiait ainsi pour le distinguer de son cousin.

rer son successeur, en présence de toute la société. Tant de tendresse et une si profonde connaissance de ses talents font couler les larmes de tristesse et de joie des yeux du journaliste futur. Il promet de se rendre à la lugubre cérémonie : il arrive, conduit par son introducteur. Dès qu'on nomme M. Poinsinet, tout le monde se lève et témoigne pour sa personne la plus grande vénération. Il était nuit alors : la chambre, comme celle d'un malade, était très-faiblement éclairée; il a peine à distinguer personne; tout marquait la consternation. Il approche du lit du mourant : un médecin (1) lui tâtait assidûment le pouls et annonçait qu'il n'avait plus long-temps à vivre. Un bruit sourd part en roulant : le docteur explique au candidat ce langage, il dit que M. Fréron lui témoigne sa sensibilité de le voir. Le cœur du jeune poète se serre; il s'attendrit et exprime, autant qu'il peut, sa reconnaissance. Il regardait le visage du moribond, il n'y trouvait aucun vestige de forme humaine. « En quel » état déplorable est réduit ce grand critique en » si peu de temps! » dit-il à l'oreille du médecin. — « C'est un érysipèle hémorroïdal, ré-

---

(1) Un nommé La Coste, qui en faisait le rôle : personnage très-plaisant par son sérieux. On le dit auteur d'une espèce d'*Histoire d'Espagne* qui l'a fait mettre à la Bastille.

» plique celui-ci, accompagné d'un hoquet:
» c'est une bouffissure épouvantable ; ses yeux,
» son nez ont disparu : sa langue embarrassée ne
» peut plus rendre que des sons inarticulés. Je
» puis seul les expliquer, par la grande habi-
» tude que j'ai eue avec lui, et surtout par celle
» de voir des malades de cette espèce ; mais la
» tête est très-saine. » De temps en temps il
partait quelques sifflements que l'interprète lui
rendait, c'était toujours des choses obligeantes
pour M. Poinsinet qui, navré de douleur, ne
répondait que par ses soupirs. Enfin, après quelques minutes de cette conversation entrecoupée,
des sons plus profonds s'étant fait entendre, l'esculape témoigne au poète que le malade, se sentant défaillir, veut l'embrasser, lui donner l'ac-
colade et le faire reconnaître pour l'héritier de
son talent à tous les spectateurs. L'héritier désigné
se courbe et mouille de ses pleurs les joues du
moribond singulièrement gonflées et parsemées
d'une barbe affreuse : « illustre critique, s'écrie-
» t-il, puissé-je remplir dignement l'emploi que
» vous me confiez ! puissé-je mériter les suffrages
» de la respectable compagnie ! puisse votre
» dernier souffle, passant dans mon âme, y trans-
» mettre ce génie puissant qui vous animait ! »
Pendant qu'il prononçait ces paroles, tout le
monde l'avait entouré ; une très-grande clarté
s'était répandue dans l'appartement, et un rire

général ayant éclaté de toutes parts, le mystifié se doute de quelque tour. On approche les lumières ; il regarde, il voit..... Et quoi ? le cul de Fréron, qui était encore arrosé de ses larmes. Celui-ci se lève à l'instant ; il l'embrasse cordialement, et du bon côté. « C'en est fait, lui
» dit-il, grand poète, nous voilà liés d'une amitié
» éternelle ; vous êtes des nôtres. Pardonnez
» cette plaisanterie à un usage établi parmi nous ;
» il n'est point d'initié qui ne subisse une pareille
» épreuve. Purifiez-vous les mains et le visage,
» et allons nous mettre à table. »

Vous trouverez peut-être, Milord, que ce tour, un peu dans le goût jésuitique, n'est pas trop dans celui de la bonne compagnie ; mais vous avouerez du moins qu'il est très-plaisant, et qu'il caractérise la joie singulière de la cotterie de M. Fréron. Ce qu'on pouvait lui reprocher, c'est que cela n'allait point au ton sévère qu'affichait l'aristarque hypocrite dans ses feuilles, se prétendant non seulement le vengeur du bon goût, mais celui des mœurs et de la religion outragée.

Au reste, si sa façon de vivre n'était rien moins que chrétienne, il était croyant, à la manière de tant de fidèles, dont la conduite n'est pas conséquente à la foi, ou plutôt il n'avait pas plus qu'eux assez de vigueur dans la tête pour secouer les préjugés et discuter de sang-froid ce qu'il devait croire ou ne pas croire. En général, il ne bril-

Tome I. 19

lait pas par le raisonnement ; il n'avait point assez de dialectique pour les ouvrages de métaphysique ou même pour ceux qui exigeaient une certaine contention d'esprit ; il n'entendait pas le genre d'analyse : il excellait par le goût, par la critique légère, par la bonne plaisanterie et surtout par l'art de l'ironie qu'il possédait à un degré éminent. C'est ainsi qu'il a désolé tant de graves personnages ineptes à cette sorte de combat, et même M. de Voltaire. En effet, si quelquefois il a jugé celui-ci avec trop de sévérité ou avec méchanceté, au moins y a-t-il mis toujours de la finesse et de la gaîté. Au contraire, il faut convenir que le philosophe de Ferney s'est vengé de son antagoniste avec une fureur, qu'il l'a poursuivi avec un acharnement, et qu'il lui a témoigné en toutes occasions, à tout propos, une haine qui a été portée, s'il est possible, au delà de la bassesse et de la lâcheté. On se rappèlera à jamais le portrait qu'il en a fait dans la pièce de vers intitulée, *le pauvre diable* : portrait qui semble avoir été tracé par la main des furies, plutôt que par celle d'un écrivain qui eût pu n'être que la gloire des lettres et du genre humain, mais qui en est en même temps la honte, par l'usage affreux qu'il a fait de ses talents. Voici le portrait dont il est question, c'est le pauvre diable qui parle :

Je m'accostai d'un homme à lourde mine,
Qui sur sa plume a fondé sa cuisine,

Grand écumeur des bourbiers d'Hélicon,
De Loyola chassé pour ses frédaines,
Vermisseau né du cul de *Desfontaines* (1),
Lâche Zoïle, autrefois laid Giton;
Cet animal se nommait *Jean Fréron*.

On ne voit rien dans tout ce qu'a écrit contre M. Fréron, ce grand poète, ou M. d'Alembert, ou M. Marmontel, ou M. de la Harpe, ou tant d'autres, qui réponde au ton du premier, vraiment du meilleur genre, et celui d'un adversaire supérieur à son ennemi par le sang-froid d'un homme qui se possède, indice presque toujours sûr du côté où est la raison.

Ce qui prouve combien le public éclairé et impartial préférait les sarcasmes de M. Fréron aux injures de ses ennemis, c'est le débit de ses feuilles, qui n'ont éprouvé la diminution des souscripteurs que lorsqu'il les a négligées; c'est la supériorité constante qu'elles ont eue sur plusieurs autres journaux, élevés durant leur règne et anéantis avant son trépas (2). Mais le comble

---

(1) Il faut que M. de Voltaire ait trouvé cette injure bien bonne, car on a vu dans le *Contrepoison des feuilles* qu'il l'avait dite en prose long-temps avant.

(2) M. Fréron cite dans son préambule de 1774, *l'Observateur littéraire*, par M. le Brun; *le Censeur Hebdomadaire* par M. d'Aquin; *la Renommée Littéraire* par M. le Brun; *les Observations sur la Littérature* par l'abbé

du triomphe pour ce critique, c'est la justice que s'est vu forcé de lui rendre M. de Voltaire lui-même. L'anecdote est plaisante. Voici comme M. Fréron la rapporte.

» Un seigneur de la cour de Turin, chambel-
» lan de l'empereur, né avec une grande for-
» tune, qui aime les lettres par goût et non par
» air, M. le marquis de Prié, que je n'avais pas
» l'honneur de connaître, alla voir, il y a dix ou
» onze ans, M. de Voltaire, et passa quelques
» jours avec lui. Avant de le quitter, il le pria
» de lui indiquer à Paris quelqu'un qui pût lui
» donner une idée de tous les écrits qui paraissent
» en France. M. de Voltaire, après avoir rêvé un
» moment, lui dit : *adressez-vous à ce coquin de*
» *Fréron ; il n'y a que lui qui puisse faire ce que*
» *vous demandez.* M. le marquis de Prié, qui
» avait lu toutes les injures littéraires et morales
» dont ce même M. de Voltaire m'a gratifié, témoi-
» gna beaucoup d'étonnement : *ma foi, oui*, répli-
» qua le seigneur de Ferney, *c'est le seul homme*
» *qui ait du goût ; je suis obligé d'en convenir,*
» *quoique je ne l'aime pas, et que j'aye de*
» *bonnes raisons pour le détester.*

On ne peut nier qu'il n'ait eu des coopérateurs d'un grand mérite, et cependant aucun d'eux

---

de la Porte : il y aurait pu joindre *l'Avant-Coureur* par M. de la Dixmerie.

n'avait le talent qui distinguait principalement ce journaliste. L'abbé de la Porte (1), celui qui partageait ses travaux dans le principe, était laborieux, exact, analysait assez bien; mais on lui reprochait de la froideur, de la pesanteur, un style lourd, sans aucune élégance. Dès qu'il voulut élever autel contre autel, il ne put y tenir et tomba. On caractérisait ces deux rivaux par l'épigramme suivante :

> Fréron de la Porte diffère,
> Voici leur devise à tous deux :
> L'un fait bien, mais est paresseux ;
> L'autre est diligent à mal faire.

L'abbé du Port du Tertre (2) n'était bon que pour débrouiller le chaos des livres volumineux ; mais sans grâces et sans saillies, il était incapable d'aider M. Fréron sur les objets de littérature légère. M. Palissot était celui qui lui aurait le mieux convenu ; encore sa méchanceté était-elle trop marquée ; il ne savait point se jouer de ses victimes comme son maître. M. Dorat pouvait fournir des pièces fugitives, quelques lettres agréables, les extraits de ses propres œuvres ;

---

(1) Ex-jésuite aussi.
(2) Autre ex-jésuite, auteur de plusieurs ouvrages morts avant lui, entre autres d'une *Histoire Générale des Conjurations, Révolutions*, etc.

mais trop fécond d'ailleurs pour son compte, trop paresseux pour celui d'autrui, il n'a jamais été d'une grande utilité au journaliste. On m'a parlé encore d'un M. Gastel Dudoyer, bon logicien, excellent pour dépecer un livre et en rendre les détails, verbeux cependant et ne sachant pas se résumer et se réduire, d'ailleurs sans gaîté et sans finesse dans la raillerie.

Autre chose qui vous étonnera, Milord; c'est que cet aristarque si redoutable, que ses ennemis désignaient des qualifications les plus odieuses, avait la simplicité d'un enfant, était l'homme le plus doux dans la société. On était tout étonné, en le voyant, de le trouver si opposé à l'idée qu'on s'en était formée, et qu'on prend assez naturellement d'un censeur quelconque, même littéraire. Un jour un de ses amis se proposa de faire revenir sur son compte une femme de considération (1) qui, à force d'en entendre mal parler, se le représentait comme une espèce de monstre. Il le mena dîner chez elle sous un nom emprunté; elle le jugea charmant. On fit tomber exprès la conversation sur le folliculaire, et il fut le premier à rire à ses dépens de la meilleure grâce du monde. Quand la farce eut été bien jouée, et que la maîtresse de la maison se fut

---

(1) Feue madame la présidente d'Aligre.

engouée de l'inconnu au point de l'engager à revenir souvent la voir, un tiers, auquel on avait donné le mot, entra comme pour rendre une visite, et après les premiers compliments s'écria : « comment, monsieur Fréron, chez vous, Madame ! Je vous félicite d'être revenue de votre antipathie, vous n'aurez pas lieu de vous en repentir et vous y gagnerez, au contraire, un commensal très-aimable. » Cette femme fut si étourdie un moment de la supercherie, qu'elle eut presque envie de se fâcher : puis usant de l'esprit qu'elle avait, et revenant à la raison : *ma foi*, dit-elle à l'étranger, *fussiez-vous le diable ou Fréron, je ne puis m'empêcher de vous rendre justice et de vous aimer beaucoup. Je vous remercie même de la leçon : vous m'apprenez à ne point juger sur parole, à n'avoir ni préjugé ni prévention.*

Ce qui faisait préférer dans la société M. Fréron à beaucoup d'autres gens de lettres, c'est qu'il en prenait le véritable esprit ; qu'il ne cherchait point à y briller par des saillies, des bons mots, des digressions étrangères ; en un mot, qu'il n'y était point auteur, mais homme du monde, aimant le vin, les femmes et le jeu, comme s'il n'eût été dominé que par ces trois passions durant sa vie. Les Muses cependant ne lui étaient pas moins chères ; elles faisaient partie de son existence, et si les circonstances l'ont déterminé à prendre comme un métier l'emploi de journaliste, ce n'était nullement qu'il fût incapable de s'occuper par lui-même et de produire de son propre fond. Indépendamment des *Essais* (1) qu'il a donnés en divers genres, de très-jolies pièces de vers de sa composition qu'on trouve dans ses feuilles, on juge à sa manière, à son style, à la fécondité de ses tournures, à la variété de ses préambules, qu'il ne manquait pas d'invention ; qu'il avait une imagination riche et brillante, qui rendait souvent son langage trop animé, trop figuré, le seul défaut peut-être qu'on puisse lui reprocher.

M. Fréron avait le travail lent, et il en convint lui-même (1). Peut-être ce défaut était-il une suite de la conformation de ses organes. L'esprit s'était développé tard chez lui, et il contait là-dessus une anecdote dont se seraient bien égayés les encyclopédistes, disait-il en riant, s'ils l'avaient sue. Il rapporte que ses parents n'en pouvant rien tirer durant ses premières années, avaient pris le parti, soit pour l'employer à quelque chose, soit pour lui faire honte et aiguillonner son amour-propre, de le placer dans

---

(1) On les trouve dans trois volumes d'opuscules de cet auteur.

(1) Dans le préambule de *l'Année Littéraire*.

la basse-cour sur son petit fauteuil, une verge à la main, de lui donner la direction des dindons, et de l'assimiler en quelque sorte par sa puérile royauté à cette volatile ignoble et stupide.

Une circonstance de la vie de cet aristarque, qui, sans lui imprimer la flétrissure dont on voulait le couvrir, le rendra mémorable à jamais, si ses critiques s'oubliaient, c'est d'avoir été joué en plein théâtre dans la comédie larmoyante ou le drame de M. de Voltaire, intitulé *l'Écossaise*, espèce de récrimination contre la pièce des *Philosophes*, bien injuste, puisqu'elle ne portait pas sur l'auteur (1) de cette autre abomination, deux ouvrages qui feront à jamais la honte d'un siècle aussi poli. Dans le premier, le journaliste était d'abord désigné par le mot *Frélon*; on l'a depuis converti en Anglais par celui de *Wasp*. Les uns regardèrent comme un trait de courage, les autres comme un trait d'impudence qu'il eût assisté à la première représentation de cette satire personnelle, où l'on lui faisait jouer le rôle d'un coquin, du plus bas scélérat, peint d'un seul trait par cette expression, passée en proverbe : *j'en jurerais, mais je ne parierais pas.* Il en rendit compte aussi dans ses feuilles, et avec une modération qui aurait pu lui faire honneur, s'il

---

(1) Le sieur Palissot.

l'eût toujours eue avant et après en parlant des ouvrages de ses ennemis. On ne la mit que sur le compte d'un amour-propre adroit, réfléchi et sachant se posséder pour se venger mieux.

Quoi qu'il en soit, les comédiens qui lui en voulaient aussi, excités par mademoiselle Clairon qui, lorsque *l'Écossaise* fut jouée, dominait dans le tripot et le gouvernait, qui, liée avec M. de Voltaire et quelques encyclopédistes, avait pris parti contre le journaliste, et s'était attiré des critiques vives de sa part, ne furent pas fâchés de trouver ainsi une occasion de l'humilier. Lorsqu'ils avaient à se plaindre de lui pour s'être égayé sur le compte de l'un d'eux, ils affichaient *l'Écossaise* pour le lendemain du jour où avait paru la censure, et ils appelaient cela *donner le fouet à Fréron.*

Quelque stoïcisme qu'il affectât contre tant d'avanies, quoiqu'il cherchât à s'en distraire par la vie la plus dissipée ; que cela ne parût prendre en rien sur sa santé, en ce qu'il redoublait de coloris et d'embonpoint, il est difficile qu'il n'en résultât pas beaucoup d'amertume sur sa vie. Cependant il paraît que son inconduite a été le principe de sa mort. Il était abîmé de dettes, poursuivi par ses créanciers ; ses meubles étaient saisis, il se voyoit à la veille d'être réduit sur la paille, lorsqu'il apprit dans le même temps que M. de Malesherbes, harcelé par ses détracteurs, par les encyclopédistes et par la cabale de M. de Voltaire, était déterminé à supprimer ses feuilles pour 1776 (1). Il reçut cette nouvelle à la comédie : il avait copieusement dîné selon sa coutume. Cela lui fit une révolution dont il eut une indigestion mortelle. Sa femme (2) était allée à Versailles, solliciter et parer le coup ; elle avait mis ses protections en mouvement (3) et réussi, lorsqu'à son retour elle trouva son mari mort. Je ne connais que cette épitaphe-ci singulière :

> Ci gît Fréron, et le diable en enrage,
> Il ne veut pas qu'il y soit davantage !

Il laisse plusieurs enfants, entre autres un fils, âgé d'environ vingt ans, qui s'escrime déjà en littérature. On a vu de ses contes dans l'*Almanach des Muses*. On s'accorde à dire que le privilège des feuilles lui est promis, mais il est hors d'état de remplacer actuellement son père, et l'on parle d'un abbé Grosier, ex-jésuite, que

---

(1) Quoi qu'en mars 1776 il n'eût pas encore fini l'année 1775.

(2) La seconde. Il avait été marié deux fois.

(3) Il avait perdu successivement le roi Stanislas, la reine, feu M. le dauphin, son auguste épouse, le chancelier. Il n'avait plus de protections que dans mesdames et le parti des dévots, bien faible en ce moment.

M. Fréron avait envie de s'associer, qui lui servira d'instituteur, de guide, et tiendra la plume. C'est un critique savant, faisant très-bien un extrait, écrivant purement, entendant à merveille la discussion, mais dont la plume n'a ni la légéreté, ni le brillant, ni le sel de l'aristarque, regrété à juste titre par les partisans du bon goût et de la saine littérature, et surtout par les malins qui aiment à rire.

Paris, ce 6 mai 1776.

LETTRE XVII.

Épître aux calomniateurs de la philosophie.

Dans ma lettre sur le jubilé, Milord, je vous ai parlé de la fureur incroyable avec laquelle tout le clergé, depuis le Souverain Pontife jusqu'au dernier clerc, s'était déchaîné contre la philosophie et les philosophes. Le despotisme des prêtres ne subsistant que par l'erreur, la soumission et l'aveuglement, ils ont profité de la circonstance pour chercher à ramener sous leur joug tant d'esprits que la clarté des lumières répandues depuis trente ans en avait écartés, pour contenir du moins ceux que l'ignorance, la crainte ou la superstition y enchaînaient encore.

Cette fois-ci, les philosophes, las d'ergoter contre eux, et ne pouvant que répéter tant d'excellents raisonnements multipliés en tous sens, dans cette foule de livres, formant une bibliothèque entière, au lieu de répondre par une dissertation en forme, ont confié leur défense à un poète. Ils ont cru que le bon sens, embelli des charmes d'une imagination riante, n'en aurait que plus de pouvoir ; qu'ainsi mis à la portée des gens les plus frivoles et les plus inconséquents, il produirait plus d'effet que les diatribes des Duplessis et des Brideines (1). C'est sans doute ce qui a donné naissance à l'ouvrage que je vous annonce, intitulé, *Epître aux calomniateurs de la Philosophie;* il est précédé d'un épigraphe tirée de M. d'Alembert :

Dans tous les temps le fanatisme ne s'est piqué ni d'équité ni de justesse. Il a donné à ceux qu'il voulait perdre, non pas les noms qu'ils méritaient, mais ceux qui pouvaient leur nuire le plus.

Il a vraisemblablement été composé sous les auspices du ministère. Par malheur tous les éloges prodigués à M. Turgot et à ses opérations, ne lui peuvent plus servir de passe-port (2). Et si même malgré cette protection, il ne se vendait encore que sous le manteau, jugez, Milord, du danger de lui donner aujourd'hui l'essor trop publiquement. Il faudra, comme ci-devant, suivant l'expression énergique de l'auteur, continuer à *faire entrer la raison en contrebande dans Paris.*

------

(1) Fameux missionnaires dans leur temps, l'un jésuite et l'autre lazariste.

(2) M. de Malesherbes venait de donner sa démission et M. Turgot d'être disgracié.

C'est un problème de savoir qui a composé cette épître. On l'attribue à trois poètes principalement, MM. Saurin, Marmontel et de la Harpe. On y trouve la force et la dureté du premier. Le second, comme ayant sa propre querelle à venger (1), semblerait devoir y avoir le plus de part. On croit pourtant avec plus de vraisemblance qu'elle est du dernier; que c'est une espèce de chef-d'œuvre qu'il a dû faire, un hommage qu'il a voulu rendre à la secte encyclopédique avant d'être admis à l'Académie Française (2). On nomme encore pour auteurs de cet ouvrage, MM. Thomas, l'abbé Delille et même M. de Voltaire. Vous choisirez après l'avoir lue. Comme elle est excessivement rare, je vous l'envoye en entier. Vous y trouverez une foule de beaux vers, beaucoup de chaleur, des morceaux pittoresques, mais surtout une raison exquise, une logique pressante, et vous admirerez avec quel art le poète a pu allier tant de qualités opposées. C'est un des écrits les plus propres à faire honneur à la philosophie, à prouver qu'elle n'est point ennemie des Muses et des

---

(1) A raison de son Bélisaire, qui pensa le faire rayer de l'académie, et qui lui nécessita l'humiliation d'une rétractation.

(2) On assurait qu'il serait élu ce jour-là

Grâces, et qu'elle sait jouer avec elles sans s'écarter de sa dignité.

J'ai ajouté des notes à quelques endroits de l'epître qui avaient besoin d'être éclaircis, et je me suis permis quelques critiques, quelques observations dans d'autres, pour voir si nous serions d'accord. Au reste, je ne doute pas qu'elle ne fasse fortune chez nous et qu'elle ne soit bientôt traduite en notre langue, si elle y est connue. Elle est véritablement dans le génie anglais, et saupoudrée d'invectives contre les prêtres et les théologiens, qui lui donneront un merveilleux véhicule dans les pays protestants. Adieu, Milord; félicitez-moi d'avoir échappé au jubilé, et d'avoir conservé ma raison dans le délire général. Je vous embrasse.

Paris, ce 13 mai 1776.

Épître aux calomniateurs de la philosophie.

Vous, dont la rage plaît aux sots qu'elle édifie,
Impuissants ennemis de la philosophie,
Le public à la fin est las de tous vos cris,
Assez il a souffert que dans vos plats écrits,
Votre audace mêlant le mensonge aux outrages,
En style ridicule insultât à des sages.
Le bon sens, à vous croire, est un crime d'état,
On ne peut raisonner sans être un scélérat.

Mœurs, lois, tout est perdu; c'en est fait de la France,
S'il faut qu'impunément un philosophe y pense.
A peine souffrez-vous qu'un télescospe en main,
Aux comètes la Lande (1) enseigne leur chemin,
Et qu'à travers son voile épiant la nature,
Buffon de l'univers révèle la structure.
Enfin, si vous osiez, on vous verrait au feu
Jeter publiquement et Locke et Montesquieu,
Et brûlant à la fois de zèle et de colère,
Étrangler d'Alembert et tenailler Voltaire.

Je sais tous leurs forfaits. Ils ont l'impiété
D'oser, pour braver Dieu, l'accuser de bonté;
Et, croyant lâchement qu'à l'erreur il pardonne,
Ils estiment des gens damnés par la Sorbonne.
O scélérat Titus ! ô coquin de Trajan (2) !
Vous, morts sans sacrements, vous, vrais fils de Satan,
Ils doutent qu'aux enfers sa main velue et croche
Ait, pour l'éternité, mis votre âme à la broche.
Ce n'est pas tout encor. Pour comble de noirceur
Ils conseillent la paix, ils prêchent la douceur;
Ils voudraient, les méchants ! que de son sang avare,
L'homme devînt enfin moins sot et moins barbare;
Et, fût-il archevêque et duc et sénateur,
Ils déclarent la guerre à tout persécuteur.
Vous qui, pour plaire à Dieu, versez le sang profane,
Bourreaux du saint office, assassins en soutane,
Ils veulent affranchir l'Espagne de vos fers;
Ils prétendent un jour, détrompant l'univers,

---

(1) Membre de l'académie des sciences, astronome le plus à la mode, tant qu'il vécut, par ses assertions hardies.

(2) Assertion du livre de *Bélisaire*.

A votre main sanglante arracher vos victimes ;
Vos sacrifices saints à leurs yeux sont des crimes ;
Votre zèle céleste, ils l'appèlent fureur,
Et vous, et vos bûchers, ils vous ont en horreur !

Encor, si leur seul crime était la tolérance,
Ils pourraient de leur grâce avoir quelque espérance.
Mais contre eux sans relâche en vain vous aboyez,
En vain dévotement vous les calomniez,
Leur oreille stoïque est sourde à vos injures ;
Sur les quais, sans les lire, ils laissent vos brochures,
Et, tout pleins d'un mépris qu'ils ne peuvent céler,
A peine daignent-ils seulement vous siffler.
Contre eux, après cela, seriez-vous sans rancune ?
De leur gloire d'ailleurs l'éclat vous importune.
Vous êtes indignés que traversant les mers,
Leur nom, partout fameux, remplisse l'univers.
L'Europe entière, hélas ! lit l'encyclopédie,
Dans les deux continents, Zaïre est applaudie ;
Et vos tristes écrits, de vous seuls admirés,
Dans un coin chez Chaubert (1) pourissent ignorés !

L'envie est un secret qu'on avoue avec peine,
Aussi d'autres motifs parez-vous votre haine ;
Contre eux, à vous ouir, vous n'avez tant de fiel,
Vous ne les déchirez que pour venger le ciel.
Lâches persécuteurs ! quand les enfants d'Ignace,
De Châtel aux forfaits encourageant l'audace,
Par son bras trop docile osaient frapper leur roi ;
Quand d'assassins gagés, pleins de rage et de foi,

---

(1) Imprimeur des ouvrages d'*Abraham Chaumeix* contre l'Encyclopédie.

Dans le sein des Français Charles (1), guidant les armes,
Fit couler sous leurs coups tant de sang et de larmes ;
Quand d'Oppède (2) excité par un prêtre inhumain,
Embrasait Mérindol, un missel à la main ;
Quand, martyrs insensés de leurs graves chimères,
Las de déraisonner, Ariens, Trinitaires,
Soldats catéchisants, prédicateurs armés,
Par la Sottise en mître au carnage animés,
Sur les corps palpitants des enfants et des femmes,
Au milieu des débris de leurs temples en flammes,
L'un sur l'autre acharnés, tour à tour s'égorgeaient,
Ils pensaient tous venger le ciel qu'ils outrageaient !

Mais sans chercher si Dieu, doutant de sa puissance,
Se repose sur vous du soin de sa défense,

---

(2) Charles IX.

(1) Jean Meynier, baron d'Oppède, premier président au parlement d'Aix, fit exécuter en 1545, par un zèle qui parut excessif, l'arrêt rendu contre les Vaudois, le 18 novembre 1540, qui condamnait 19 de ces hérétiques à être brûlés, et ordonnait que toutes leurs maisons de Mérindol seraient entièrement démolies, aussi bien que tous les châteaux et tous les forts qu'ils occupaient. Mais après cette exécution, la dame de Cental, dont les villages et les châteaux avaient été brûlés et désolés, en demanda justice au roi. Henri II ordonna que cette affaire serait jugée par le parlement de Paris. Il n'y eut jamais de cause plus solennellement plaidée ; elle tint cinquante audiences consécutives, et Louis Auberi, lieutenant civil, qui fit en cette cause la fonction d'avocat général, ayant parlé pendant sept audiences, et conclu peu favorablement au président d'Oppède, celui-ci se défendit avec tant de force par son excellent plaidoyer, qui commence par ces mots : *Judica me Deus, et discerne causam meam de gente non sanctâ*, qu'il fut renvoyé absous ; mais Guérin, avocat général, qui avait donné trop de licence aux soldats, eut la tête tranchée en place de Grève. Le président d'Oppède mourut quelques années après en 1558. Cette note est tirée du dictionnaire de l'abbé l'Advocat, docteur et bibliothécaire de Sorbonne.

Si des cuistres crasseux qui l'osent protéger,
Sont, par brevet du ciel, commis pour le venger,
Pourquoi, calomniant ses plus parfaits ouvrages,
Parmi ses ennemis rangez-vous tous les sages?
Les prêtres de tout temps se sont moqués de nous.
L'un, en digérant Dieu qu'il fait pour quelques sous,
Un psautier à la main, quand le beau temps l'ennuie,
Vous promène son saint pour avoir de la pluie.
L'autre, de vos péchés vous promet le pardon,
Si vous allez, tel jour, bâiller à son sermon.
Ici l'on ensorcèle, et là l'on exorcise.
Le sage, j'en conviens, rit de tant de sottise.
Mais pour n'être pas dupe est-on donc sans pitié?
Le ciel n'est-il chéri que du moine hébété,
Qui pense qu'aux Chartrains (1) pour orner leur église,
Marie a de Judée envoyé sa chemise?
Comme Athée obstiné faut-il jeter au feu
Quiconque ne croit pas que, député par Dieu,
Un pigeon distinguant Saint-Remi dans la foule
Lui vint jadis à Reims porter la sainte ampoule?

Lorsque, dans ses écrits, un intrépide auteur,
Armé de la raison, fait la guerre à l'erreur,
On ignore pourquoi la Sorbonne irritée
Soudain en plat latin vous le déclare athée.
C'est que ce nom fatal peut le rendre odieux;
Elle croit qu'à ce mot des juges furieux,
Aveugles instruments de sa jalouse rage,
Vont par dévotion vous décréter un sage.
Précepteurs des humains, voilà quels sont les coups
Que toujours des cagots vous porta le courroux!

---

(1) On montre dans la ville de Chartres une chemise de la Vierge.

Leur foi, leur piété, le zèle qu'ils étalent,
C'est par la barbarie, hélas! qu'ils les signalent;
Et poursuivant nos jours au nom de l'éternel,
A leurs lâches fureurs ils font servir le ciel!
De Platon dans les fers ainsi périt le maître;
Ses vertus contre lui déchaînèrent un prêtre,
Un fripon d'Anitus, Riballier (1) de son temps,
Qui pour Cérès alors persécutait les gens.
Ce fut en le traitant d'impie et d'hérétique
Que d'ignorants en froc un sénat fanatique
Fit traîner Galilée au fond d'un cachot noir :
Quel était donc son crime? Il avait osé voir
Qu'à la loi qui l'entraîne en tous les temps docile,
La terre tourne autour du soleil immobile.
Que Jean George (2) voudrait, dans les murs de Paris,
Aussi par des bourreaux enchaîner les esprits!
Que le meurtre et le sang charment sa barbarie!
Qu'il bénirait le ciel si, servant sa furie,
Thémis, par un arrêt aux sciences fatal,
Se vouait à l'opprobre en proscrivant Raynal (3)!
Mais le savoir encor craindrait-il la justice?
D'Aligre (4) serait-il juge du saint office!
Raison! ton jour nous luit; nos yeux sont dessillés;
Un sage est près du trône : hypocrites, tremblez.

---

(1) Docteur et syndic de Sorbonne, le grand antagoniste de M. Marmontel, qui dénonça et fit proscrire son *Bélisaire*.

(2) Le Franc de Pompignan, ancien évêque du Puy, alors archevêque de Vienne. On l'accusait d'avoir fait publier au prône dans le temps du Jubilé, *que tout philosophe était ennemi des rois*.

(3) L'abbé Raynal, auteur de l'*Histoire philosophique de l'établissement des Européens dans les deux Indes*.

(4) Premier président du parlement de Paris.

« Eh bien ! me dites-vous, en dépit de ce sage,
» Les Bourbons méconnus perdront leur héritage,
» Leurs jours sont menacés, leur pouvoir est détruit,
» S'il faut qu'en France encore on souffre un homme instruit.
» Ces monstres dont l'esprit à l'étude s'applique,
» Qui prétendent savoir ce qu'ils nomment logique,
» Moins ennemis encor de Dieu que des mortels,
» Ne bornent pas leur rage à briser les autels ;
» Leurs cris séditieux, soulevant nos provinces,
» Appèlent les poignards dans le sein de nos princes :
» Louis, en vain chez lui de gardes escorté,
» Sur son trône contre eux n'est pas en sûreté. »
Je vois bien votre erreur. Vous prenez pour des sages
Ces dévots écrivains (1) dont les pieux ouvrages
Apprènent dans quels cas, pour le bien de la foi,
On doit en conscience assassiner son roi.
Vous imputez la ligue à la philosophie,
Vous croyez qu'à penser passaient toute leur vie
Ces docteurs qui, vendant et la France et leurs voix,
Armaient, par un décret, Paris contre Valois.
Allez, sous quelques traits que vous osiez les peindre,
Des apôtres du vrai, Bourbon n'a rien à craindre.
Éclairer les sujets n'est pas trahir les rois.
Les rois ont des devoirs, les nations des droits :
Sans attenter au trône, on peut les en instruire.
A leur prince, bon Dieu, les philosophes nuire !
Forment-ils sous les lois d'un autre potentat,
Étrangers en tous lieux, un état dans l'état (2) ?

---

(1) Ceci a rapport au livre des *Assertions* extraites des casuistes des Jésuites.

(2) Ceci a rapport encore au régime des Jésuites, qui ne reconnaissaient pour chef que leur général à Rome.

L'indépendance est-elle un de leurs priviléges (1)?
Placent-ils leur monarque au rang des sacriléges,
Alors que, les taxant par un édit nouveau,
Il leur fait des impôts partager le fardeau?
Ingrats envers l'état, à leur maître inutiles,
Ne veulent-ils l'aider que par des vœux stériles?
Osent-ils l'asservir au joug d'un étranger?
Ont-ils prêché partout que l'on doit l'égorger,
Quand, pour entendre et voir, ne consultant personne,
Sans eux il doute ou croit, et sans eux il raisonne?
Quoi ! de lui leur esprit les ferait redouter !
Quand Riballier sait tout, ils ne pourraient douter,
Sans outrager des rois la majesté suprême !
Quoi, la raison serait funeste au diadême !
L'intérêt d'un monarque est-il d'être ignorant?
Est-il d'autant plus riche, est-il d'autant plus grand,
Qu'aux préjugés livré son peuple est plus stupide?

Je sais que maint docteur savamment vous décide
Qu'au peuple un roi sensé doit bien boucher les yeux ;
Que c'est en l'aveuglant qu'il le conduira mieux ;
Que la sottise rend les sujets plus dociles,
Et qu'on n'est absolu que sur des imbécilles.
« Un peuple, disent-ils, est-il bien hébété,
» Jouet d'un fourbe en froc, d'un derviche effronté,
» De leurs pieds en tremblant il court baiser la poudre ;
» Du ciel entre leurs mains il pense voir la foudre ;
» Et, par l'absurdité croyant honorer Dieu,
» N'ose de sa raison user sans leur aveu.
» Là, pourvu que le prince achète leur suffrage,
» Iniquité, parjure, et meurtre et brigandage,

---

(1) Toute cette tirade regardait les prétendues immunités du clergé, qui n'était point imposé, et ne donnait qu'un don gratuit, etc.

» Il peut permettre tout à son ambition,
» Tout tyran qu'il sera, sa sotte nation,
» Même en le détestant, lui restera fidèle.
» Maître d'eux par son or, par eux seuls il l'est d'elle. »
Bon ! mais de ces caffards, esclave et non pas roi,
Leur orgueil humblement peut lui faire la loi.
Il faut que d'un Iman sur son trône il dépende,
Il ne régnera pas qu'un muphti ne lui vende
Du ciel qu'il fait mentir et la voix et l'appui ;
Et si de ses bienfaits ils s'arment contre lui,
Si, châtiant enfin sa sottise dévote,
Ils veulent asservir son sceptre à leur marotte ;
Par leurs absurdités s'ils divisent l'état,
Par quel bras fera-t-il punir leur attentat ?
Qui seront ses vengeurs ? Est-ce un peuple stupide
Dont leur ordre est la loi, leur volonté le guide,
Qui confondant ensemble un bonze et l'éternel,
S'il osait les toucher, se croirait criminel ?
Aussi, de leurs complots spectateur immobile,
Il faut encor qu'il cache une rage inutile.
Par eux impunément il se laisse outrager ;
Ou si, las de leur joug, il ose se venger,
Aussitôt sur sa tête ils lancent l'anathême,
Ils courent à l'encan mettre son diadême :
Le voilà par leurs voix proscrit au nom de Dieu ;
Son peuple est révolté ; son royaume est en feu ;
Ses gardes, ses soldats, la cour qui l'environne,
Femme, enfants, serviteurs, amis, tout l'abandonne ;
Et quand, par l'intérêt à sa perte animés,
Pour ravir ses débris, vingt rivaux sont armés,
Tandis que l'on s'égorge, errant de ville en ville,
Sans appui, sans espoir, sans états, sans asyle,
Poursuivi par l'effroi, sa rage et ses bourreaux,
Il languit dans l'opprobre, et meurt sous leurs couteaux.

Sans doute un peuple instruit pourrait aussi, peut-être,
Du trône renversé précipiter son maître.
Mais à cet attentat il faut qu'il soit forcé ;
Qu'en voulant tout oser, son monarque insensé
L'ait, dans son désespoir, réduit à tout enfreindre.
Qu'il soit bien gouverné, ses rois n'ont rien à craindre.
Il n'en est pas ainsi chez un peuple ignorant ;
En vain, par cent chemins à la gloire courant,
Craint de ses ennemis, chéri de ses provinces,
Un Souba vers le Gange est l'exemple des princes :
Que, haï des faquirs, ils l'osent décrier,
Qu'un fourbe ambitieux, Brame de son métier,
Le Védam à la main, crie : « écoutez, mes frères,
» Ici bas de Visnou nous sommes les vicaires.
» Qui représente Dieu doit commander aux rois,
» Toutefois l'insolent qui vous donne des lois,
» Sourd aux ordres du ciel qu'il ose méconnaître,
» Loin de nous obéir, nous veut parler en maître.
» O crime ! ô sacrilége ! il dit, le scélérat !
» Qu'un Brame de son or doit secourir l'état !
» Mes frères, Visnou veut qu'on punisse l'impie.
» Vous savez ses forfaits. Que sa mort les expie.
» Un monarque est sacré, mais moins que les autels :
» Il vaut mieux obéir à Visnou qu'aux mortels. »
A ces mots prononcés d'une voix fanatique,
Soudain vous allez voir un peuple frénétique,
Au meurtre encouragé par des grands factieux,
Lever contre son prince un bras séditieux,
Et, de l'ambition instrument et victime,
Briguer l'apothéose en commettant le crime.
Moins un peuple est instruit, plus on peut l'égarer :
Les yeux ceints d'un bandeau qu'il craint de déchirer,
Pour lui tout prêtre est Dieu, tout fourbe est un prophète ;
Contre le meilleur maître, un moine, une comète,

Un miracle, une éclipse, un sermon va l'armer;
C'est un volcan toujours tout prêt à s'enflammer.
Rois, vous l'osez braver! mais le feu qu'il recèle,
Pour vous donner la mort, n'attend qu'une étincelle.
Ainsi, lorsqu'au mensonge opposant ses écrits,
Le sage ose attaquer les tyrans des esprits,
Lorsqu'éclairant le peuple, à leur rage il s'expose,
Il rompt l'indigne joug que leur bras vous impose :
D'un sous-diacre sur vous il détruit le pouvoir;
Au sceptre qu'il bravait il soumet l'encensoir;
Il arrache, en un mot, des mains de la sottise
Ce fer qu'en priant Dieu contre vous elle aiguise.
Ainsi, loin de vous nuire, il vous venge, il vous sert.
La raison vous défend; c'est l'erreur qui vous perd.

Toi qui, dans le *Vélay* (1) fis publier au prône
Que tout vrai philosophe est ennemi du trône,
Apprends-nous leurs forfaits, dis-nous leurs attentats!
De quel roi leur avis troubla-t-il les états?
Quel bras contre leur maître ont armé leurs querelles?
Quel souverain tomba sous leurs mains criminelles?
Viens, parle; qui d'entre eux, apprentif assassin,
De Valois dans Saint-Cloud courut percer le sein?

Dans quel livre Montagne, enseignant l'homicide,
Jadis exhorta-t-il Châtel au parricide?
Impudent! qui de *Bayle* ou bien de *Dumarsais* (2),
A prescrit de trahir tout monarque Français,
Qui ne sachant servir ni Rome, ni la messe,
Au sortir du salut n'irait pas à confesse?

---

(1) Province dont le Puy est la capitale, évêché de M. le Franc de Pompignan.

(2) Bayle, philosophe Français, accusé d'athéisme. Dumarsais, excellent grammairien.

Grand Dieu ! les rois aux fers, leurs enfants massacrés,
Leurs palais sous les morts et la cendre enterrés,
Cent fois du fanatisme ont attesté la rage,
De cent trônes détruits la chute est son ouvrage,
Du sceptre qui le craint il foule aux pieds les droits,
Il brave tout pouvoir, et c'est lui toutefois,
Lui, l'effroi des états que sa main met en cendre,
Lui ! le bourreau des rois, qui feint de les défendre,
Qui, cachant le poignard qui va les égorger,
Encor teint de leur sang, parle de les venger !
Et sur qui ? juste ciel ! sur leurs bienfaiteurs même.
Courageux défenseur des droits du diadème,
Voltaire, quoi, c'est toi dont il fait un Clément !
Quoi, sages, c'est sur vous que sa haine prétend
Faire tomber le sang des rois qu'il assassine !
C'est vous qu'il représente armés pour leur ruine !
Qu'il dépeint acharnés sur tous les potentats !
Vous ! qui les protégez contre ses attentats !
Vous ! sans qui, vil jouet des gredins en étole,
Les souverains encor, cités au capitole,
Martyrs de leur sottise, un chapelet en main,
Attendraient, pour régner, l'ordre d'un jacobin.
Sans qui, bientôt, hélas ! et barbare et déserte,
L'Europe de bûchers et de ronces couverte,
Verrait ses habitants dévots et malheureux,
Pour des sophismes vains, se déchirant entr'eux,
Ministres hébêtés des fureurs de leurs prêtres,
En invoquant le ciel assassiner leurs maîtres ;
Tandis qu'au Vatican insultant la raison,
Tantôt armé du fer et tantôt du poison,
Bénissant, massacrant, pillant au nom de Pierre,
Maître, idole, scandale et fléau de la terre,
Du lit de ses Gitons, un infâme Romain
Détrônerait les rois avec un parchemin !

Philosophie, hélas ! à l'imposture en butte,
Malheur à tout état où l'on te persécute !
Malheur au peuple aveugle, aux imbécilles rois
Qui brûlent tes écrits et redoutent ta voix !
Le nôtre la consulte. Auprès du trône admise,
Fais prospérer la France à tes ordres soumise ;
Par l'ignorance encor le commerce opprimé
Craignait d'offrir ses bleds à Paris affamé ;
Des jurés enchaînaient l'industrie affligée,
Et dans les atteliers sa main découragée
N'osait, sans un brevet, qu'elle briguait en vain,
Ni saisir un compas, ni s'armer d'un burin.
Ta sagesse a brisé ces funestes entraves :
Le commerce et les arts ne seront plus esclaves (1) :
Achève : au préjugé porte les derniers coups,
En écrasant l'erreur mérite son courroux.
Vois quelle absurdité règne encor dans la France ;
Il faut que d'*Hemery* (2) trompant la vigilance,
Un tremblant colporteur, contrebandier d'écrits,
En fraude fasse entrer la raison dans Paris.
Aux enfants de Calvin que la loi déshérite,
Des honneurs et du ciel l'entrée est interdite (3).
Un noble fainéant, fier du nom d'écuyer,
Croit devoir à l'État bien moins qu'un roturier (4).

---

(1) Ceci a rapport à la liberté du commerce des bleds et à la suppression des jurandes et maîtrises par M. Turgot.

(2) Fameux exempt de police, chargé de la librairie, qui obtint la croix de saint Louis, après avoir exercé long-temps son infâme métier.

(3) Il s'agit ici des édits absurdes et barbares contre les protestants.

(4) Ceci a trait aux réclamations du clergé et de la noblesse contre l'édit des Corvées.

Soixante publicains, engraissés de rapine,
De la France aux abois afferment la ruine;
Et d'un autre Sully renversant les projets,
Pensent servir leur maître en vexant ses sujets.
Aux fers de ces brigands arrache ma patrie (1),
Que de nos murs enfin chassant la barbarie,
La raison y soit tout et la coutume rien;
Qu'à ta voix Riballier devièue homme de bien;
Peuple, grands, que tout pense, et même la Sorbonne;
Qu'un chanoine (2) au Jura ne vole plus personne;
Qu'il soit mis à la taille, et qu'on ne dise plus
Que sous ton règne encor il reste des abus.

---

(1) M. Turgot allait supprimer les soixante fermiers généraux au moment où fut disgracié.

(2) Il faut se ressouvenir ici du procès des chanoines de Saint-Claude, près le mont Jura, prétendant que leurs habitants étaient serfs, sur des titres faux, fabriqués durant les siècles de barbarie.

LETTRE XVIII.

Sur l'Opéra ; révolution arrivée à ce Spectacle. Des Acteurs ; des Actrices ; des Danseurs, des Danseuses ; singulière Épître dédicatoire à une fameuse courtisane.

Je crois inutile, Milord, de vous parler de la salle de l'Opéra. Elle n'est point assez belle pour mériter une description assez étendue : il faut dire un mot des acteurs. Ils sont en assez grand nombre, mais il y en a peu d'excellents. Entre quatre hautes-contres un seul mérite d'être cité, le sieur Legros, que vous avez entendu. Vous connaissez la beauté de son organe qui se soutient ; mais il manque toujours de ce goût exquis que son prédécesseur (1), dit-on, avait porté au suprême degré. Il est vrai qu'il en a moins besoin aujourd'hui que devenu plus acteur, grâces au chevalier Gluck (2), il substitue aux agréments

---

(1) Le sieur Geliote.

(2) On dit que c'est dans l'opéra d'*Iphigénie* que le sieur le Gros laissa voir pour la première fois qu'il avait de l'âme.

d'une ariette chantée dans la perfection la plus recherchée, l'énergie et l'impétuosité des grandes passions.

Parmi les basse-tailles, en plus grande quantité, je ne vois que le sieur Larrivée propre à faire sensation. Il a tout pour lui, la noblesse de la figure, l'étendue d'une voix pleine et flexible, un jeu facile et bien entendu.

L'Opéra est beaucoup mieux en femmes. Des actrices de rôles, il n'en est aucune qui n'ait quelque mérite. Vous avez souvent été ému de la voix touchante et onctueuse de mademoiselle Arnoux, mais son organe se perd tout à fait, et je crois qu'elle quittera le théâtre incessamment. Quant à madame Larrivée, elle ne brille plus autant que lorsque vous l'avez vue : sa voix n'a plus cette souplesse nécessaire pour se façonner à la mélodie moderne, et la nécessité indispensable dans les tragédies lyriques nouvelles d'avoir de l'âme et de la sensibilité, la rend désormais assez inutile. Mademoiselle le Vasseur est celle qui brille davantage aujourd'hui. Formée et stylée par le chevalier Gluck lui-même, elle est tout de suite montée à un degré de perfection dont on ne l'aurait pas crue susceptible. C'est aujourd'hui la meilleure actrice de la scène : on regrette seulement que sa figure, peu théâtrale, ne réponde pas à la majesté de ses rôles. Mademoiselle Beaumenil, mademoiselle La Guerre l'ont quelquefois doublée avec beaucoup de succès, quoique la première manque d'onction, et la seconde d'une certaine noblesse dans le jeu. Les rôles à baguette sont toujours rendus par mademoiselle Duplant, qui fait également illusion par sa voix, sa taille et sa corpulence volumineuse. Mademoiselle Duranci la supplée, surtout dans la scène, pour laquelle elle a une véritable intelligence. Plusieurs autres se forment et donnent des espérances. Ce qui, je crois, oblige le sexe français de s'évertuer à ce spectacle plus que le nôtre, c'est le desir de faire fortune et d'acquérir d'illustres amants; car en fait d'actrices de chant on observe que les coryphées seules s'attirent des hommages et des adorateurs; les autres restent dans la médiocrité et la misère, même avec la plus agréable figure. Au contraire, toutes les danseuses réussissent, et il n'en est presque aucune qui n'arrive au spectacle dans un char superbe. On prétend qu'un étranger proposait un jour ce problème à résoudre à M. d'Alembert; qui lui répondit très-sérieusement, *que c'était une suite nécessaire des lois du mouvement.*

Quoi qu'il en soit, c'est spécialement dans le genre de la danse que l'emporte l'Opéra de Paris sur tous les spectacles de l'Europe. Quelle réunion de talents merveilleux dans les divers genres! Je ne vous parlerai point du sieur Vestris, que vous avez admiré jusqu'à l'adoration. Vous connaissez aussi le sieur Gardel. Vous serez affligé avec tout Paris de la maladie grave, survenue au sieur Dauberval, qui fait désespérer qu'il puisse jamais reprendre le caractère de sa danse avec cette vigueur et cette aisance qu'il réunissait au suprême degré. Le fils du premier est déjà un prodige. Les sieurs Malter, Despréaux et Marcadet brillent pour la légèreté dans la danse haute, et pourront peut-être un jour remplacer le troisième, unique, il est vrai, et dont il est bien difficile d'égaler la précision, l'à-plomb, la souplesse, et surtout la folie enchanteresse.

Vous voyez souvent en Angleterre mademoiselle Heinel; mais il n'est pas possible qu'elle y ait montré son talent pour la pantomime comme elle l'a fait ici dans le ballet de *Médée* et *Jason*, où elle a rendu le rôle de la célèbre magicienne avec une vérité qu'on ne peut surpasser. Les demoiselles Allard et Peslin sont depuis trop long-temps au théâtre pour que vous ignoriez leur nom et leur mérite. Les gavottes, les rigaudons, les tambourins, les loures, tout ce qu'on appèle les grands airs, leur fournissent sans cesse une occasion d'imaginer une variété de pas étonnante : leur chef-d'œuvre est surtout la gargouillade, c'est-à-dire, les écarts, les tournoyements, les pirouettements sur un seul pied, les développements des charmes secrets, qu'un perfide caleçon dérobe sans cesse aux yeux, mais ce qui ne fait qu'irriter davantage les desirs des amateurs. Vous retrouveriez encore dans mademoiselle Guimard cette danse maniérée, pleine d'afféterie que je vous ai entendu lui reprocher, et que tant de gens prènent pour des grâces et de la volupté. C'est dans mademoimoiselle Dorival qu'on admire ces qualités séduisantes que comportent sa jeunesse, sa figure et sa fraîcheur.

Je ne finirais pas, Milord, si j'ajoutais à ces héroïnes les danseuses seules et en double, les danseuses en double et coryphées, s'évertuant et devant un jour briller à leur tour; mais je ne puis m'empêcher de vous témoigner mon ravissement à la vue de cette multitude de filles charmantes qui tapissent nouvellement les deux côtés du théâtre (1), et dont on doit le choix aux régisseurs actuels. Quand on se trouve en cercle avec cette foule de nymphes, on croit être dans le paradis de Mahomet, entouré de divines houris. Ce n'est pas qu'on les jugeât toutes jolies véritablement, si l'on venait à discuter ces figures ; mais

---

(1) C'est-à-dire les filles des chœurs, les danseuses figurantes, les surnuméraires, etc.

la richesse de leurs ornements, leurs vêtements gracieux, leur coiffure élégante, dont l'art est poussé aujourd'hui jusques à une recherche incroyable, corrigent ou font disparaître les défauts différents, les disgrâces de la nature, la laideur, les difformités même. En un mot, l'ardeur de plaire et de séduire chez ces filles donne tant d'activité et d'énergie à leur goût, que la reine ne dédaigne pas quelquefois d'appeler l'une d'elles (1) à sa toilette, et de préférer son avis à celui de ses ouvrières, de ses femmes-de-chambre et de ses dames.

Cette république lyrique, composée de 300 personnes (2), tomberait bientôt dans le désordre, l'anarchie et le chaos, si quelque législateur ne surveillait constamment sur elle. C'est le secrétaire d'état au département de Paris qui en a la haute police, et c'est la ville qui en a l'administration utile ou plutôt très-dispendieuse, puisqu'elle est continuellement obligée d'y mettre de ses fonds, plus ou moins (3). C'est sans doute

---

(1) La demoiselle Guimard. C'était surtout pour les bals particuliers et autres fêtes données chez elle que Sa Majesté consultait cette actrice.

(2) Y compris l'orchestre et les deux écoles de chant et de danse.

(3) Depuis cent jusqu'à deux cent mille francs.

un problème à résoudre de savoir comment ce spectacle, le plus beau de l'Europe, dans une ville immense comme Paris, où les autres rendent tous un argent considérable et font la fortune de ceux entre lesquels le gain se répartit, est, au contraire, à la charge des administrateurs. Ce vice n'est sans doute pas inhérent à la chose, puisque les principaux acteurs ont souvent demandé à régir eux-mêmes leur caisse, comme les deux comédies (1). Il provient de plusieurs causes : 1° de l'impéritie des chefs, que leur état (2) éloigne des connaissances et du goût nécessaires pour juger les talents, les apprécier et les encourager, qui d'ailleurs changeant continuellement (3) n'ont pas le loisir d'approfondir et d'étudier cette manutention, qui ne s'en mêlent que pour aller se pavaner dans une loge (4) et s'approprier quelqu'une de ces de-

---

(1) Une part d'acteur aux Italiens ou aux Français n'était jamais moindre de 12,000 liv., et allait quelquefois à 15,000 et peut-être 20,000 tous frais faits.

(2) Le prévôt des marchands était ordinairement un conseiller d'état ; les échevins étaient tirés de la bourgeoisie et surtout du corps des marchands.

(3) La commission du prévôt des marchands n'était que pour deux ans. Un échevin ne restait jamais que le même temps en place.

(4) Il y avait une loge affectée pour la ville, où vont gratuitement ces Messieurs.

moiselles, irritant leur lubricité, et formant ainsi un sérail passager; qui, enfin, bien loin d'avoir intérêt à son amélioration, en ont un opposé, puisque plus mal vont les affaires de la ville, et mieux ils font les leurs, parce que plus grande est la dépense de l'une, et plus forte est la recette des autres.

2°. De la maladresse de ne point faire contribuer à l'avantage de cette machine les directeurs, en aiguillonnant leur amour-propre, ou en les prenant par leur intérêt personnel. Nulle récompense honorifique attachée à leur zèle, à leur industrie, à leur invention; nul accroissement d'émoluments par celui du trésor lyrique. Quelque chose qu'ils fassent, leurs appointements fixes ne peuvent ni hausser ni baisser. En conséquence ils se livrent à la paresse, cette passion de l'homme, si naturelle et si douce: ils laissent durer pendant trois mois le même opéra, qu'il plaise ou déplaise au public: ils accordent à leur volonté des congés aux acteurs et actrices; et comme les plus nécessaires sont les plus recherchés dans les provinces et chez l'étranger, le spectacle est souvent dénué de ses supports et dans le plus grand délabrement.

3°. Du défaut d'émulation dans les sujets, dans les coryphées, soit du chant, soit de la danse, dont les appointements, les gratifications et les retraites s'accordant plus au rang, à l'usage, à la vétusté, à la protection qu'au mérite, et quelquefois étant le produit de moyens infâmes, ne présentent qu'une faible amorce aux talents, et les laissent dans l'inaction et l'engourdissement, si un amour-propre excessif ou le véritable enthousiasme de la gloire ne les en fait sortir.

4o. Au peu d'exactitude dans la recette, personne n'ayant un intérêt pressant de faire les recouvrements, d'obvier aux non-valeurs, d'empêcher les abus et les fraudes ou l'excès de la dépense ; par le peu d'intelligence des premiers administrateurs, par l'indolence des seconds, par le gaspillage des subalternes, par la cupidité de tous, cherchant à s'approprier quelque part des dépouilles de cet empire en proie à tous les ravisseurs possibles.

5°. Enfin, parce que l'opéra étant essentiellement une école de galanterie et de luxure, ne comptant dans son sein que des membres vils, des hommes deshonorés, des femmes perdues, n'existant que par les recrues que lui fournissent sans cesse la licence, la débauche et la corruption ; servant de réceptacle à l'impudicité, à l'adultère, à la prostitution, à la crapule la plus honteuse ; en un mot d'asyle à toutes les turpitudes, à tous les vices. Il faudrait à sa tête un Caton pour le régir, en échappant à la contagion générale, et un Caton ne voudrait pas s'en charger. C'est ce qui vient d'arriver à M. de

Malesherbes, qui s'est contenté de prêter son nom aux beaux réglements dont j'ai à vous entretenir, et qui les a signés sans daigner en faire la lecture.

Oui, Milord, tous les abus dont je vous ai parlé comme présents ne sont déjà plus, grâces aux lois qu'on vient de faire pour le théâtre lyrique : lois excellentes en effet si on les exécute; mais qu'il est à craindre de voir tomber bientôt en désuétude et en oubli, comme tant d'autres plus importantes et plus sacrées.

Tel est le sort qu'a éprouvé un réglement fait par le duc de la Vrillière, un des ministres les plus corrompus qu'ait eu la France, mais qui, dans le commencement du règne nouveau, voyant le prince ami des mœurs, joua l'hypocrisie comme les autres, et parut vouloir contribuer à leur réforme en ce qui le concernait. Depuis la construction de la salle actuelle, on entrait librement au foyer des actrices, avant et pendant les représentations; on les voyait s'habiller, on jouissait de tout le coup-d'œil séduisant que pouvait présenter leur toilette, et les amateurs propres à l'impromptu avaient aussi la facilité de faire des coups fourrés très-agréables. Par un placard (1)

---

(1) En date du mois d'avril, mais il ne put avoir son exécution qu'à la rentrée des spectacles, après le grand deuil du roi.

affiché à toutes les portes de l'opéra et dans son intérieur, on interdisait cette communication : il était défendu aux directeurs de laisser subsister un usage aussi contraire au bon ordre du service qu'à la décence et aux mœurs ; et ces Demoiselles se trouvaient réduites à réserver désormais le spectacle de leurs charmes secrets pour le tête-à-tête avec leur amant. Ce point de discipline du théâtre lyrique était impraticable sous l'administration précédente, sans vigueur, sans autorité et sans décence elle-même. C'est à quoi l'on a d'abord cherché à remédier en l'établissant sur un pied plus respectable. Six personnages ont été nommés en titre, comme commissaires du roi, *pour gouverner l'opéra avec l'autorité la plus étendue* (1), ayant sous eux un directeur-général, deux inspecteurs, un agent et un caissier. Ensuite, par une première ordonnance (2) fort longue et affichée avec profusion, on a réglé la manutention extérieure de ce spectacle. Elle concerne les entrées gratuites, ainsi que celles aux premières représentations dont elle réprime l'abus excessif : elle en corrige d'autres introduits avec les petites loges ou loges à l'année (3) ; elle fixe le nombre de billets de par-

---

(1) Ce sont les termes de l'arrêt du 30 mars.
(2) En date du 29 mars 1776. Elle est en XVI articles.
(3) C'est-à-dire qu'un particulier loue pour toute l'année.

terre dans le cas de foule (1), mais y supplée par une nouvelle formule de billets propres à satisfaire la curiosité excessive, ou l'oisiveté trop désœuvrée (2).

A celle-ci en a bientôt succédé une seconde (3) relative à la police intérieure, plus étendue et plus grave que la premiere. Le roi y confie une autorité absolue à ses commissaires, et le pouvoir de punir la désobéissance par des amendes, et même par le renvoi des sujets en certains cas. Mais dans ceux-ci cette peine n'est pas légérement infligée, l'administration est obligée de rendre compte au secrétaire d'état, ayant le département de Paris. L'objet de cette sévérité est de contenir la légèreté, le caprice, l'humeur des gens à talents, manquant trop facilement au service public (4).

---

(1) Comme aux trois premières représentations d'une nouveauté; le nombre des billets alors était fixé à 800.

(2) Par des billets de corridor, c'est-à-dire avec lesquels on pouvait circuler dans les corridors, sans entrer dans les loges ou dans le parterre. C'était l'image des ombres errantes sur les bords du *Styx*.

(3) En date du 30 mars 1776; elle est en XLII articles.

(4) Voici le texte précis de l'article XXVI, concernant ce point d'administration : « Les sujets, qui étant
» encore en état de servir, quitteront par humeur ou sur
» des prétextes frivoles, seront, conformément aux dé-
» cisions ci-devant données à ce sujet, non seulement

Alors il est question de récompenser leur zèle de manière à ne laisser aucune prise à la faveur ou à la séduction. Outre les appointements fonciers, fixés invariablement, à la place des distributions manuelles et trop souvent arbitraires, on établit des feux, espèce de dénomination qui désigne un service continu de dix représentations, auxquelles un coryphée aura concouru, et chacun, suivant sa classe, recevra un prix en argent proportionné (1).

» exclus de la pension de retraite, encore qu'ils eussent
» le temps prescrit par les réglements; mais ils perdront
» aussi toutes celles qu'ils auraient pu obtenir de sa ma-
» jesté, sur quelque partie qu'elles soient assignées:
» comme aussi ils seront incontinent rayés des états de la
» musique de sa majesté, qui, en accordant des grâces
» aux talents supérieurs, a principalement en vue d'ex-
» citer leur émulation pour le service et l'amusement du
» public. »

(1) Dans le chant, les feux pour la première classe étaient de 500 livres, pour la seconde de 400 livres, pour la troisième de 200 livres. Chez les danseurs, la division était la même, mais la qualité du *feu* était moindre: il sera pour la première classe de 200 livres, pour la seconde de 120 livres, et pour la troisième de 60 livres.

Cependant Sa Majesté ne voulant rien changer au sort des sujets alors en possession de l'Opéra, voulut que s'ils n'avaient pu, faute de rôles à eux distribués, atteindre à un nombre de *feux* égal au moins aux gratifications dont ils jouissaient, il leur fût tenu compte du surplus.

On n'oublie pas les auteurs, et S. M. veut que l'administration ferme et bienfaisante tour-à-tour envers les membres de l'académie, se pique d'honnêteté et de reconnaissance pour ceux-là. On augmente leurs honoraires (1), on excite leurs talents et leur travail par des pensions accordées à ceux qui auront fourni une certaine quantité d'ouvrages. On prend, en un mot, tous les moyens de faire naître des poètes lyriques.

D'après ce résumé succinct, Milord, on ne peut douter des bonnes intentions du roi et de ceux qui ont rédigé l'arrêt et les règlements ; mais en y ad-

---

(1) On ne leur attribuait auparavant que 100 livres par représentation, et l'impression du poème appartenait à l'académie. Désormais il leur fut compté pour chacune des vingt premières représentations 200 livres; pour les dix suivantes, 150 livres ; et pour chacune des autres, jusque et compris la quarantième, 100 livres, pour un ouvrage qui remplissait la durée du spectacle. Quant aux poèmes en un acte, les mêmes époques produisaient 80, 60 et 50 livres. L'édition du poème appartenait à l'auteur, sous la réserve de 500 exemplaires, qu'il était tenu de donner à l'administration, et à la charge d'employer l'imprimeur de l'académie, etc.

Enfin l'administration portant sa gratitude jusqu'à l'avenir, le roi assura aux auteurs ou musiciens, qui auraient fourni trois grands ouvrages restés au théâtre 1,000 livres de pension viagère ; 1,500 liv. pour quatre, 2,000 liv. pour cinq, et 3,000 liv. pour six : espèce de récompense où la noblesse est jointe à l'utilité.

mirant des dispositions sages, on en a jugé d'autres ridicules. On a trouvé qu'il y avait beaucoup de points omis, beaucoup d'autres à réformer pour porter l'opéra au degré de perfection et de splendeur dont il est susceptible.

Les commissaires du roi ont été les premières victimes des rieurs. Entre les six (1), on y a trouvé un certain marchand de soie glissé parmi eux. Aussitôt le burin d'un moderne Callot s'est exercé et l'on a puni son impudence d'une carricature. On l'a représenté dans son fauteuil avec sa large bedaine et la morgue d'un commissaire du roi, une aune à la main, faisant approcher les actrices à tour de rôle, et prenant les dimensions de leur bouche. Une, plus dévergondée, se retrousse, et lui présentant une énorme solution de continuité, semble lui indiquer que son emploi est encore trop noble pour lui; qu'il est réservé à des fonctions plus basses et plus honteuses (2). Quant aux cinq autres, pris dans les menus,

---

(1) *Papillon de la Ferté*, *Maréchaux des Entelles*, *l'Escureul de la Touche*, *Bourboulon*, intendant des menus, *Hébert*, trésorier, et *Buffaut*, ancien marchand de soie.

(2) Cette méchanceté avait trait à la femme, très-jolie, mais qui passait pour fort galante, et pour être celle de tout le monde, excepté de son mari, ce qui n'avait pas peu contribué à enrichir celui-ci.

quoique ces messieurs par leurs fonctions dussent avoir beaucoup d'analogie aux nouvelles, on ne pense pas qu'ils soient assez respectés des subalternes pour en imposer. Familiarisés en quelque sorte par état avec eux, comment prendraient-ils un ascendant que les gentilshommes de la chambre, quelque grands seigneurs qu'ils soient, ont bien de la peine à conserver sur les comédiens (1)? Comment ces hommes plongés dans la fange de la débauche, pourraient-ils exercer équitablement et avec l'austérité convenable, une police d'inspection, de correction, de sévérité sur les talents et la beauté? Comment enfin ces financiers accoutumés à s'enrichir aux dépens du roi, à exercer dans leurs charges l'usure et la déprédation, arrêteront-ils les fraudes et le gaspillage commis dans le régime économique des fonds de la caisse de l'opéra?

A l'égard des règlements, ils n'ont point été épargnés. L'article concernant les répétitions a excité une forte réclamation, non seulement à cause de la restriction du nombre des spectateurs, mais encore plus à raison de leur choix, commis aux administrateurs. Premièrement on sait que ces assemblées étant destinées non seulement à

---

(1) Les deux comédies étaient sous l'inspection et l'autorité des quatre gentilshommes de la chambre.

disposer l'exécution d'une pièce en exerçant et formant les acteurs, mais encore à juger des effets, et surtout à essayer en quelque sorte le goût du public, elles ne sauraient être trop nombreuses, sauf à faire observer ces jours-là l'ordre, le calme et la décence qui doivent avoir lieu aux représentations. Secondement, les élus privilégiés étant censés pris entre les amateurs du goût le plus exquis, n'est-il pas absurde et insultant d'en laisser la décision aux commissaires ignares, donnant l'exclusion aux connaisseurs et préférant les commères et les complaisants de leur société, au préjudice même des auteurs, n'ayant que le plus petit nombre à nommer (1)?

Quoi de plus révoltant encore à l'égard des entrées gratuites, que d'assujétir même les auteurs, sauf ceux des pièces représentées durant cette limitation, à payer aux quatre premières représentations d'un ouvrage, tandis que ce sont surtout eux dont il sagit d'invoquer le goût, les lumières, l'expérience, et qui doivent donner le ton au reste des spectateurs?

Il est inutile de m'appesantir sur quantité d'autres critiques; vous voyez par celles-ci, très-raisonnables et très-fondées, que le législateur

---

(1) Les auteurs des paroles et du chant ne pouvaient en nommer que chacun six.

moderne n'a pas produit un chef-d'œuvre complet. Que dis-je! le tripot lyrique, au moment où je vous parle, malgré les règlements et les chefs substitués aux anciens, est en plus grand désordre que jamais ; tout y est en fermentation. Les coryphées de la danse sont surtout offensés de n'être pas traités avec autant de considération que ceux du chant. Ils prétendent que leur talent vaut bien l'autre, surtout en France, où il soutient souvent des ouvrages qui ne rapporteraient rien sans cet accessoire. Ils ont en conséquence présenté un mémoire très-bien fait (1), dit-on, pour justifier leurs plaintes. Les administrateurs semblent déjà fatigués de ces désagréments. Le sieur Bourboulon a déclaré qu'il se démettait, le sieur Buffaut menace d'en faire autant. Ils se plaignent qu'un certain Mesnard de Chouzy (2), sans aucun caractère, s'est immiscé dans leurs comités, y jète le trouble, et fomente les divisions parmi les inférieurs, pour obliger la régie actuelle à se dissoudre, et élever sur ses débris une autre compagnie.

Il serait d'autant plus à desirer aujourd'hui que toutes ces querelles des Bathylles et des Amphions

---

(1) Voyez LINGUET dans son journal de *Politique* et de *Littérature*, numéro du 3 mai 1770.

(2) Ancien premier commis du duc de la Vrillière, et renvoyé par M. de Malesherbes.

cessassent, que l'opéra de Paris touche à sa plus grande perfection et va avoir enfin une musique. Oui, Milord, la révolution s'avance, et le chevalier Gluck doit la consommer sans retour. *Iphigénie*, *Orphée*, *Alceste* seront désormais les chef-d'œuvres harmoniques admirés par les Français, ne pouvant plus en goûter d'autres. Il a fallu vingt-cinq ans (1) pour opérer ce changement chez le peuple le plus inconstant de l'Europe, parce qu'il était nécessaire de former des sujets pour l'exécution, soit du chant, soit des symphonies. Aujourd'hui que l'orchestre a l'oreille, le goût et la main disposés à ce genre de musique; que les gosiers des acteurs et des actrices ont acquis la flexibilité, la légèreté et la tenue convenables ; que la génération naissante s'habitue aux sensations excitées dans leur âme par l'*Orphée Allemand,* Lully et Rameau même ne deviendront plus supportables aux uns et aux autres. Les vieillards seuls, dont l'organe racorni ne pourra s'assouplir aux impressions trop fortes, trop vives, trop déchirantes des accents véritables de la passion, réclameront l'ancien genre, et soutiendront qu'il n'en peut exister d'autre bon. Les petits-maîtres, les persifleurs, les demi connaisseurs ne concevront pas comment on a pu louer

---

(1) Depuis la guerre des *Bouffons*, qui a eu lieu en 1753.

les deux grands maîtres de l'école Française, dont le premier, simple et plat, n'était propre qu'à endormir une assemblée, et l'autre, sans force et sans énergie, ne devait produire que des sensations imparfaites. Le génie et l'impartialité leur rendront justice, au contraire, avec les plus grands éloges. Ils adoreront Lully comme un dieu créateur; ils conviendront que son récitatif est encore le modèle de celui du chevalier Gluck, le renforçant d'un accompagnement qu'il ignorait. Ils admireront les efforts de Rameau, franchissant avec rapidité l'espace d'une vaste carrière, et à la veille d'atteindre au but lorsque l'âge et la mort ont ralenti et terminé son triomphe. Mais, après ce tribut payé à la mémoire de deux grands hommes, ils relégueront dans l'énorme compilation de leurs ouvrages de musique française, *Thésée*, *Armide*, *Zoroastre*, et même *Castor et Pollux*, et ne se lasseront point de revenir à *Iphigénie*, *Orphée* et *Alceste*.

Avant de finir, Milord, il faut vous faire part d'une épître dédicatoire que je trouve à la tête d'un roman peu digne en lui-même d'être cité (1),

_____

(1) Il a pour titre : *Mémoires Turcs*, par un auteur turc, de toutes les Académies mahométanes, licencié en droit turc, et maître-ès-arts de l'université de Constantinople.

mais remarquable par cette addition, par son auteur aussi, tiré des ateliers de Plutus (1). Ce fragment ne sera point étranger au sujet que je traite, puisqu'il concerne les Laïs du jour, et par une ironie soutenue trace le tableau le plus vrai et le plus effrayant de la corruption des mœurs de cette capitale : tableau où figurent au premier rang sans contredit les Syrènes et les Terpsicores de l'opéra. C'est à Mlle Du Thé que l'auteur s'adresse.

» Ce n'est qu'avec admiration, dit l'auteur à son héroïne, que j'envisage le haut point de gloire où vous et vos compagnes êtes parvenues. Nous ne sommes plus heureusement dans ces temps de barbarie, où la vertu sévère régnait à l'ombre des lois. La douce licence, sous le nom de liberté, a ouvert enfin la carrière à nos vastes desirs ; vous triomphez, divines enchanteresses, et vos charmes séducteurs ont changé la face de la France.

» Nos palais, nos hôtels, ne sont plus aujourd'hui que la triste retraite du lugubre hymen, où d'indolentes épouses languissent dans l'ennui, sous la garde d'un suisse chamarré, qui, comme le marbre de sa porte (2), n'indique que l'hôtel

---

(1) M. Daucour, fermier général.
(2) Cette expression ne paraît pas claire. L'auteur veut

du maître et la prison de sa triste moitié ; tandis que la sémillante jeunesse, en foule dans vos petites maisons, y fixe l'amour et les jeux, et vos petits soupers font partout le désespoir des grands.....

» Souveraines des modes, n'est-ce pas vous encore qui les donnez? Votre goût en décide; vos plumes toisées deviènent la mesure commune. Telle n'ose vous imiter en grand, qui s'étudie à son miroir à vous copier en détail : pour plaire, où prendre de plus beaux modèles?

» Siècle divin, qui fais fouler aux pieds les préjugés, les lois, et qui, confondant tous les états, tous les âges, consacres tous les excès, tu seras à jamais célebre dans l'histoire !

» C'est à vous et à vos amis, charmante Du Thé, que l'on doit cette heureuse révolution dans nos mœurs; à vous toutes en est la gloire, et vous en jouissez. Soit que, traînées dans des chars élégants, vous embellissiez les boulevards poudreux; soit que, nymphes emplumées, la tête échafaudée et couverte de mille pompons, vous éclipsiez, dans une première loge, la modeste citoyenne ; ou qu'au monotone colysée, le front levé, l'œil assuré, vous étaliez vos grâces, et fixiez

---

parler de l'inscription au dessus de la porte où se lit le nom de l'hôtel, qui était ordinairement sur un marbre noir.

sur vos pas une foule empressée, tous les regards ne sont-ils pas tournés sur vous ? Moderne Panthéon, tu réunis toutes nos divinités et tous nos hommages !

» Vos privilèges, déités du jour, sont aussi grands que sacrés ; et comment ne le seraient-ils pas ? Effets précieux du commerce, il est bien juste que vous participiez à l'heureuse liberté qu'on lui doit ; vous formez sous la protection de Cypris, une république indépendante. Vos revenus, mieux fondés que ceux de l'Etat, se trouvent tous imposés sur nos besoins de première nécessité, et ils vous parviènent d'autant plus sûrement, que sans secours étrangers, vous en faites seules la recette et la dépense ; vous ne troqueriez pas le produit de vos charmes contre la pension de la duchesse la mieux payée de son mari......

» Depuis cette heureuse révolution, rien ne vous arrête : plus d'obstacles ! l'hymen tourné en ridicule, ose à peine se montrer ; vous paraissez publiquement dans les voitures de vos amants ; vous portez leurs livrées, leurs couleurs, souvent les diamants de leurs épouses ; vos petites maisons s'élèvent partout du débris des grandes, et forment, par leur nombre, dans les faubourgs de la capitale et sur les boulevards, une espèce d'enceinte, de circonvallation, qui, la tenant bloquée, vous en assurent à jamais l'empire.

» Que l'on dise encore que la France est folle, que ses modes, ses mœurs et ses usages n'ont pas le sens commun: jamais fut-elle mieux policée!

» Vous prenez le plaisir en général pour but, tous les hommes pour objet, et le bonheur public pour fin de vos sublimes spéculations. Eternelles victimes, et toujours sur l'autel, vous faites plus d'heureux en un jour que les autres en toute leur vie. Oui, Mesdemoiselles, vous êtes le véritable luxe, essentiel à un grand état, l'appât puissant qui lui attire les étrangers et leurs guinées: vingt modestes citoyennes valent moins au trésor royal, qu'une seule d'entre vous ; aussi êtes-vous hors de tous les rangs, à coté de tous les états, et les femmes par excellence de tous les hommes »...

LETTRE XIX.

Retraite de M. Turgot et de M. de Malesherbes.

Je vois, Milord, tous les honnêtes gens de ce pays-ci gémir sur le renvoi de M. Turgot. Ceux-mêmes qui ne s'accordaient pas à son égard ; qui, en rendant justice à sa probité, à ses vertus, que personne ne lui conteste, ne lui reconnaissaient pas les talents et le génie propres à la révolution heureuse qu'il méditait ; qui ne regardaient ses projets que comme les écarts d'un délire patriotique, n'en sont pas moins affligés d'un événement, le plus fâcheux peut-être pour la France dans un pareil début. Que penser en effet d'un roi qui, après s'être enthousiasmé de son ministre, après avoir adopté ses idées pour la prospérité de son royaume et la félicité de ses peuples, avoir renversé toutes les formes qui le contrariaient, résisté aux remontrances multipliées de ses cours, aux réclamations générales de tous les corps, avoir déployé les coups d'autorité les plus frappants, tenu deux lits de justice en moins d'un an, deux mois après retire sa main protectrice à l'auteur d'une constitution nouvelle, non seulement avant d'avoir pu en reconnaître le vice et ses inconvénients ; non seulement avant qu'elle soit établie sur des fondements solides et durables ; mais au milieu de la confusion et du désordre qu'entraîne toute opération vaste dans son commencement, lorsque tout le mal est fait, et qu'on ne peut démêler encore le bien qui en doit résulter ? Que penser du Mentor du jeune monarque, qui lui présente ce grave personnage comme le seul propre à diriger l'inexpérience de S. M., à l'initier aux vrais principes du gouvernement, à seconder ses intentions salutaires, en réparant les prodigalités, les injustices, les vexations de l'administration précédente, se lasse bientôt de le défendre contre ses ennemis nombreux, l'abandonne, le livre à leur fureur et insulte à sa disgrâce par une lettre ironique (1) ?

---

(1) *Lettre de M. de Maurepas à M. Turgot.*

» Je m'empresse, Monsieur, à vous témoigner la part
» que madame de Maurepas et moi avons prise à l'événe-
» ment qui vous est arrivé.
» J'ai l'honneur d'être, etc. »

Réponse de M. Turgot.

« Je ne doute pas, Monsieur, de la part que madame
» de Maurepas et vous avez prise à l'événement qui vient
» de m'arriver ; mais quand on a servi son maître avec
» fidélité, qu'on a fait profession de ne lui taire aucune

Sans doute, nos compatriotes se sont applaudis de cette faute politique, capable d'imprimer au nouveau règne un caractère d'instabilité plus grande que n'a eu celui de Louis XV, dont le cours, du moins pendant la longue et sage administration du cardinal de Fleuri, a constamment été uniforme et paisible. Pour moi, cosmopolite la plume à la main, je suis fâché de voir l'artifice, le mensonge et la déception prévaloir auprès d'un prince, ne s'occupant qu'à chercher les moyens de bien gouverner, et ne pouvant y parvenir; ne voulant s'entourer que d'hommes honnêtes, d'un mérite éminent, et restant obsédé de courtisans pervers et infâmes; ne goûtant de plaisir que dans l'accomplissement de ses devoirs, et dont on écarte les personnages assez courageux pour les lui montrer; ne connaissant de jouissance vraie que dans le bonheur de ses sujets, et tourmenté sans cesse du spectacle de leurs calamités; ne vivant, ne respirant que pour rétablir les lois et le calme dans ses états, et les replongeant plus que jamais dans l'anarchie et le chaos! Tels sont les mal-

---

» vérité utile, et qu'on n'a à se reprocher ni faiblesse,
» ni fausseté, ni dissimulation, on se retire sans honte,
» sans crainte et sans remords.

» J'ai l'honneur d'être avec les sentiments que je vous
» dois, etc. »

heurs, sinon présents, au moins à venir, que redoutent et prévoient les gens sages, comme devant dériver de la condescendance de Louis XVI, et de l'insouciance du comte de Maurepas. Pour peu qu'on soit au fait du manège des cours, ou même qu'on connaisse les hommes, on conçoit la vérité de ces pronostics, on sent les fatales conséquences de la faiblesse du royal pupille et de son mentor. Cette découverte doit merveilleusement encourager l'esprit d'intrigue, si délié et si actif par sa nature. Que n'ont pas à espérer la méchanceté et la calomnie en retrouvant libre l'accès du trône, qu'elles se croyaient fermé ! Que de cabales, que de complots, que de perfidies et d'horreurs vont renaître sous leur sinistres auspices ! Au contraire, l'exemple de M. Turgot ne peut qu'intimider tout personnage patriotique, enflammé de l'amour de son pays et doué des talents propres à l'administration. Il regardera comme une présomption folle de se flatter d'être plus heureux que ses prédécesseurs, préférera son obscurité à une illustration momentanée, dont il ne pourrait résulter qu'un bien passager et un mal plus durable ; car les changements, même en mieux, non seulement deviennent souvent inutiles, mais funestes, lorsqu'ils ne sont qu'ébauchés ou imparfaits. Telles sont les réflexions que suggère la chute de M. Turgot, précédée, accompagnée, suivie de circonstances qui en confirment la justesse, et qu'il s'agit de vous développer avec toute l'impartialité dont je fais profession.

M. Turgot, au commencement de son ministère, avait commis deux grandes fautes, qui non seulement l'ont empêché d'opérer le bien qu'il se proposait, mais vont détruire tout celui qu'il a fait. La première, c'est de s'être arrêté à des expériences de détail, à des réformes minutieuses, à changer les voitures publiques, qui par leur dénomination burlesque (1) n'ont fait qu'imprimer du ridicule à son administration; c'est de n'avoir pas profité du premier enthousiasme du monarque et de la nation pour frapper les coups vigoureux qu'il se proposait de porter successivement sur les financiers, sur les grands, sur le clergé, et pour abattre à la fois toutes les têtes de l'hidre qu'il avait à combattre. La seconde, c'est d'avoir annoncé trop tôt ses projets, c'est de les avoir développés dans des écrits, où en voulant éclairer la France sur ses véritables intérêts, il donnait lieu à des répliques, à des discussions; c'est d'avoir laissé le temps aux cabales de cette nature de se former, de prendre de la consistance, et de le renverser avant qu'il eût exécuté ses desseins; c'est surtout d'avoir ainsi travaillé lui-même à dissiper le prestige formé

---

(1) On les appelait des *Turgotines*.

en sa faveur, qui, en aveuglant les uns, forçait dans le commencement les autres au silence, excitait le zèle de ses partisans et arrêtait l'animosité de ses ennemis.

Vous savez, Milord, quelle était la fureur du parlement contre M. Turgot. Enchaînée par le monarque, cette compagnie ne manqua pas de trouver une occasion pour le tourmenter. Dès le mois de février elle s'était occupée d'un ouvrage produit sous les auspices de ce ministre, intitulé : *Les inconvénients des droits féodaux*, dont l'objet était d'exciter le législateur, après avoir détruit en France la servitude des personnes, de n'y pas laisser subsister la servitude réelle, ou des biens. On l'avait dénoncé de la manière la plus violente ; on avait traduit de nouveau les économistes en scène ; on les avait peints comme des esprits turbulents (1) que
» l'amour de la liberté et de l'indépendance
» porte aux plus grands excès, en leur faisant
» envisager le bonheur dans la subversion de
» toutes les règles, de tous les principes, et
» dans l'anéantissement même des lois qui ont
» assuré jusqu'à présent les propriétés, non seu-
» lement dans les familles, mais encore dans la
» personne même du souverain. » On les avait

---

(2) Ce portrait est tiré du réquisitoire de M. l'avocat général, Séguier.

rassemblés sous la dénomination « d'un *parti*
» *secret*, d'un *agent caché*, qui par des se-
» cousses intérieures, cherche à ébranler les
» fondements de l'État; semblables à ces vol-
» cans qui, après s'être annoncés par des bruits
» souterrains, et des tremblements successifs,
» finissent par une éruption subite, et couvrent
» tout ce qui les environne d'un torrent enflammé
» de ruines, de cendres et de laves, qui s'é-
» lancent du foyer renfermé dans les entrailles
» de la terre.

» Par quelle fatalité, s'écriait-on, arrive-t-il
» aujourd'hui que les écrivains se font une étude
» de tout combattre, de tout détruire, de tout
» renverser! Et cet édifice des ordonnances, ou-
» vrage de tant de siècles, le fruit de la prudence
» de plusieurs souverains, résultat des veilles
» des ministres les plus éclairés, des magistrats
» les plus consommés, est traité par ces nou-
» veaux précepteurs du genre humain avec ce
» mépris insultant, dont les rêveries de leur ima-
» gination, exaltée par l'enthousiasme d'un *faux*
» *système*, sont seules susceptibles. » En conséquence la brochure avait été condamnée comme
injurieuse aux lois et coutumes de la France, aux
droits sacrés et inaliénables de la couronne, et
aux droits des propriétés des particuliers, et
comme tendant à ébranler toute la constitution
de la monarchie, en soulevant tous les vassaux

contre leurs seigneurs et contre le roi même, en leur présentant tous les droits féodaux et domaniaux comme autant d'usurpations, de vexations et de violences également odieuses et ridicules, et en leur suggérant les prétendus moyens de les abolir, qui sont aussi contraires au respect dû au roi et à ses ministres qu'à la tranquillité du royaume.

Cette mortification donnée à M. Turgot, protecteur et chef de la doctrine anathématisée, n'avait pas paru suffisante. Comme le pamphlet avait été imprimé avec une permission tacite et portait le nom du libraire (1), il fut mis en cause. On le manda aux chambres assemblées, les princes et pairs y séant; on voulut savoir le nom de l'auteur (2) et du censeur (3). Tout cela en-

---

(1) M. Valade; tandis que cet imprimeur était interrogé au parlement, l'édition de l'ouvrage qui reposait entière depuis un an dans ses magasins, fut épuisée. Le concours des demandeurs devint si grand dans l'intervalle de quelques heures, que les exemplaires qui ne se vendaient d'abord que 20 sous, furent portés à 6 et à 24 fr. Voilà quelle fut souvent l'utilité des réquisitoires de l'avocat général Séguier.

Le même jour Mairobert se brûla la cervelle sur le Boulevard, mais pour des motifs étrangers à cette affaire.

(2) Le sieur Bonserf, commis du contrôle général.

(3) Plusieurs furent accusés : M. Pidansac de Mairo-

traîna des formalités et des délais. La cour, pendant ce temps-là, fit soustraire les registres, et le parlement ne put acquérir aucune preuve légale qui l'autorisât à poursuivre la procédure. Il survint même un ordre du roi d'y surseoir. Représentations de cette cour, auxquelles on n'eut aucun égard; pourparlers avec les ministres; scène vive entre le premier président et le secrétaire d'état du département de Paris (1) relativement aux édits, au lit de justice et aux entraves que le parlement recevait à chaque instant. Enfin celui-ci supposant arrivé ce qu'il avait an-

---

bert, M. Cadet de Senneville; enfin le véritable se découvrit quand il fut couvert de l'autorité du gouvernement. C'était M. Coqueley de Chaussepierre.

(1) Voici comme on racontait le fait dans un bulletin de la cour, sous la date du 14 mars 1776. Le premier président, fort mécontent de la démarche du roi, qui lui a dit, d'une façon dure, ne vouloir pas recevoir les itératives remontrances, en a fait ses plaintes à M. de Malesherbes, lui a témoigné son étonnement que, né dans la magistrature, à peine sorti de ce corps, en ayant toujours soutenu les droits et les prérogatives, il eût participé à une pareille réponse. Le secrétaire d'état lui a répondu à son tour, qu'il était encore plus surpris d'entendre M. d'Aligre lui adresser de semblables reproches. Celui-ci, sentant la morsure, a répliqué, et la scène a, dit-on, été très-vive.

noncé et redouté, que l'esprit systématique s'emparant de la multitude, la constitution de la monarchie courait risque d'être ébranlée ; que les troubles s'élevaient dans les campagnes ; que les vassaux se soulevaient contre les seigneurs, et que la fermentation pouvait aller jusqu'à des actes séditieux contre le souverain, et à introduire l'anarchie la plus cruelle, suite nécessaire d'une indépendance d'autant plus redoutable, que si elle parvenait à prendre consistance, rien ne pourrait en prévenir ou arrêter les effets, rendit un arrêt merveilleusement propre à produire tous les maux qu'on prétendait éviter (1). Il déplut

---

(1) Voici cet arrêt singulier : « Ce jour, *toutes les chambres assemblées*, considérant *qu'il importe à la tranquillité publique de maintenir de plus en plus les principes anciens et immuables qui doivent servir de règle à la conduite des peuples, et que quelques esprits ont paru vouloir altérer en essayant de répandre des opinions systématiques et des spéculations dangereuses : considérant en outre que de la licence à laquelle se sont livrés ces esprits inquiets, il est déjà résulté en divers lieux des commencements de troubles, également contraires à l'autorité du roi, au bien de l'état, aux droits de propriété des seigneurs et aux véritables intérêts du peuple. Considérant enfin qu'il est de son devoir, et conforme aux intentions du roi de maintenir l'ordre public fondé sur la justice, sur les lois, et auquel la monarchie doit, depuis tant de siècles, sa prospérité, sa gloire et sa tranquillité.* »

« Ouïs les gens du roi, ladite cour a ordonné à tous les

beaucoup à la cour, et il fut question dans le conseil de le casser, mais on jugea plus prudent de le laisser tomber de lui-même, et par son inexécution d'en prouver l'inutilité, l'illusion, et sans doute la méchanceté réfléchie et combinée. Il en résulta toujours un très-grand mal ; c'est la

---

sujets du roi, vassaux et justiciables des seigneurs particuliers, de continuer, comme par le passé, à s'acquitter, soit envers ledit seigneur roi, soit envers leurs seigneurs particuliers, des droits et devoirs dont ils sont tenus à leur égard, selon les ordonnances du royaume, déclarations et lettres patentes du roi, dûment vérifiées, régistrées et publiées en la cour, coutumes générales et locales reçues et autorisées, titres particuliers et possessions valables des seigneurs ; fait très-expresses inhibitions et défenses d'exciter, soit par des propos, soit par des écrits indiscrets, à aucune innovation contraire auxdits droits et usages approuvés, sous peine pour les contrevenants d'être poursuivis extraordinairement comme réfractaires aux lois, perturbateurs du repos public, et de punition exemplaire. Enjoint à tous les juges du ressort d'y tenir la main chacun en droit soi : ordonne qu'à cet effet le présent arrêt sera, à la poursuite et diligence du procureur général du roi, incessamment envoyé à tous les bailliages et sénéchaussées du ressort, même aux justices seigneuriales ressortissantes immédiatement en la cour, à l'effet d'y être lu, publié, etc. Enjoint aux substituts du procureur général du roi et aux procureurs fiscaux d'y faire procéder sans délai, et d'en certifier la cour au mois. Ordonne en outre que le présent arrêt sera imprimé, publié et affiché en cette ville de Paris et partout où besoin sera. »

persuasion où beaucoup de gens sont encore qu'il y avait réellement eu des mouvements qui avaient nécessité cette précaution des magistrats.

Il paraissait depuis quelque temps un ouvrage en trois volumes énormes. Il était imposant par son titre, *le Monarque accompli*. Il était imprimé hors de France et portait le nom d'un étranger (1). Il n'est point d'usage que les magistrats sévissent contre un livre dont ils sont censés ignorer l'existence, et exercent leur juridiction dérisoire sur un écrivain qui n'y est point asservi. Mais l'ardeur d'imprimer une flétrissure à tout ouvrage marqué au coin des principes des économistes et de saisir l'occasion de décrier la secte qui prônait M. Turgot avec un enthousiasme toujours croissant, détermina le parlement à cet acte de vindicte puérile. L'adresse de l'auteur pour animer son tableau, d'avoir choisi les traits divers devant former son *Monarque accompli*, entre une multitude d'actes de bonté, de savoir et de sagesse, tous émanés de l'empereur régnant, rendait l'entreprise plus délicate et plus révoltante. M. Séguier, outré qu'on eût trouvé les préambules des édits de M. Turgot plus beaux que ses discours, se piqua de développer encore

---

(1) Par M. de Lanjuinais, principal du collége de Moudon. Le lieu de l'impression portait *Lauzanne*.

plus de dextérité dans son réquisitoire. En effet, il en consacra la première partie à l'éloge du même prince ; il enchérit sur l'écrivain dont il dénonçait le livre, et dévoilant sa manœuvre criminelle, l'accusa de ne s'être rangé sous les auspices d'un nom si respectable que pour se permettre les écarts les plus dangereux, que pour prêcher la sédition, la guerre civile et la vengeance, et de pousser son audace sacrilège jusqu'à mettre ses projets sanguinaires dans la bouche de S. M. Impériale. Et il attribuait cette doctrine meurtrière « à l'effervescence de ces
» génies entreprenants qui ne respirent que l'in-
» dépendance, qui voudraient porter dans la so-
» ciété la même licence, la même liberté qu'ils
» répandent dans leurs écrits, qui ne consultent
» que leurs propres lumières, et veulent tout
» asservir au gré de leur caprice ; novateurs
» dangereux, qui, sans avoir étudié la marche
» de l'esprit humain, pensent qu'ils sont en état
» de le gouverner, et cherchent à lui faire adop-
» ter leurs systêmes séditieux ; prédicants in-
» sensés et furieux, qui se séparent du reste des
» hommes pour s'élever au-dessus d'eux, se faire
» suivre et les égarer, et qui osent se permettre
» de détruire tous les gouvernements, sous pré-
» texte de les réformer. »

En conséquence, arrêt qui proscrit la volumineuse brochure *comme séditieuse, tendante à* la révolte et à soulever les esprits contre toute autorité légitime, attentatoire à la souveraineté des rois, et destructive de toute subordination, en cherchant à anéantir, s'il était possible, dans le cœur des peuples, les sentiments d'obéissance, d'amour et de respect qu'ils doivent à leurs souverains, etc.; ce qui ne contribua qu'à faire connaître l'ouvrage, à lui donner du véhicule, et à le faire dévorer, malgré son ennui et sa longueur. Mais, Messieurs assouvissaient leur vengeance, et rendaient plus odieux un ministre protecteur d'une secte enfantant de pareils écrits.

D'autre part, les faiseurs de pamphlets ne restaient pas oisifs contre un ministre qui ne prêtait pas moins au ridicule qu'à la calomnie. C'étaient tous les jours des chansons, des pasquinades, des quolibets, où l'on trouvait beaucoup de méchanceté et peu de sel et de gaîté. Je ne m'arrêterai point sur ces facéties, mais je ne puis omettre un calembour d'une princesse; preuve combien il était désagréable aux plus augustes personnages.

Depuis peu les marchands de nouveautés en tabatières, pour exciter le goût des amateurs, ont imaginé des boîtes plates, qu'ils ont, pour cette qualité, appelées des *platitudes*. Elles sont de carton et à très-bon prix. Madame la duchesse de Bourbon est allée ces jours derniers à l'hôtel de Jaback (1), et quand on a demandé à son altesse ce qu'elle désirait, elle a répondu des *Turgotines*. Le marchand a paru surpris et ignorer ce qu'elle voulait dire. « Oui, a-t-elle ajouté, » des tabatières comme celles-là, » en montrant la forme moderne. — « Madame, ce sont des » *platitudes*, a-t-il répliqué. — Oui, oui, a ri-» posté la princesse, *c'est la même chose.* » Le nom leur en est resté, et cette misérable gentillesse occupe Paris pour le moment; il n'est personne qui ne veuille avoir sa *turgotine* ou sa *platitude*.

Deux autres faits par lesquels M. Turgot a donné prise sur lui, ont, au gré de bien des gens, accéléré l'orage qui grossissait tous les jours sur sa tête. Non seulement le parlement, mais les autres cours faisant ligue avec lui contre un homme regardé comme l'ennemi commun de la magistrature, à raison des coups d'autorité qu'il ne ménageait pas dès qu'il trouvait des obstacles au bien qu'il s'imaginait faire, épiaient toutes ses démarches pour trouver occasion de le contrarier et de lui rendre les mortifications qu'elles en essuyaient. La cour des aides, d'après une dénonciation que, malgré la suppression de l'im-

---

(1) C'était un fameux magasin de tabatières, rue Saint-Merri.

pôt sur certaines denrées (1), on continuait à le percevoir aux barrières de cette capitale, en tout ou en partie, fondé sur une simple lettre du contrôleur général, n'ayant pu acquérir une preuve légale de cette plainte, rendit provisoirement un arrêt qui défendait de faire aucune perception de cette espèce, à peine de concussion, et ordonnait la restitution des sommes exigées.

C'était une école qu'avait faite M. Turgot : il avait voulu capter la bienveillance du peuple de Paris, en supprimant l'impôt dont il s'agissait, sans avoir pourvu au remplacement. Les fermiers généraux n'avaient pas manqué de faire des représentations sur le *deficit* que la nouvelle loi occasionnait dans leur caisse et de demander une indemnité, ou une addition d'ailleurs. M. le contrôleur général, hors d'état d'avoir recours à l'un ou à l'autre de ces deux expédients, avait imaginé le troisième, celui de les autoriser provisoirement à continuer la perception ; ce dont se prévalurent ses ennemis auprès du roi, à qui l'on fit connaître que le soulagement n'était qu'illusoire, et qu'il résultait seulement de cette conduite, qu'à un impôt légal il en avait substitué un arbitraire et insolite.

Voici le second fait : beaucoup de gens ont

---

(1) Sur les grenailles, d'après déclaration enregistrée au lit de justice, du 12 mars.

reçu un billet d'enterrement dans toutes les formes de Mᵉ Gilles-Nicolas de la Croix, avocat en parlement et premier commis du contrôle général, devant être inhumé à Saint-Germain l'Auxerrois, sa paroisse, le vendredi 10 mai, de la part de madame Lobrot sa tante, et madame Guillemain de Nozières, sa cousine. Cela s'est trouvé être une facétie, dont la méchanceté prophétique semblait lui annoncer sa disgrâce future, son espèce de mort aux honneurs et à la fortune de son état. Elle était encore caractérisée par le surnom de *Gilles* qu'on lui donnait, et qui n'est pas son nom de baptême. Mais les femmes qu'on citait à la tête du deuil formaient le plus sanglant trait de la plaisanterie.

Depuis long-temps on parlait dans Paris d'une injustice commise par ce confident de M. Turgot, en faisant déposséder la dame Lobrot du bail de la comédie de Lyon, qu'elle avait encore pour deux ans, et faisant installer à sa place un autre directeur, moyennant une grosse rétribution pour la dame Guillemain de Nozières, maîtresse dudit la Croix. La première, heureusement très-connue à la cour, y a trouvé des protecteurs, a découvert l'infamie du premier commis, et s'est fait réinstaller dans sa place. Cette anecdote qui a fait beaucoup de bruit, n'a peut-être pas peu contribué encore à la disgrâce de M. Turgot, trop aveuglé envers ses créatures.

Mais, ce qui l'a fait choir à ne pouvoir s'en relever, c'est une trame ourdie de longue main et toujours infaillible auprès d'un maître crédule et sans défiance. Cette anecdote, que certifient les courtisans les mieux instruits, tient à une autre horreur ministérielle qu'il faut vous révéler. A mesure que le gouvernement s'est perverti dans ce royaume au point d'y introduire, comme ressorts essentiels, la délation, l'inquisition, les tortures politiques, il n'a pas manqué de profiter d'un moyen sourd, certain et continuel, de fouiller dans les secrets des citoyens et jusque dans les replis de leur âme, avec d'autant plus de facilité que c'est le seul moment où la vérité et la franchise semblent pouvoir encore s'échapper avec impunité. C'est, sans doute, ce puissant motif qui l'a déterminé à faire de l'administration des postes un département considérable, à y mettre un chef n'ayant de rapport direct et immédiat qu'avec le roi, jouissant de la prérogative unique d'entrer chez S. M. à toute heure, le jour et la nuit. L'objet de son intimité est de rendre compte perpétuellement au souverain du secret de la poste, c'est-à-dire de tout ce qu'il peut découvrir intéressant sa sûreté et celle de l'État, et sous ce prétexte il se permet la manœuvre la plus odieuse. Il a une quantité de commis consommés dans l'art détestable et poussé jusqu'à un rafinement inouï (1) d'ouvrir et de refermer les lettres suspectes. Ces espions invisibles de leurs concitoyens, plus vils que ceux de la police si généralement en exécration, sont sans cesse occupés d'une recherche laborieuse, qui puisse alimenter la curiosité de leur premier agent, et celui-ci à son tour choisit toutes les pièces propres à charmer les loisirs du despote, où à calmer ses soupçons et ses inquiétudes, ou à favoriser les entreprises de la tyrannie. Louis XVI, à son avénement au trône, eut horreur de cette politique infernale. Son âme neuve et dans sa pureté ne put se persuader que pour bien gouverner il fallût avoir recours à de si infâmes moyens, et son premier vœu fut pour abolir ce tribunal secret, où l'on citait ainsi sans exception quiconque avait quelque communication à transmettre. On n'osa d'abord contrarier un ordre si digne d'un souverain qui veut avoir pour base de son trône la candeur et la bonne foi. Mais peu-à-peu on lui a fait envisager la raison d'État, et il a été obligé de céder à cette cause puissante, mais illusoire. En effet, quiconque tramerait des projets sinistres contre S. M. ou la

---

(1) Ces commis levaient sur-le-champ les empreintes de tous les cachets et les remettaient avec une telle dextérité que le plus fin ne pouvait découvrir si la lettre avait été ouverte, et la croyait venue intacte.

tranquillité publique, instruit, comme on l'est aujourd'hui de ce qui se passe à la poste, se servirait-il d'une pareille voie pour former et consommer ses liaisons criminelles? Mais si cette voie est vaine pour l'objet de son institution, elle est très-propre à favoriser les haines cachées et les perfidies ténébreuses. C'est une atrocité ainsi combinée qu'on a employée contre M. Turgot. Il était surintendant des postes, mais mal avec M. d'Oigny, qui était menacé de voir son département écorné par la réunion de la poste aux chevaux aux messageries, etc. Il desirait fort le supplanter en outre, par zèle pour M. de Clugny, son ami, ayant des prétentions au contrôle général.

Le roi se défiant de ce que ses courtisans lui disaient contre les opérations de M. Turgot, souhaitait cependant savoir ce que la nation en pensait. Il s'imagina trouver plus de sincérité dans l'intendant des postes, qui avait occasion de causer familièrement avec S. M. et par son ministère pouvoir apprendre ce que chaque particulier en écrivait dans son intimité et d'abondance de cœur. Elle le questionnait fréquemment à ce sujet. Celui-ci, craignant de se compromettre, se tint d'abord sur la réserve; mais voyant le premier fanatisme en faveur du ministre et de ses opérations ralenti de beaucoup, essaya de profiter de l'occasion pour se venger. Peut-être même le fit-il avec d'autant moins de répugnance qu'il crut rendre service au royaume, en provoquant la disgrâce d'un ministre qui bouleversait tout. Il fit écrire des lettres par des gagistes affidés, où l'on exagérait les torts réels qu'avait M. Turgot, et les présenta au roi comme l'expression naïve des gens de tout état et de tout ordre auxquels elles étaient attribuées. De cette manœuvre réitérée fréquemment il résulta une masse si grande de réclamations, que le jeune prince crut que c'était le vœu de son peuple ; et cédant aux efforrs qu'on faisait de toutes parts pour l'aliéner de son ministre, prit enfin son parti de le sacrifier à ce même bien public dont il avait suivi l'illusion en le choisissant et se laissant aller à son impulsion.

En conséquence, dimanche 11, M. Bertin est allé demander à M. Turgot sa démission et le porte-feuille de son département. Quoiqu'il ne s'attendît en rien à sa disgrâce, il n'a pas été démonté et l'a reçue philosophiquement. Il était en ce moment occupé à dicter une lettre ; il a dit à son secrétaire : « en voilà assez ; mon successeur » la finira. » Sur ce que son confrère lui a appris que S. M. lui accordait la pension ordinaire (1), il a répondu qu'il ne l'avait pas méritée, mais que n'étant pas dans le cas de s'en passer, il la recevait avec reconnaissance. On lui a aussi ôté la surintendance des postes.

---

(1) De 20,000 livres.

Cet événement a fait une grande sensation dans la capitale. Le clergé, la haute noblesse, la magistrature et la finance triomphent à l'envi. On ne croit pas que les provinces s'en réjouissent également; presque toutes les vues de M. Turgot étaient dirigées vers leur soulagement, et surtout vers celui des habitants de la campagne. Ce qu'on lui reproche en général, c'est de s'être laissé mener trop aveuglément par des subalternes hypocrites, qui mettaient souvent son administration en contradiction avec ses principes.

Par le même manège avec lequel M. d'Oigny a fait disgracier M. Turgot, il a eu l'adresse de faire nommer son ami M. de Clugny. On l'exaltait dans ces lettres comme un personnage du plus grand mérite, et appelé au poste de contrôleur général du vœu unanime de la nation. Le roi séduit toujours par son extrême envie de ne prendre ses ministres que parmi les hommes les plus vertueux, les plus éclairés et les plus agréables à son peuple, s'est décidé tout de suite à faire venir cet intendant de Bordeaux, et a déclaré ses intentions à M. de Maurepas, qui n'osant contrarier tout-à-fait S. M. lui a cependant donné à entendre qu'elle avait été bien vite en besogne. C'est en ce moment qu'il a été nommé président du conseil des finances. Cette place, qu'on crée ou qu'on supprime sans inconvénient, n'avait pas été occupée depuis le renvoi du duc de Praslin.

Celui-ci n'y avait point brillé, et ne la possédait, à proprement parler, qu'honorifiquement. Il paraît qu'aujourd'hui ce doit être autrement ; que l'objet est de contenir le futur contrôleur général, et d'empêcher qu'il n'aille aussi loin que son prédécesseur, en cas qu'il eût l'esprit de système et d'innovation, et que sous cette dénomination modeste le mentor de S. M. aura presque le pouvoir d'un surintendant.

Quoi qu'il en soit, M. de Clugny qui est arrivé depuis peu, bien loin qu'il ait pour lui le cri général, est, au contraire, si décrié qu'on en dit d'avance tout le mal possible. Il ne faut point prématurer les événements, et peut-être arrivera-t-il de celui-ci tout autrement que des autres, toujours fort exaltés à leur avénement au ministère, et renvoyés ensuite à la satisfaction du public.

M. de Malesherbes, plus heureux que son ami, s'est véritablement retiré avec tous les honneurs de la guerre (1). Il n'était entré dans le ministère que malgré lui ; il a essayé de faire quelque bien ; il voulait opérer une réforme dans la maison du roi ; elle était annoncée pour le 1er avril ; il n'a pu réussir, il a senti son inutilité,

---

(1) Sa vertu le destinait à des honneurs bien plus étonnants ; elle devait lui faire recevoir la mort avec courage, après lui avoir donné le courage encore plus grand de défendre son roi.

il a demandé à quitter la cour ; on l'a forcé d'y rester encore quelque temps. Enfin il est devenu libre et a pris congé du roi le même jour où M. Turgot a été renvoyé. Vous avez vu précédemment qu'on s'attendait à cet événement, surtout si la dignité de chancelier tardait à devenir vacante. C'était la seule qui pût lui convenir ; encore le séjour de Versailles lui avait-il toujours déplu. Depuis qu'il y est, il n'a travaillé en rien à se donner l'air d'un courtisan ; il est toujours resté mis très-simplement ; il a conservé la même familiarité dans ses gestes, dans ses propos, et peu de jours avant son départ il lui est arrivé à cette occasion une petite aventure que la malignité des persiffleurs n'a pas manqué de relever. Ayant rencontré le sieur de la Martinière, le premier chirurgien de S. M., grand et gros, il lui a frappé sur le ventre en lui disant : » bon jour, » *pater.* » Celui-ci, piqué de ce terme de bonhommie, lui a riposté. » bon jour, *frater*, » et la galerie (1) de rire. Chacun a bientôt rapporté cette saillie, assez heureuse, à cause de la tournure non moins rondelette du ministre ; et la médiocrité et l'envie ont été enchantées de trouver ainsi à rire aux dépens d'un grand homme, et ont cru, en la répétant, le rabaisser à leur

---

(1) On assure que cette scène se passa à Versailles dans la galerie.

niveau. Quant à lui, on assure que, frappé de vapeurs qu'il a contractées dans l'air d'un pays si contraire à son moral, il va voyager pour dissiper cette humeur noire qui a altéré la gaîté naturelle de son caractère.

M. le comte de Maurepas, vraisemblablement, n'a pas été fâché de ce départ, qui lui a laissé un vide pour placer un intendant des finances qu'il venait de créer (1), qu'il aime comme son fils et qu'il a jugé digne d'entrer dans le ministère. Le public ne semble pas en avoir la même opinion; il faut attendre, à l'œuvre on connaîtra l'ouvrier. Tout le monde s'imaginait que M. de Sartine, à qui le département de Paris convenait mieux qu'à tout autre, aurait succédé à M. de Malesherbes; mais on assure qu'il n'a point voulu quitter celui de la marine, et qu'il s'est senti assez de génie pour le diriger dans les circonstances critiques où il pourrait se trouver bientôt. J'en suis fort aise pour ma part, et je crois qu'on n'en sera pas mécontent en Angleterre. Le lord North, surtout, l'aimera-là mieux qu'un autre.

Il y a tout à parier que les projets de M. Turgot s'évanouiront avec lui. On ne peut disconvenir qu'il n'y ait de sa faute, comme je vous l'ai observé au commencement de cette lettre. Entre

---

(1) M. Amelot, quii avait été intendant de Bourgogne.

les torts qu'on lui impute, un capital c'est de n'avoir pas assez ménagé le mentor du roi. Il traitait lestement ce vieillard auquel il devait son élévation, et son caractère ne pouvant sympathiser avec la frivolité, l'aisance, l'incurie de l'autre, il méprisait ses conseils avec trop de hauteur et de supériorité. Il ne ménageait pas davantage le parlement, et content du témoignage de sa conscience sur la droiture de ses intentions patriotiques, il négligeait les formes, si essentielles dans un état, ces sauvegardes de la liberté publique, ces remparts contre les entreprises du despotisme. Précisément le dimanche où il a été disgracié, les gens du roi étaient venus demander à Sa Majesté le jour, le lieu et l'heure où il lui plairait recevoir les itératives remontrances de la cour. Avant d'entrer chez le roi, informés de l'événement, ils tinrent conseil entre eux et convinrent que ce n'était pas le moment de faire une pareille démarche. Ils repartirent en diligence, et crurent que la meilleure réponse à rapporter à la compagnie c'était cette bonne nouvelle.

Le clergé n'en a pas été moins satisfait; il a témoigné indécemment sa joie, et M. l'archevêque de Paris a dit à son audience qu'il fallait attribuer ce succès aux prières du jubilé.

Enfin, pour enlever à ce ministre, même les regrets du peuple de Paris dont on l'accusait de capter trop la bienveillance, on a fait afficher une déclaration (1) où, en acquiesçant à l'arrêt vigoureux de la cour des aides, on convient de l'illégalité du coup d'autorité faux, étourdi, despotique, de M. Turgot, et l'on y remédie par une interprétation, dont il résulte l'énumération effrayante de dix sortes de droits qu'on levait sur un simple boisseau de *grenaillles*, dont on supprime quatre, et dont six restent encore.

C'est, sans doute, dans l'indignation du triomphe des ennemis du bien, plus que de la personne de M. Turgot, qu'un poète s'est permis le rondeau suivant, par où je terminerai cette lettre, dont il faut attribuer la longueur à l'abondance des faits, élagués cependant le plus que j'ai pu :

Rondeau sur la retraite des deux Ministres.

Deux gens de bien habitaient à Versaille,
Deux à la fois ! c'était grande trouvaille ;
Aussi chacun en est émerveillé.
Filou de cour craint d'être surveillé,
Et de Plutus l'avide valetaille,
Du parlement la vénale canaille,
D'Oigny, Sartine, et la fourbe prêtraille,
Manœuvrent tant que l'on a renvoyé
    Deux gens de bien.

---

(1) En date du 19 mai 1776, qui ordonne que l'adjudicataire des fermes, ses commis et préposés, continueront de faire la perception de tous droits autorisés aur les pois, fèves, lentilles et riz.

Fripons, roués, çà faites bien ripaille ;
Allez r'avoir votre champ de bataille,
Pour vous exprès tout y sera trié,
Ministres, ducs, tout est apparié ;
Et, grâce à vous, il n'est plus à Versaille
    Deux gens de bien.

Vous remarquerez que cette pièce marotique est un peu vive ; qu'elle est plus que naïve, et contient des vérités bien dures, exprimées d'une manière qui ne l'est pas moins. Quoi qu'il en soit, il y a long-temps qu'on n'avait chanté en France les louanges de ministres déplacés. Quand se réjouira-t-on à Londres de l'expulsion de ce lord North, de ce ministre qui nous fait faire des sottises si énormes, qu'on le jugerait soudoyé pour cela par nos rivaux ? Quand notre nation sortira-t-elle de son aveuglement !

Je vous embrasse tendrement, Milord.

                    Paris, ce 3 juin 1776.

LETTRE XX.

Sur un Poème plaisant, intitulé : Parapilla.

Vous desirez, Milord, que je vous régale de temps en temps, et que j'entremêle les objets politiques et sérieux, des facéties dont ce pays abonde. En voici une, qui n'est pas nationale, mais qui a été francisée par un poète aimable qu'on ne m'a pu nommer. C'est une bouffonnerie ultramontaine : on reconnaît aisément aux détails le terroir d'où elle vient. Ce poème dans son origine s'annonçait plus ouvertement. Il est encore intitulé dans la première langue : *il cazzo*, mot fort usité chez les Italiens, en forme de juron, et que Benoît XIV avait souvent à la bouche. On raconte qu'un jour un de ses confidents lui reprochait d'employer ce mot sale : » *Cazzo, cazzo*, répondit-il, *je le répéterai si* » *fréquemment qu'il ne le sera plus.* » On ne sait si c'est ce qui a fait naître l'idée au premier auteur de la plaisanterie en question. Quoi qu'il en soit, il suppose qu'un certain *Rodric*, ayant sans doute la même habitude du saint père, accueillit ainsi un bel inconnu qui vint lui demander brusquement ce qu'il faisait, au moment où il cultivait son jardin et mettait quelque chose en terre.

« Holà, l'ami, dis-moi ce que tu plantes ? » *Cazzo, cazzo,* » répond l'hermite bourru. L'autre ne lui donne pas le temps d'achever et reprend :

» Vous en plantez, eh bien ! il en viendra. »

La prophétie s'accomplit, car c'était un ange qui la faisait. Que devient cette tige singulière ? Quel usage en fait Rodric ? Comment s'en défait-il ? En quelles mains tombe-t-elle ? Quel est son dernier sort ? C'est ce qu'on voit dans le courant du poème, divisé en cinq chants, fournis d'épisodes très-ingénieuses et très-agréablement narrées. Ce qui en fait le principal charme et le mérite rare, c'est que roulant sur le sujet le plus obscène, il n'y a pas un seul mot de ce genre ; et la fiction, soutenue d'un bout à l'autre sur le même plan, présente des images très-licencieuses, toujours gazées sous des expressions honnêtes. On ne sait d'où est tiré le mot *parapilla*, qu'a substitué le traducteur à celui de *cazzo*. Ce qu'il y a de sûr, c'est qu'il ne signifie rien en Français, mais il a une grande vertu dans l'ouvrage, comme vous le verrez.

Dans le premier chant, après l'exorde et l'invocation ordinaire, l'auteur établit d'abord quel personnage était ce Rodric, à qui le ciel fit un si étrange présent :

> Jadis vivait dans les murs de Florence
> Un beau galant, d'une haute naissance,
> Nommé Rodric, hélas ! trop généreux,
> Car de la blonde allant droit à la brune,
> En beaux festins, cadeaux, plaisirs et jeux,
> Il eut bientôt dissipé sa fortune.
> Que devenir en cette extrêmité ?
> Sage il devint, grâce à l'adversité.
> Fuyant sa honte, et cachant sa misère,
> L'infortuné, d'un peu d'argent comptant
> Qui lui restait, achète une chaumière,
> Et tout auprès un petit bout de champ.
> Là, tout pensif, sans valets ni servantes,
> Il travaillait, ayant parmi ces soins
> Un peu d'humeur : on en aurait à moins.

Suit l'apparition de Gabriel, la réponse et le pronostic déjà rapportés.

> Soudain il fuit comme une ombre légère,
> Et de son pied touche à peine la terre.
> Rodric alors resta pétrifié ;
> Lui, qui parlait en tout temps comme un livre,
> Avoir ainsi manqué de savoir vivre !
> Brutalement avoir congédié,
> O ciel ! et qui ?... c'est un ange.... sans doute,
> C'est Gabriel, de la céleste voûte
> Exprès pour lui descendu par pitié.
> Un tel soupçon n'a rien de fort étrange.
> Durant le cours de ses plaisirs mondains,

Toujours Rodric honora ce bel ange,
Beau messager du maître des destins;
Car à Florence on brûle plus de cierges
Aux chérubins, qu'aux onze mille vierges;
Informez-vous, chacun vous le dira.
Mais quel remords et quelle étourderie !
Comme il gémit et se désespéra !
Si de l'effet la menace est suivie,
Plus de ressource, et comment se nourrir?
Pauvre Rodric, tu n'as plus qu'à mourir.

C'est bien pis, lorsqu'il voit la prédiction s'accomplir.

 Le fruit fatal s'élevant sur la terre,
 Nouvel Œdipe, est vainqueur de sa mère.

Rodric n'a d'autre manière de sortir d'embarras que de se repentir, de pleurer et d'invoquer le secours de l'esprit céleste.

 Le Gabriel est né plaisant, mais bon;
 Il pardonna. Les ailes étendues,
 Je l'apperçois, qui, d'un air triomphant,
 Paré de pourpre et porté sur des nues,
 Dit à Rodric : « calme-toi, mon enfant;
 » Tu viens de voir un singulier prodige,
 » Mais ce n'est rien : prends la plus belle tige :
 » Dans un panier alors tu la vendras
 » Cent mille écus; c'est le prix, et pour cause;
 » Car aussitôt que l'on verra la chose,
 » Femme ni fille, alors ne manquera
 » De s'étonner et de crier Ah ! Ah !
 » Or, dans l'instant la divine merveille,

» Chez celle-là qui poussera ce cri,
» S'introduira, mais non pas par l'oreille ;
» Et là sans cesse, un doux charivari
» Excitera volupté sans pareille,
» Si l'on ne dit ce mot, Parapilla.
» Adieu, Rodric, retiens bien tout cela. »
L'ange s'envole, et Rodric s'humilie.

On voit dans le second chant comment le possesseur d'une si belle plante fait fortune. Allégorie toute naturelle de ce qui est arrivé à tant d'autres. C'est une madame Capponi, veuve, et se désolant de cet état, qui la première veut voir le bijou. Elle fait appeler le marchand.

Le marchand donc à l'instant comparut ;
Bien humblement il fit sa révérence,
Ota le voile, et le tout se passa
Comme à Rodric Gabriel l'annonça.
Figurez-vous en pareille occurrence
L'émotion et le saisissement
D'une beauté qui se voit envahie,
Et sans respect ainsi prise à partie.
Et néanmoins le premier mouvement,
Si naturel, fut de le laisser faire,
Se résignant, soupirant de grand cœur,
Et des deux mains, par excès de pudeur,
Cachant ses yeux. Le second, tout contraire,
Fut d'écarter, hélas, le téméraire !
Mais vains efforts et nouvel embarras ;
Elle le veut, elle ne le peut pas.
— Mon cher monsieur, voulez-vous que je meure,
Je ne puis plus endurer ce méchant.....

Ah ! par pitié, délivrez-moi sur l'heure.
— Très-volontiers. Prononcez seulement
PARAPILLA. — Fi donc ! c'est du grimoire,
Vous me trompez. —Non, vous pouvez m'en croire.
Le terme est neuf... propre à la chose. — Mais
Elle frémit, et ne dira jamais
Ce vilain mot. La charmante hypocrite
Gagnait ainsi du temps et du plaisir,
Et ce ne fut qu'avec un grand soupir
Qu'elle lâcha la parole susdite.
L'esprit malin a déjà pris la fuite
Parmi les fleurs prompt à se recueillir,
On le prendrait pour un saint dans sa niche.
Ah ! reprit-elle avec un air confus,
Et le voilà dans l'instant qui déniche,
Pour se nicher tout comme ci-dessus.
Que ne peut point un procédé si tendre ?
Le cher ami déjà ressuscité,
PARAPILLA se fait long-temps attendre !
Ce phénomène est vingt fois répété ;
Précaution que prend toujours le sage,
S'il veut à fond savoir la vérité.
Je n'en dirai sur cela davantage ;
J'en ai trop dit, peut-être. Mais enfin
Vous connaissez ce pauvre genre humain ;
Pour peu qu'on soit mis hors de leur portée,
Un grave sot, une tête éventée
Vous traiteront de menteur ou de sot,
Si l'on né dit comment, pourquoi, par où.
Pour terminer, la dame bien instruite,
Bien exercée, acheta le bijou ;
Sans marchander sur la valeur prescrite,
Le bon Rodric eut les cent mille écus.

Cette veuve avait pour sœur une abbesse, à qui elle avoue sa découverte. Curiosité de la Nonnain. Madame Capponi l'aime si tendrement, qu'elle ne peut lui refuser de lui en faire part. Quoiqu'elle déclare que la chose viène d'un ange, la bonne religieuse ne peut se persuader que ce ne soit pas quelque outil du diable, inventé par art magique. Elle veut le voir, en essayer, en juger. Sa sœur, après bien des débats, consent à cette épreuve, promet d'envoyer au monastère la cassette contenant le don du ciel, mais avec les plus grandes précautions, et sous le serment de renvoyer le tout avant le soir.

Au troisième chant on lit d'abord une description du couvent.

> Mais j'apperçois les murs de l'abbaye,
> Vaste édifice, où les Burneleschis,
> Les Sartonis, par cent travaux exquis,
> Ont de leur art épuisé le génie.
> L'azur et l'or y mêlent leurs couleurs.
> Là, dans le sein de la magnificence,
> L'oisiveté, par des vœux imposteurs,
> Se vante encor d'embrasser l'indigence.
> La chasteté s'y garde comme ailleurs.
> C'est un sérail de sultanes jalouses,
> Et qui, par fois, pour charmer leur ennui,
> D'un même dieu se disant les épouses,
> Font des enfants qui ne sont pas de lui.
> Pour mon héros, c'est l'île de Cythère.
> Que l'aumônier va languir aujourd'hui !

L'endroit vraiment plaisant est celui où les religieuses, surprises de ne point voir l'abbesse au chœur, et craignant qu'elle ne soit malade, accourent pour en savoir des nouvelles. Elle n'avait point eu la précaution de fermer sa porte. Ses ouailles entrent en foule, et la trouvent avec son hôte vacant en ce moment-là. Elle se reposait de ses fatigues.

 Alors la chose à l'écart était mise ;
Même la boîte, où gît le beau phénix,
Était ouverte aux pieds du crucifix.
Agnès l'a vu, la voilà qui s'écrie....
A ses genoux le vainqueur a volé,
L'affaire est faite, autant de violé.
La sotte, hélas ! craint de perdre la vie,
Elle est sans art, ne sachant rien de rien.
L'abbesse dit que tout est pour son bien,
Mais vainement ; et pour la faire taire,
Car à ses cris tout le monde accourait,
Il fallut bien révéler le mystère,
Et les deux mots par qui tout s'opérait,
Dont l'autre sœur, très-habile écolière,
Fort à propos sut faire son profit ;
Car le grand mot par Agnès étant dit,
Le fier Tarquin soudain la répudie.
Sœur Madelon, qui ne craint pas le viol,
Le couche en joue et l'arrête en son vol :
L'oiseau s'abat ; elle se l'approprie.
Et cependant interrogeant Agnès,
Toutes les sœurs autour d'elle assemblées
De Gabriel ont appris les secrets.

Les cris, les pleurs les avaient fort troublées;
Mais contemplant l'adresse et la valeur
De Madelon, et la grâce divine
Dont à leurs yeux sa face s'illumine,
Ce noble exemple a ranimé leur cœur.
Elles n'ont vu jamais dans leur église
Miracle aucun qui soit plus à leur guise :
Au don du ciel toutes prétendent part,
Toutes l'auront, l'abbesse l'autorise.
Il le fallait, et sans plus de retard,
Ou c'était fait du vœu d'obéissance.
L'ordre est donné, les sœurs sont en silence,
A deux genoux, et l'abbesse commence.
Vous avez vu dans le saint temps pascal
Un directeur assis au tribunal :
A droite, à gauche, un essaim de femelles
Est à l'affut, avançant pas à pas
L'une après l'autre, et si l'une d'entre elles
Est trop long-temps à débrouiller son cas,
Chacune dit : « elle ne finit pas ;
» Quoi ! tout le jour il faudra se morfondre ! »
Tel des Nonnains était l'empressement,
Plus grand cent fois, j'ose vous en répondre.
PARAPILLA marchait si lentement,
A chaque fois les AH ! font tel esclandre,
Sont si nombreux, si prompts, que bien souvent
Le directeur ne sait auquel entendre.
Plusieurs disaient leur *benedecite*,
En attendant, d'autres *veni sancte*.
Un beau spectacle était la sous-prieure
Se recueillant en fille intérieure,
Et soumettant la chair à l'éternel ;
L'instant d'après une autre moins docile,

Pleine du Dieu, n'ayant rien de mortel,
Se débattait ainsi que la sibylle ;
L'autre s'enfuit avec le trait fatal :
La mère Alix pensa se trouver mal :
Il est trop vrai que ses forces succombent,
Son œil se ferme et ses lunettes tombent.
Sœur Madelon, déjà faite au péril,
Tint fort long-temps le galant en fourrière ;
On murmurait : « Où le miracle est-il ? »
Bref, le héros accomplit sa carrière ;
Mais ce ne fut qu'après un long combat,
Bien disputé, bien digne de mémoire :
Puis on entonne un beau *magnificat*.
Tort ou raison, les sœurs criaient victoire.
Mais ce qui doit charmer tout bon chrétien,
Trente blessés se portent tous très-bien,
Et vont gaîment souper au réfectoire.

Un point historique ouvre le quatrième chant. Il est question de la rivalité des deux familles de Florence, dont il résulte la capture du trésor précieux. Laissons raconter le fait au poète.

En ce temps-là vous saurez que la ville
Fut divisée en différents partis,
Et qu'on craignait une guerre civile.
Les plus suspects étaient les Capponis.
Le Barigel courait toutes les nuits,
Espionnant, faisant partout la ronde,
Interrogeant et fouillant tout le monde,
Et pour un rien les menant en prison.
Il rencontra, cheminant dans la rue,
L'homme au coffret : l'heure était très-indue ;

Et la livrée excitant le soupçon :
« Arrête-là..... Dis-moi ce que tu portes.
» — Je n'en sais rien. — La clef ? — Je ne l'ai pas.
» — Allons coquin, au cachot de ce pas. »
L'autre entendant ces paroles trop fortes,
Jète la boîte, objet du démêlé,
Et court et fuit, et tout honteux arrive
A la maison, disant on m'a volé.
— Mais la cassette ? — hélas ! elle est captive.
Ce cher trésor, par quel arrêt du ciel !
Va-t-il tomber aux mains d'un barigel ?

Le barigel, à qui l'on apporte la boîte, force la serrure, et ne fait pas grand cas de cette prise. Précisément il mariait sa fille le lendemain. Par un hasard unique le jour de l'hymen, l'épousée inquiète, attendant le soir avec impatience, rôdant de côté et d'autre, trouve le coffret ; ce qui donne lieu à la description d'une troisième jouissance, non moins variée que les premières. C'est dans ces détails que brille la fécondité du peintre, toujours pudique, voluptueux et gai :

. . . . Quoi ! dit-elle, un coffret
De bois de rose en belle mosaïque !
Sachons un peu quel est ce beau secret.
Ainsi pensaient Eve, Psyché, Pandore,
Madame Loth, et bien d'autres encore :
Incessamment vous jugez qu'elle ouvrit ;
Vous devinez comment l'autre s'y prit,
Comme il accourt, comme il entre en ménage,
Si que la belle, à son apprentissage,

Croit que c'est là la fin du sacrement
Qu'elle ignorait, et se pâme d'autant.
L'époux survient, qui, la trouvant précoce :
« Parbleu, dit-il, ne vous pressez pas tant,
» Vous allez voir un beau présent de nôce.
» Non, mon ami, non, je le tiens.... hélas ! »
C'est bien en vain qu'il se jète en ses bras,
Ivre d'amour, impatient, superbe ;
On lui criait : « vous nous importunez : »
Notre homme reste avec un pied de nez,
Est c'est de-là que nous vient le proverbe.
Du haut des cieux Gabriel a souri :
Que voulez-vous ? tel est son caractère,
Il ne craint pas de berner un mari.
Le voilà donc fixé dans la carrière,
Bravant l'hymen, étonnant les amours,
Ce fier athlète, et triomphant toujours.
Mortels heureux, on vante l'élysée ;
Il était là ! mais quoi dans ce bas lieu
Du plus grand bien il ne nous faut qu'un peu,
Et toujours feindre est chose malaisée.
La chère enfant, si l'on veut le savoir,
Fuyait le monde, et surtout les voisines :
Chacun disait : elle fait trop de mines.
Vous qui riez, je voudrais vous y voir.
Mais tout prend fin parmi l'espèce humaine ;
Car un beau jour que son père mourut,
Que les parents, amis, tout accourut,
Ah ! disait-elle en respirant à peine.
Chaque soupir trompait, encourageait
Notre héros ; plus elle s'affligeait,
Plus son aspect vous séduit, vous enchante :
Baignés de pleurs, ses regards sont divins,
C'est Médicis, des crayons de Rubens.

Bref, sa douleur parut si ravissante,
Que le scandale en fut universel.
Toute éperdue et le cœur plein d'angoisse,
Elle s'échappe et vole à sa paroisse,
Et se prosterne, et dit : « Pouvoir du ciel,
» Rendez la paix à ces sombres demeures ! »
Ce *memento* n'était pas dans ses heures ;
Elles sont là, près d'elle, à l'abandon.
Une dévote à coîffe rabattue,
A ses côtés faisant le cou de grue,
Priait aussi, mais sur un autre ton.
L'autre reprit son livre de prières ;
Et tout à coup à ses regards brilla
Un beau billet en très-gros caractères,
En lettres d'or : dites Parapilla.
Ne doutant point de quelques grands mystères,
Elle obéit. Mesdames, plaignez-la.
Triste miracle ! et peu digne d'envie !
Elle ne fit de mines de sa vie.

Cette dévote était une femme-de-chambre de madame Capponi. Instruite par le laquais de la manière dont il a perdu la cassette, elle est aux aguets pour la retrouver. A la figure elle découvre aisément qui possède ou plutôt est possédé de l'instrument tenace. La beauté dont il s'était emparé, ignorait absolument le mot seul qui pouvait la soustraire aux fureurs d'un amant de nouvelle espèce, et l'adresse de la soubrette est de lui découvrir et d'enlever soudain par un AH ! AH ! élancé fort à propos, le bijou vacant.

Marton, c'est le nom de la chambrière, ne

peut se lasser de faire l'exercice avec cet instrument. Elle y vaque avec tant d'assiduité, qu'elle en perd sa place auprès de sa maîtresse et est chassée : ce qui arrive au commencement du cinquième chant. D'abord elle s'embarrasse peu de ce congé, ayant avec elle son compagnon assidu.

> . . . . . Tous deux incognito
> Ne se lassant de leur charmant duo,
> Vont occuper une chambre garnie,
> Ne voyant qu'eux dans ce vaste univers,
> Et fort contents d'avoir brisé leurs fers.
> Amour ! amour ! quelle est ton imprudence !
> Diane même a senti ta puissance :
> Combien de soins pour son Endymion !
> Combien l'Aurore a gémi pour Titon !
> Et qu'à Vénus tes malheurs et tes charmes,
> Bel Adonis, ont fait verser de larmes !
> Mais sans chercher des exemples si beaux,
> Que de Laïs jadis si bien payées
> Par des prélats, par des chefs de bureaux,
> Dans un grenier maintenant oubliées,
> Ont tout perdu pour des godelureaux !

Mais enfin elle tombe dans l'indigence. Ne sachant comment faire, elle se résout à vendre ce bijou. Elle trouve bientôt pour acquéreuse une certaine courtisane nommée *Lucrèce*, fille et maîtresse du saint-père.

> Alors siégeait le fameux Borgia,
> Du doux Jésus terrible grand-vicaire,

> Haï de Rome et chéri dans Cythère ;
> Comme l'on sait, chantant *Alleluia*,
> Et célébrant plus souvent que la messe,
> Le cas joyeux dans les bras de Lucrèce.
> Nul n'a jamais violé celle-ci,
> Même à Tarquin elle eût dit grand merci.

La courtisane, glorieuse de sa conquête, s'en retourne à Rome. Le poète, en passant, compare cette capitale du monde chrétien à ce qu'elle est de nos jours.

> Mais quoi ? déjà le toit du capitole
> Et des chrétiens l'auguste métropole
> Frappe ses yeux : non telle qu'aujourd'hui,
> Où d'Agrippa la fameuse rotonde,
> S'élève aux cieux pour commander au monde ;
> Mais telle encor que le grand Constantin
> L'avait jadis par ses mains consacrée.
> Humble au dehors, et bien plus révérée
> Avant le temps de Luther et Calvin.
> Oh ! qu'ici bas les destins sont bizarres !
> Tout change en mal sur ce globe maudit :
> Rome autrefois redoutait les barbares,
> Ses Attilas ce sont des gens d'esprit.
> Mais des enfers que peut la folle rage ?

Le dialogue de la maîtresse de Borgia avec son père, et ce qui arrive de la jalousie de celui-ci, conduisent à la fin de cette féerie charmante.

> La voyageuse enfin rentre au palais,
> Le cher objet toujours serré de près.

« Bon jour ma fille, as-tu fait bon voyage ? »
Et fourrageant déjà tous ses attraits,
D'une main libre... « Alte-là, dit Lucrèce :
» Mon très-cher père, et mon très-cher amant,
» Vous que mon cœur doit chérir doublement;
» Votre santé c'est ce qui m'intéresse.
» Vous pouvez tout, et mieux que Jupiter,
» Savez lancer et la foudre et l'éclair.
» En fait d'amour il n'en est pas tout comme :
» Vous le savez, ailleurs qu'in *cathédra*,
» Je vous ai vu sujet à l'*errata* :
» Le dieu du monde est souvent moins qu'un homme.
» Pour m'épargner tout fâcheux accident,
» Saint Gabriel m'a fait un beau présent.
» Malgré l'église, en dépit de la bible,
» Pour cette fois j'ai trouvé l'*infaillible*.
» Voyez plutôt : ce n'est pas tout encor. »
Ajouta-t-elle avec un air novice;
« Quand je permets qu'il prenne un peu l'essor,
» Vous allez voir comme il fait l'exercice. »
Incontinent le lutin mis en jeu,
Part, s'élançant comme d'une soupape,
Et va brider le nez du père en Dieu.
Imaginez l'effroi du vieux satrape
A cet aspect subit, inattendu :
Dans sa fureur il poursuit l'anti-pape;
Mais à son poste un soupir l'a rendu.
Plus d'une fois on répéta la chose.
Tel qu'un volant qui jamais ne repose,
L'oiseau léger partait et retournait.
Le saint prélat courait et entonnait :
« Au nom du ciel, de la vierge Marie,
» Démon, fuyez, je vous excommunie : »

Tome I.   25

Le pourchassant, allongeant ses deux doigts,
Faisant sur lui de grands signes de croix,
Le tout en vain : et s'il court à Lucrèce,
Déjà l'intrus l'a gagné de vitesse.
La folle éclate et l'orgueilleux rival
Demeure ferme au lieu pontifical.
Notre Alexandre était non moins colère
Que celui-là qui prit Persépolis.
« Je n'ai donc plus les clefs du paradis ! »
Et tout de suite il écrit à saint Pierre,
Jurant de mettre et le ciel et la terre,
En interdit, si justice on ne rend
Briève et prompte, et surtout accusant
Le Gabriel d'être un mauvais plaisant.

Le dénouement du poëme n'est pas ce qu'il y a de plus heureux. L'auteur termine par faire l'apothéose de l'instrument et par le placer au ciel. C'est la seule manière dont on trouve dans l'empirée pouvoir d'appaiser les plaintes du pontife.

Ce fut au ciel une rumeur du diable :
Saintes et saints, tout s'assemble, tout court.
L'ange a beau jeu pour ne pas rester court ;
Il s'en explique, et d'un art admirable,
Il détailla les vices du vaurien :
Puis persifflant le pape et sa pantoufle
Qu'il fait baiser, le traite de maroufle.
A tout cela Pierre dit : « J'en conviens ;
» Je n'eus jamais cet orgueil peu chrétien :
» Pourtant là bas, il occupe ma place ;
» Pour ce brigand je vous demande grâce. »

Le tout s'appaise, et tout s'arrange au mieux.
Mais Gabriel, par une bonne clause,
Pour son client obtint l'apothéose:
Le beau phénix, transporté dans les cieux,
Devint le page et l'amant des comètes.
Chacun d'ici peut le voir sans lunettes.

Tel est ce petit ouvrage, que bien des gens comparent au *Vert-Vert*, mais dont le sujet porte beaucoup plus d'intérêt, dont les épisodes très-variés enchaînent plus ingénieusement l'action, et dont le style plus leste marche avec une rapidité que n'a pas M. Gresset. Mais encore un coup, le chef-d'œuvre de l'auteur c'est de friser continuellement l'obscénité et de s'en garantir toujours. Je ne connais point l'original, et il y a à parier que le traducteur l'a de beaucoup amélioré, et surtout y a répandu ce goût exquis que je vois n'appartenir qu'aux Français dans cette espèce de production, et qu'on ne trouve dans aucun des autres peuples. Si je puis avoir occasion d'acheter cette bagatelle, fort rare, je vous la ferai passer complètement; et vous conviendrez qu'elle surpasse infiniment les nôtres, même *la boucle de cheveux enlevée* de notre fameux *Pope*.

Claudite jam rivos pueri, sat prata biberunt.

Je reviendrai incessamment à des objets d'une

plus grande importance. En attendant voici des couplets satiriques sur M. Turgot.

Les étonnements des Chartreux.

Que notre roi consulte *Maurepas*,
   Qu'il soit son Mentor et son guide,
   Qu'à tous ses conseils il préside,
     Cela ne nous surprend pas :
Mais qu'à *Turgot* le *Mentor* s'abandonne,
   Qu'il laisse ce ministre fou
   Le traiter de faible et de mou,
   Quand il peut lui river son clou,
     C'est ce qui nous étonne !

Dans tout Paris, au milieu du fracas,
   Que personne ne s'entretiène
   Du gobe-mouche de *Vergenne*,
     Cela ne nous surprend pas :
Mais qu'avec lui notre pauvre couronne,
   Dont l'honneur est un peu déchu,
   Dans l'Europe n'ait pas reçu
   Quelque coup de pied dans le cu,
     C'est ce qui nous étonne !

Que *Lamoignon* (1) trouve aussi peu d'appas
   Au ministère qu'il occupe

---

(1) M. de Malesherbes, qui passait pour peu galant.

Qu'aux amusements de la jupe,
    Cela ne nous surprend pas :
Mais qu'un mortel qui pense et qui raisonne,
    Qui n'est ni bête ni cagot,
    Se laisse traiter d'Ostrogoth,
    Pour soutenir son cher *Turgot*,
    C'est ce qui nous étonne !

Que *Saint-Germain* connaisse les soldats,
    Qu'il soit un brave homme à la guerre,
    Et qu'on l'élève au ministère,
    Cela ne nous surprend pas :
Mais qu'il admette auprès de sa personne
    Un petit *Guibert*, ce pied-plat,
    Qui se croit un homme d'état,
    Et qui dans le fond n'est qu'un fat,
    C'est ce qui nous étonne !

Que de *Sartine* on ait fait quelque cas,
    Tant qu'il n'exerçait que l'office
    De lieutenant de la police,
    Cela ne nous surprend pas :
Mais qu'on lui trouve une tête assez bonne
    Pour une place où ce chrétien,
    En conscience n'entend rien,
    Et qu'il ne fera jamais bien ;
    C'est ce qui nous étonne !

Qu'avec gens sur l'honneur peu délicats,
    Saint Germain traite, et leur confie
    Des vivres l'utile régie,
    Cela ne nous surprend pas :
Mais qu'il s'obstine à vouloir qu'on la donne,

Pour enrichir ses favoris,
A des fripons (1) qui, dans Paris,
Sont déshonorés et flétris;
C'est ce qui nous étonne !

---

(1) Doumier et Saurin, accusés de monopole, et mis à la Bastille dans le temps des émeutes.

LETTRE XXI.

Sur la mort du prince de Conti. Détails piquants sur sa vie privée. De sa fermeté à ses derniers moments.

L'ÉVÉNEMENT qui cause le plus de sensation en ce moment, Milord, c'est la mort du prince de Conti. Il languissait depuis plus d'un an, et par cette opiniâtreté qu'il a toujours eue sur tout, il a lui-même accéléré son terme fatal, en voulant se traiter à sa manière. L'objet de ses conférences avec ses médecins, était moins de s'éclairer sur son état, de profiter de leurs conseils pour y remédier, que de se disputer avec eux. En sorte que l'instant le plus redouté par les gens attachés à ce prince, était celui où arrivaient les docteurs. Il sortait toujours plus malade de leur consultation. Comme un sang enflammé par les veilles, par les débauches de toute espèce, par les diverses passions dont il était agité, par la vie active et turbulente qu'il avait menée sans cesse et qu'il menait encore, était le principe des divers accidents qui l'ont conduit au tombeau, les contradictions qu'il éprouvait de leur part, ne faisaient que l'aigrir davantage ; et le résultat était ordinairement de ne rien faire de ce qu'ils ordonnaient. C'est ainsi qu'il a trouvé le secret de miner insensiblement le tempérament le mieux constitué, et de périr encore dans la force de l'âge (1).

Du reste, il a fini avec la même fermeté qu'il avait montrée dans toutes les circonstances critiques de sa vie ; quoique sûr de ne pouvoir guérir du mal qui le consumait, il n'a point perdu sa gaîté et sa présence d'esprit. Dans son dernier voyage à l'Isle-Adam (2), il s'est fait apporter son cercueil de plomb, qu'il avait commandé ; il s'y est couché, et a plaisanté sur la gêne qu'il y éprouvait. Une autre fois, voyant se promener ensemble son trésorier et son aumônier : « Voilà, dit-il en riant, les » deux hommes le plus inutiles de ma maison. » Dans l'état des dépenses secrètes de son intérieur, on trouve encore passé en compte, au mois de juin dernier, des soupers de filles, qu'il faisait habituellement plusieurs fois par semaine.

Malgré ces écarts, qui n'étaient que ceux de son tempérament, il était resté constamment attaché de cœur à la marquise de Bouflers, pour

---

(1) Le prince de Conti était de 1717.
(2) Terre appartenante à ce prince.

laquelle il avait les sentiments les plus sincères, les plus tendres et les plus inviolables. Il est passé, pour ainsi dire, entre ses bras, et la chronique scandaleuse pourrait dire encore mieux de lui que du régent (1), *qu'il est mort assisté de son confesseur ordinaire.*

Cette circonstance est d'autant plus frappante, elle afflige d'autant plus le clergé, que M. le prince de Conti est le premier de la maison de Bourbon, toujours très-édifiante au lit de la mort, se voyant dessécher lentement, conservant sa tête jusqu'au dernier instant, persistant dans son impénitence finale, et refusant constamment de recevoir les secours de l'église. En conséquence les incrédules ont voulu tirer parfaitement au clair la certitude et les détails de ce triomphe.

Voici ce qui résulte de leurs informations et du rapport des personnes attachées à Son Altesse. Dans ses derniers instants, l'archevêque de Paris, alarmé sur le sort de cette ouaille auguste, s'est transporté à son palais, a été brusquement introduit auprès du moribond. Celui-ci l'a reçu

---

(1) A la mort de ce prince, une gazette étrangère affecta de dire qu'il était mort assisté de son confesseur ordinaire, parce que madame de Phalaris, sa maîtresse, se trouvant avec lui au moment où il fut frappé d'apoplexie, lui avait rendu les soins ordinaires en pareil cas.

très-honnêtement, lui a témoigné une sorte d'estime, relativement à ses mœurs, quoique différant de lui dans sa façon de penser, soit en matière politique, soit en matière religieuse. A l'égard de ce dernier objet, il a prié le prélat de ne point lui en parler, parce qu'il avait mûrement examiné la chose et savait à quoi s'en tenir. Depuis, le prince se doutant que M. de Beaumont, suivant le devoir de son état, se représenterait pour le prêcher de nouveau, avait défendu de le laisser pénétrer; en sorte qu'il a été refusé deux fois par le suisse à la porte de la rue, sans être descendu de son carrosse, et en présence d'un peuple immense, attentif aux démarches de l'archevêque. Les gens du métier reprochent à M. de Beaumont de n'avoir pas sauvé le scandale, en y mettant un peu d'astuce, en descendant, en entrant dans la cour, et se tenant en quelque endroit, pour en imposer au moins aux spectateurs, et qu'on crût qu'il avait été admis auprès de Son Altesse. Les subalternes se sont conduits avec plus d'adresse. Piqués de voir ce prince leur échapper et témoigner ouvertement une façon de penser qui pouvait faire exemple, ils ont cherché à sauver l'extérieur du mieux qu'ils ont pu. En conséquence, de concert avec des serviteurs de la maison dont ils ont intéressé le zèle, ils ont supposé qu'on était venu chercher les saintes huiles : ils les ont portées au temple, sont entrés par une porte et ressortis par l'autre, ou peut-être ils ont oint le malade déjà mort.

Si la marquise de Bouflers a été un scandale pour les prêtres, furieux de ne pouvoir déterminer le moribond à se séparer de cet objet le plus cher à son cœur, sa conduite n'en a pas moins été approuvée des honnêtes gens. Elle avait déterminé depuis quelque temps ce père, irrité contre le comte de la Marche, à le recevoir, à se réconcilier avec lui, et à souffrir que ce prince lui rendît tous les soins d'une piété filiale. Il l'institue par son testament son légataire universel, et ce qui prouve la pureté de la façon de penser de la marquise, c'est qu'elle n'y est pour rien (1). Cette pièce ne contient, au surplus, que des dispositions particulières à l'égard de sa maison. Il laisse à chacun, en pension viagère, les appointements ou gages qu'il avait. Mais les bienfaits immenses dont il avait comblé une multitude de créatures, sont une charge considérable pour ses héritiers. Il n'est presqu'aucune fille d'opéra qui n'ait un contrat de lui, sans compter les autres.

---

(1) On a prétendu que madame la marquise de Boufflers ayant la délicatesse de ne vouloir pas recevoir des bienfaits publics du prince de Conti, n'en avait pas refusé 30,000 livres de rentes qu'il lui avait placées, et que le comte de la Marche en a depuis acquis la preuve.

C'est cette générosité immense qui fait qu'en ce moment la recette dans les biens de sa succession égale à peine la dépense. Il confesse par ce dernier acte deux enfants naturels, qu'il a chargé son fils de recommander au roi, et auxquels il procure un sort distingué. On voit par ces détails qu'entre les princes galants de la maison de Bourbon, le défunt méritait la première place.

Mais s'il se plongeait dans les voluptés et même dans la débauche avec une luxure effrénée, ce vice ne faisait point tort à ses grandes qualités. Il avait donné dans sa jeunesse des preuves de sa valeur et de sa capacité pour le commandement des armées (1). Son aversion pour les gênes de la cour, son peu d'égard pour les maîtresses de Louis XV, l'en avaient éloigné et l'avaient empêché d'être employé depuis. Et, en général, la franchise de son caractère ne sympathisait point avec celui du monarque, qui sentait la supériorité de cette âme forte et énergique sur la sienne. Comme il fallait un aliment continuel à son activité, et que d'ailleurs il avait le génie naturellement fier et factieux, il avait saisi l'oc-

---

(1) Dans la guerre de 1741, il avait commandé en Italie, forcé le passage des Alpes en 1744, et gagné la bataille de Coni.

casion des troubles du parlement avec le ministère pour se signaler et se former un parti dans la magistrature. Il se jugeait le seul entre les princes en état d'y figurer, par une grande connaissance des affaires, et par la facilité à parler et à rendre ses idées. Vous avez vu, Milord, le beau rôle qu'il a joué durant la révolution. Il ne s'est démenti en aucune circonstance. Quelques gens l'ont blâmé de n'avoir fait pendant la maladie du feu roi aucune démarche pour rentrer en grâce auprès de Sa Majesté, et lui témoigner sa douleur de lui avoir déplu; mais le patriotisme devait-il céder à son affection particulière envers le monarque? Il n'a manqué en rien aux actes extérieurs de bienséance. On rapporte même à cette occasion un trait original et vraiment dans son caractère franc et pétulant. Il était aux prières de quarante heures à la paroisse du Temple, lorsqu'on vint lui annoncer la mort de Louis XV. Oubliant à l'instant le lieu où il était et la décence qu'il exigeait, il donna ordre de renfermer le saint sacrement dans le tabernacle, comme pour reprocher à Dieu l'inutilité des prières qu'on lui adressait, au grand scandale du peuple, obligé de se retirer sans bénédiction.

Quelque desir qu'il eût de voir le jeune monarque et de s'y réunir, il n'a point voulu se prêter à la démarche préalable qu'on exigeait de lui (1), c'est-à-dire à une lettre de soumission trop contraire à ses principes et à sa façon de penser : il ne reparut à la cour qu'après le lit de justice du 13 novembre 1774. Il y était en quelque sorte inconnu, et le roi le présenta à *madame* et à madame la comtesse d'Artois qu'il n'avait pas encore vues du tout.

Le rétablissement du parlement dans la forme qu'il s'est effectué, et avec toutes les modifications apposées par l'autorité royale, n'était pas trop du goût du prince de Conti. Il prévoyait que cet acte de justice apparent pourrait bien ne tendre qu'à consolider le despotisme de fait. En conséquence il avait fait parlementer avec différents membres de la compagnie pour réveiller ou exciter leur zèle, leur promettant de les

---

(1) Madame la princesse de Conti, sa mère, ayant fort à cœur de voir son fils rentrer en grâce avant sa mort, fut trouver le roi à Choisi, et lui porter une lettre, où ce prince témoignait son désir de rendre ses devoirs au monarque. Celui-ci reçut très-bien la respectable douairière, la fit asseoir et resta debout. Il voulut avoir le temps de la réflexion et se consulter vraisemblablement avant de répondre. Le résultat fut de prescrire au prince de Conti une lettre de rétractation, dans le goût de celles écrites à Louis XV, par le prince de Condé et par le duc d'Orléans. On voit tous ces détails dans le *journal Historique du Rétablissement de la Magistrature*, etc. volume premier.

seconder de tous ses efforts. C'est ce qui avait donné lieu aux assemblées consécutives, dont le résultat fut de présenter au roi des remontrances, qui n'ont servi à rien qu'à mettre plus au jour l'impuissance ou la faiblesse de la cour, fatiguée de ses longues calamités.

Le fameux procès du maréchal, duc de Richelieu contre madame la présidente de Saint-Vincent, avait fourni au prince de Conti une autre occasion de se signaler et de pérorer. On l'avait admiré dans cette séance où, s'élevant avec force contre les coups d'autorité frappés au mépris des lois dans cette affaire monstrueuse, il se réserva de mettre en délibération par quels moyens on pourrait s'opposer à ces lettres de cachet, avec lesquelles on violait si impunément la liberté des citoyens de tous les ordres. On se flattait qu'il travaillerait avec l'impartialité qu'exigeait son ministère à défendre l'innocence, et c'est avec peine qu'on a vu l'intrigue d'un vieux courtisan blanchi dans l'art de la flatterie et des séductions, pénétrer jusqu'à lui, l'obséder et le subjuguer absolument par l'entremise d'une femme (1), dont les charmes envers Son Altesse Sérénissime étaient d'autant plus indestructibles, qu'ils ne venaient point de sa figure,

---

(1) Madame la marquise de Boufflers.

mais de son esprit. Dans le même temps, son acharnement contre M. Turgot et contre ses opérations les plus favorables au peuple, n'ont point fait plus d'honneur à cette Altesse, d'autant qu'on pouvait soupçonner que des vues d'intérêt la portaient à contrarier le ministre, par les pertes qu'elle en pouvait souffrir dans ses revenus.

Enfin ses bontés envers le sieur de Beaumarchais, motivées sur l'utilité dont était ce proxenète aux plaisirs du prince, auraient dû rester plus secrètes : on lui a reproché d'avoir trop montré sa bienveillance pour lui, de l'avoir couvert d'une protection trop éclatante au moment de sa flétrissure (1) ; affectation vraiment louable, s'il se fût agi en effet de protéger l'innocence opprimée ; mais indécente à l'égard d'un homme diffamé depuis long-temps par la voix publique, dont ceux-mêmes qui riaient le plus de ses sarcasmes (2) détestaient la méchanceté, l'impudence et la scélératesse. On a prétendu qu'il l'avait mis en œuvre pendant la révolution, qu'il avait employé sa plume pour ces ouvrages (3), qui ont si fort désolé le chancelier et ses suppôts.

---

(1) Par jugement de la commission du 28 février 1774, par lequel il a été blâmé, amendé, etc.

(2) Dans ses mémoires si connus.

(3) Les *Correspondances*.

Quoi qu'il en soit de cette anecdote mal éclaircie, rien ne peut justifier la familiarité que Son Altesse lui donna chez elle jusqu'au dernier instant, que le besoin qu'elle en avait sur la fin pour s'égayer dans sa langueur et dans ses souffrances. Ce qui prouve cependant que le prince de Conti savait l'apprécier, et rougissait intérieurement de sa faiblesse, c'est qu'il a évité d'en laisser subsister en quelque sorte aucune trace, et que le récompensant manuellement, il n'a point voulu qu'on lût son nom sur son testament, sur ce dernier acte devant mettre le sceau à sa mémoire.

M. le prince de Conti est actuellement exposé sur son lit de parade, suivant le privilége de ces augustes personnages, et le public est admis à le voir. J'ai voulu jouir de ce spectacle affligeant, mais philosophique; je ne lui ai point trouvé la figure hideuse: elle m'a paru avoir encore de la noblesse et une sorte de vie. J'y ai rencontré un peintre (1) occupé à l'esquisser, je lui ai observé que ce moment n'était pas le plus favorable pour le rendre: il m'a répondu que c'était le dernier à saisir, attendu que Son Altesse n'avait jamais voulu être peinte de son vivant, bien différente en cela de ses semblables, dont la flatterie multiplie si souvent l'effigie, presque tou-

---

(1) Le chevalier de Lorge.

jours à la satisfaction de leur amour-propre ; on avait, me dit-il, déterminé une seule fois le prince de Conti à figurer dans un tableau qu'il avait commandé, et où il ne pouvait se dispenser d'être : il s'agissait d'un déjeûner donné à tous les princes, mais il avait exigé de l'artiste (1) de ne le montrer que par le dos. Le lieu de la scène était l'*Isle-Adam*. On y voit encore ce morceau, où il fait les honneurs de toutes les manières.

C'est le parlement qui a mis les scellés chez le prince de Conti, et c'est lui qui en fera la levée. Le greffier de cette compagnie, assisté d'un substitut de M. le procureur-général, servirent de notaires. Tel est un autre privilége de sa naissance. Cependant le parlement et les autres cours n'ont été ni iront lui porter l'eau-bénite pendant son exposition, parce que cet honneur n'appartient point aux princes de *la seconde ligne*, c'est-à-dire à ceux qui ne composent pas ce qu'on appèle *la famille royale*.

Les dépouilles de Son Altesse sont déjà divisées. Le comte de la Marche prend son nom, et s'appelera désormais prince de Conti, d'après la désignation du roi, qui l'a qualifié ainsi, lorsqu'il est venu faire part à Sa Majesté de la mort de son père. Le gouvernement de Poitou, dont

---

(1) M. Olivier de l'Académie.

il était pourvu, est donné au duc de Chartres, qui est à la mer ; mais le roi en a fait porter la nouvelle à Madame la duchesse, et il est décidé qu'il en jouira sur le même pied que le prédécesseur et dans toute son intégrité ; quoique par le nouveau règlement il fût réduit aux appointements de 30,000 livres, on y a déjà fait déroger Sa Majesté en ce moment-ci. Jugez, en passant, Milord, quelle vigueur ont les opérations économiques de M. de Saint-Germain !

Quant au grand prieuré de France, le meilleur morceau que laisse le prince défunt, il occasionné une grande fermentation à la cour, par le nombre et l'avidité des concurrents ; mais il y a grande apparence qu'il sera conféré à M. le duc d'Angoulême. Le comte d'Artois sollicite fortement ce bénéfice auprès du roi son frère, et il passe pour constant que Sa Majesté le proposera au grand-maître de Malte. Le père compte en jouir sous le nom du fils, et quand celui-ci sera grand et en âge de se marier, on verra de plus loin ; peut-être trouvera-t-on alors quelque moyen auprès du saint père, se mitigeant de jour en jour, d'obtenir une dispense et de le conserver dans cette branche. Cependant l'ordre murmure beaucoup de se voir frustré d'un pareil bien, devenu depuis près d'un siècle l'apanage des princes légitimés, et qui va l'être bientôt des chefs les plus augustes du royaume.

Pour l'appaiser, on parle de lui réunir les biens supprimés des Antonins, évalués à 500,000 liv. de rentes. Autre objet de réclamation de la part du clergé, qui, n'ayant consenti à cette extinction que dans l'espoir de jouir d'un tel accroissement, est furieux d'avoir été pris pour dupe, et jète les hauts cris.

Après les filles, les brocanteurs sont ceux qui perdent le plus à la mort du prince de Conti. Il s'est livré depuis quelques années à la manie des curiosités et des tableaux. J'ai visité la collection de ces derniers : elle est très-nombreuse, et il y a beaucoup de morceaux du grand genre et des plus habiles maîtres. Son inventaire sera fort singulier; on parle de 800 tabatières et 4000 bagues, mais celles-ci ne seront pas sûrement montrées toutes au public. Voici ce qu'on raconte sur l'origine de leur multitude. On prétend que le défunt avait la fantaisie puérile de constater chacune de ses conquêtes amoureuses par cette légère dépouille. Il fallait que la femme honorée de sa couche lui donnât sa tabatière ou son anneau, qu'il payait bien, sans doute, et sur-le-champ il étiquetait cette acquisition du nom de l'ancienne propriétaire.

Voilà, Milord, les particularités les plus remarquables que j'aye pu ramasser sur un personnage illustre, dont les défauts, les vices même particuliers se perdront avec sa dépouille fragile, mais dont les sentiments et les vertus patriotiques subsisteront à jamais dans l'histoire. Il vivait peu avec ses parents, pour lesquels il n'avait pas une grande vénération, surtout depuis leur défection et leur tergiversation dans l'affaire du parlement. Aussi n'en a-t-il pas été regréte infiniment. Cependant M. le duc d'Orléans a satisfait à l'extérieur. Quoiqu'il n'habite plus le Palais-Royal, comme il est toujours censé y résider, il a fait cesser les petits concerts qui se donnaient la nuit dans le jardin. Madame la duchesse de Chartres, d'une sensibilité extrême, est peut-être la seule qui ait vraiment pleuré le prince de Conti. A son retour du voyage qu'elle vient de faire en Italie, elle avait fait demander au défunt la permission de le voir : mais Son Altesse s'y est toujours refusée, disant qu'elle connaissait sa tendresse pour elle, et qu'elle la priait de s'épargner un spectacle qui les affligerait réciproquement sans aucune utilité réelle.

On parle déjà d'un *Dialogue aux Champs Élysées entre Louis XV et le prince de Conti*; on assure que c'est un ouvrage piquant, et vous concevez aisément qu'il le peut-être. Milord, au revoir !

Paris, ce 7 août 1776.

LETTRE XXII.

Anecdote historique et usage barbare.

Je suis à la campagne, Milord, depuis quelques jours, et je vous écris de ce lieu. On m'a débauché pour venir à Lagny, petite ville de Brie, chez M. l'évêque qui en est seigneur, à raison de l'abbaye qu'il possède en commande. Il vient de s'y passer une aventure dont je ne puis vous omettre le récit, quoique le souvenir m'en fasse frémir encore.

J'étais ce matin dans ma chambre, lorsque tout à coup j'entends un grand bruit : je regarde, et je vois une populace effrénée ; des hommes, des femmes, des enfants accourant en foule, la fureur dans les yeux et les imprécations à la bouche. Je ne pouvais comprendre ce qu'ils disaient, ou plutôt ce qu'ils criaient. Je jugeai cependant qu'ils se plaignaient de leur curé, parce que celui-ci, seul de son côté, semblait se défendre et plaider sa cause contre eux. Le prélat s'était montré sur son balcon : il faisait l'office de juge, il écoutait, il gesticulait, lorsque la maréchaussée survint dans cette scène. Je crus que c'était pour s'emparer de quelques-uns des mutins, et je fus bien surpris quand je la vis entourer le pasteur, et le ramener à la ville, tandis que toute cette canaille les suivait avec le même tumulte, mais avec un air de triomphe et des cris de joie. Dans l'impossibilité d'asseoir aucune conjecture vraisemblable, et de découvrir le sujet d'une incursion aussi extraordinaire, je m'habille en diligence et passe chez le maître du château ; je le trouve riant et fort tranquille : « Monseigneur, lui dis-je, je m'apperçois que » j'ai eu plus de peur que vous ; vous avez la » figure bien sereine ! J'ai craint un instant » qu'on ne voulût mettre le feu chez vous ! » Vraiment, me répondit-il, cela aurait bien pu » arriver, si je m'étais obstiné, comme ce benêt » de curé, à vouloir refuser à mes vassaux ce » qu'ils exigeaient et qu'ils regardent comme un » droit sacré.

» Il faut que vous sachiez que sous Henri IV,
» du temps des guerres civiles, un comte de
» Lorge, tenant pour le parti du roi, assiégea et
» prit d'assaut la petite ville de Lagny ; que,
» d'après les ordres de son maître, il n'osa point
» user du droit de la victoire, passer au fil
» de l'épée et faire éprouver aux rebelles les
» suites funestes d'une semblable résistance ;
» qu'il convertit, au contraire, en fête galante
» les jeux sanglants de Bellone, en indiquant

» un bal pour le soir même, où il invita toutes
» les dames de la ville; mais que par une per-
» fidie plus criante peut-être que les premières
» horreurs auxquelles se livre dans sa fureur un
» vainqueur irrité, quand l'assemblée fut bien en
» train, il fit éteindre les lustres et permit de
» renouveler ce trait si connu dans l'histoire
» romaine, sous le titre de *l'enlévement des Sa-*
» *bines*. Il faut avouer, d'après la tradition même
» des habitants, que les nouvelles Sabines ne
» furent pas sans doute plus farouches que les
» autres, puisque les habitants prétendent
» qu'elles sortirent presque toutes grosses de
» cette *Lupercale*, et qu'ils descendent en
» grande partie des accouplements auxquels
» elle fournit occasion. Quoi qu'il en soit, ils
» n'aiment pas qu'on leur en rappèle le sou-
» venir, et comme leur ville est en même temps
» un des marchés de grains de la province, des
» plaisants, par une équivoque misérable, ont
» cherché depuis à les piquer, en leur deman-
» dant combien vaut l'orge? Pour prévenir cette
» mauvaise raillerie, ils sont convenus de se
» venger de quiconque leur ferait une pareille
» question, à moins qu'il ne fût en place mar-
» chande et n'eût véritablement la main dans un
» sac d'orge. Il y a dans la ville une belle et
» vaste fontaine, où l'on plonge à l'instant le
» passant indiscret qui ose renouveler le quolibet.

» C'est passé en usage et c'est devenu une espèce
» de droit : il serait très-dangereux de s'y oppo-
» ser. Par bonheur, comme l'anecdote est fort
» connue, le châtiment ne s'exerce pas souvent.
» Cela n'arrive qu'à quelque voyageur étranger,
» qu'on excite par méchanceté, et qui, par in-
» génuité ou par fanfaronade, ose braver une
» populace impitoyable. C'est d'autant plus fou
» dans ce dernier cas qu'on ne peut se flatter de
» résister ou d'échapper à ses poursuites, et
» qu'il est arrivé que l'immersion dans la piscine
» dont il s'agit, a quelquefois été funeste et
» mortelle pour les victimes qui y ont été dé-
» vouées.

» Maintenant il s'agit d'un cas semblable. Une
» dame assez jolie, passant dans la voiture publi-
» que, ne sachant rien de rien, et soufflée par une
» autre, jalouse des préférences accordées à la
» première par leurs compagnons de voyage, a
» fait la question innocemment. On s'est ameuté,
» on a suivi le carrosse à l'auberge, et l'on a de-
» mandé cette femme à grands cris. Les hommes
» ne pouvant résister aux clameurs et aux me-
» naces du peuple, ont adroitement ménagé
» l'évasion de la coupable, qui s'est retirée
» dans l'église. Ils n'ont osé violer cet asyle,
» mais une partie s'est détachée vers le curé et a
» exigé qu'il leur livrât l'insolente. Ce curé,
» bon homme, ayant en vain voulu défendre

l'étrangère, a pris le parti d'aller la trouver et
» de l'exhorter à ne pas résister plus long-temps
» à la satisfaction qu'on exigeait. Elle a répondu
» qu'elle était dans un temps critique, et qu'elle
» mourrait, si on ne lui épargnait un châti-
» ment qu'elle n'avait pas mérité, ignorant
» que sa question fût une insulte. Le pasteur,
» craignant que la fureur de la populace ne s'ac-
» crût jusques à ne plus rien respecter, a fait
» fermer les portes de l'église, a retiré chez lui
» cette malheureuse, et a représenté aux mutins
» sa bonne foi et le cas où elle était, bien
» propre à les toucher et à lui mériter son par-
» don. Ils n'ont rien écouté ; et c'est alors qu'ils
» sont venus à moi comme à leur seigneur, pour
» avoir justice. Le curé a cru devoir m'instruire
» de son côté : mais j'ai jugé que la fermentation
» était trop grande, et il a fallu les satisfaire, en
» ordonnant à la maréchaussée de leur livrer la
» femme. Au surplus, ajouta-t-il, nous en allons
» savoir des nouvelles, j'apperçois un cabriolet ;
» c'est quelqu'un qui vient de la ville et va nous
» raconter la suite de l'aventure. » C'était en
effet un habitant de Lagny, qui, les larmes aux
yeux, nous apprit que la pauvre femme, déjà
plus morte que vive, avait, malgré ses pleurs
et ses gémissements, été plongée dans la fontaine ; qu'elle en était sortie avec des convulsions
affreuses et morte en peu de minutes.

J'étais resté jusque-là, Milord, muet de surprise, d'indignation et d'effroi à cette fatale nouvelle. Je rompis enfin le silence, et demandai ce qui arriverait de ce meurtre ? « Rien, me répondit-on ; on enterrera l'étrangère et la catastrophe n'aura pas d'autres suites. » Mais, répliquai-je, voilà un délit ; il faut bien que la justice informe, que le procureur-général en prenne connaissance. « Non, me dit-on, cela ne s'est jamais pratiqué, le ministère public l'ignorera ou fermera les yeux. »

Je ne poussai pas plus loin mes demandes, et me contentai d'observer comment, au centre du despotisme le plus absolu, il se conservait des espèces de droits abusifs, dignes de toute la licence de la barbarie et de l'anarchie ; comment on violait tous les jours en France les propriétés les plus saintes, et l'on n'osait extirper une pratique puérile dans son institution et affreuse dans ses conséquences ; comment enfin on avait ébranlé sans aucun soulèvement la constitution fondamentale de l'État, et l'on craignait de faire révolter une poignée de villageois, que disperserait absolument une brigade de maréchaussée !

Quoi qu'il en soit, les juges du lieu étant survenus encore, et ayant confirmé le triste récit de l'habitant, on se mit à table, on ne tarit point sur cet événement, chacun chercha et donna les moyens d'empêcher qu'il ne se renouvelât, mais en simple dissertateur : personne ne me parut disposé à agir pour arrêter un tel désordre, pour ouvrir au moins les yeux de ce peuple imbécille, en lui faisant comprendre qu'un particulier ne peut offenser une ville entière ; que s'il y avait quelqu'un à punir, ce serait celui qui aurait excité à tenir le propos, et qu'un quolibet enfin ne mérite pas la mort. O philosophie, que tu as de choses à faire encore dans ce pays-ci !

Lagny, 12 septembre 1776.

LETTRE XXIII.

Sur la maladie du Contrôleur Général, et de l'aventure plaisante qui lui arriva pendant qu'il était Intendant de Bordeaux.

Le Contrôleur Général, Milord, est très-malade ; on en désespère même, en ce qu'il y a complication de maux. Il paraît que son ardeur pour le plaisir et sa complaisance trop grande à se rendre aux caresses d'une de ses maîtresses, lorsqu'il était encore en convalescence, lui ont procuré une rechute dont il sera la victime. Déjà les concurrents se débattent à Fontainebleau pour avoir sa place ; et tandis qu'ils sont aux prises, je vais vous égayer d'une anecdote répandue ici, comme arrivée à M. de Clugny, lorsqu'il était intendant de Bordeaux. Celui qui me l'a confiée m'a détrompé et prétend qu'il faut la mettre sur le compte d'un autre. Quoi qu'il en soit, elle est plaisante, et comme elle n'est point imprimée, je vous l'adresse telle qu'il me l'a communiquée.

« M. Ro........ d'Or....... intendant de Ch........ † est un robin petit-maître, très-élégant, très-ambré, mais laid comme une chenille. Il aime passionnément les femmes ; mais comme il ne peut

† M. Rouillé d'Orfeuil intendant de Châlons.

se flatter de les séduire par les charmes de sa figure, il est obligé de les corrompre à force d'or. Cette façon de faire l'amour, peu satisfaisante pour l'amour-propre, est très-commode pour un homme en place. Elle fatigue sa bourse, mais elle économise son temps, chose infiniment plus précieuse. Enfin s'il ne goûte pas la fine fleur du plaisir, il n'en craint pas les épines, qui l'accompagnent trop souvent. D'ailleurs, celui-ci avait une maîtresse en titre, une madame Pa........, femme comme il faut, ayant de l'esprit, des grâces, de la dignité, très-capable de faire les honneurs de sa maison, de suppléer à madame l'intendante, qui restait presque toujours à Paris, ou de partager avec elle les fatigues de la représentation. Elle était d'une ressource encore meilleure pour M. d'Or....., elle satisfaisait à l'extérieur; elle lui donnait l'air d'avoir une inclination de cœur, d'être un homme à sentiment; et dès-lors il se livrait avec moins de scrupule aux besoins physiques vers lesquels il n'était entraîné que par instants, et par la fougue d'un tempérament qui s'amortissait, hélas! de jour en jour. Il avait pour ces affaires secrètes un valet-de-chambre, excellent proxénète, tel qu'en ont à peu près tous les gens constitués en dignité. Un pareil agent leur est absolument nécessaire, surtout en province. Un évêque, un gouverneur, un intendant, un magistrat, sont obligés, afin de ne pas se compromettre, d'user de la plus grande circonspection, lorsque malheureusement ils deviènent amoureux des femmes qui ne sont pas de leur sphère, ou qui n'ont aucun rapport de société avec eux. C'était le cas où se trouvait M. d'Or.... Pendant les fêtes qu'il avait données à l'occasion du passage de madame la dauphine par la ville, dans ces jours d'ivresse générale où la joie semble rapprocher et confondre tous les rangs, il avait été frappé d'une grisette qu'il avait vue danser. Sa figure n'avait point touché son cœur, mais ému puissamment ses sens. Mademoiselle Pas..., c'est son nom, avait alors dix-huit ans. C'était une grande fille, bien taillée, bien découplée, encore à cet état d'embonpoint dont la fermeté élastique irrite les desirs. Ses yeux amoureux et animés promettaient à coup sûr du retour, et la gaîté qui respirait sur sa physionomie ne s'évaporait pas en ricanements innocents et niais, elle se manifestait par ce sourire malicieux et réfléchi d'une nymphe qui connaît le plaisir, le goûte et s'en occupe. Elle avait tellement fait tourner la tête à M. l'intendant, que dès la nuit même il aurait voulu l'avoir dans son lit, s'il eût été possible. Il mit à la poursuite de la demoiselle son limier. Cependant, avant que la négociation fût finie, il fut obligé d'aller à Paris, et dans le tourbillon de la capitale il oublia bientôt une passion satisfaite et reproduite cent fois entre les bras de vingt autres beautés. Il revenait fort tranquille à son intendance, lorsque dans la foule des provinciaux empressés à le voir, mademoiselle Pas.... se présente à sa vue et rallume tous ses feux. Sur-le-champ il ordonne à son entremetteur de renouer l'intrigue et d'arranger si bien les choses que sa conquête soit prête à la fin de la tournée. Il allait ce qu'on appèle tenir le département. Le valet-de-chambre manœuvre en conséquence des ordres de son maître et réussit. Au vrai il n'eut pas de peine : un commissaire départi est un Dieu dans la province. La jeune personne reçut avec respect les ordres de celui-ci, et se trouva très-honorée de son choix. Elle demeurait chez une vieille tante qui faisait le métier de dévote faute de mieux, et qui en changea bientôt dès que l'occasion s'en présenta. Il leurra d'une et l'autre de l'espoir d'une fortune considérable; il leur fit entendre que Monseigneur (1) les mènerait à Paris, les y établirait; qu'il ferait entrer la nièce à l'Opéra, soit comme chanteuse, soit comme danseuse,

---

(1) Les Intendants se faisaient appeler Monseigneur, dans les placets qu'on leur présentait. Ils ne les répondaient pas autrement. Leurs valets et leurs complaisants leur donnaient aussi en société ce titre, qui ne leur était dû en aucune façon.

suivant le talent qu'elle aurait, et qu'une fois sur le trottoir, elle pouvait aller à tout. Il leur cita vingt exemples de filles du pays qui étaient ainsi devenues de grandes dames. En exaltant l'imagination de ces femmes par ces exemples sensibles et bien capables d'exciter leur émulation, le proxénète travaillait pour son propre compte. Il n'avait pas vu impunément d'aussi près les charmes de Mlle. Pas... il avait éprouvé de fortes sensations ; et il voulait se satisfaire avant que ce morceau friand lui fût interdit. Il fit entendre que leur bonheur dépendait de lui ; que la perspective brillante qu'il leur faisait envisager s'évanouirait comme un songe, si la nymphe se refusait à ses desirs ; que d'un mot il pouvait la rendre heureuse ou malheureuse pour toujours. L'alternative était cruelle et vraie, mais une jeune personne qui écoute une première proposition sur cet article, devient rarement difficile à la seconde. Il fallut en passer par la condition préliminaire et recevoir les embrassements du rustre. Ce n'eût vraisemblablement pas été le plus mauvais article du traité, si ce malheureux, libertin comme la plupart de ses semblables, n'avait rapporté de Paris une maladie honteuse. Il est à présumer qu'il ignorait en être atteint lorsqu'il imposait la loi à la victime. Quoi qu'il en soit, ce mal effrayant fit bientôt les plus horribles ravages dans un corps tout neuf. La Demoiselle ne sut d'abord

Tome I. 27

ce que c'était: la dévote, plus expérimentée, l'en instruisit: Elles en firent les reproches les plus amers au valet de chambre. Celui-ci ne trouva d'autre manière de s'y soustraire qu'en s'abstenant de retourner chez elles. Ainsi par une de ces bizarreries d'évenements que toute la sagesse humaine ne peut prévoir, ce qui devait assurer les espérances de la nièce et de la tante, fut précisément ce qui les détruisit et les rendit plus infortunées qu'auparavant. Le scélérat ne voyant aucune possibilité que la demoiselle fût guérie au retour de monseigneur, les abandonna absolument. Il dit à son maître, quand il lui en demanda des nouvelles, que la jeune personne était un dragon de vertu inabordable, et que la dévote n'avait écouté aucune proposition ni pour or ni pour argent. L'amour de l'intendant avait eu le temps de s'évaporer en route ; il ne parut pas fort touché des obstacles que lui présenta son valet, et celui-ci crut en être quitte.

La vengeance d'une femme ne s'assoupit pas aussi aisément que la passion d'un vieillard de trente ans, miné par la débauche et blasé sur le plaisir. D'ailleurs, celle-ci était trop légitime pour que tout galant homme se réfusât à la seconder. Mlle Pas... avait un cousin qui travaillait dans les bureaux de M. d'Or.... La tante lui fait part de la catastrophe de sa nièce, lui raconte comment les choses se sont passées, et lui demande conseil. Le commis assure que M. l'intendant est très-équitable, très-humain, très-compatissant; qu'il faut conter en bref le fait dans un placet, le lui présenter, et qu'il aura certainement égard à une situation horrible dont il est la cause involontaire. Il se charge de rédiger le mémoire, et comme il connaissait les allures de monseigneur, il leur ménage une entrevue pour le donner à l'insçu du cerbère en question, dont les fonctions étaient de garder la porte du cabinet, et qui avait intérêt d'en écarter ces femmes. A l'aspect de la nymphe, toute l'ardeur de M. d'Or.... se ralluma. La nature, par un ménagement pour le sexe, bien funeste aux hommes, empêche souvent que le genre de maladie dont était attaquée la demoiselle, altère la figure; quelquefois même elle n'en est que plus fraîche et plus séduisante. Il en était ainsi de Mlle. Pas... La rougeur dont se colora son visage en présentant l'écrit à M. l'intendant, lui parut annoncer une démarche qu'il interpréta favorablement: le silence, l'embarras de la dévote et même du commis, tout lui fait présumer que la nièce et la tante, honteuses de leur premier refus, venaient se dévouer aux plaisirs de monseigneur et briguer son esclavage. Presqu'aussi interdit, mais ayant plus d'usage, et d'ailleurs autorisé par l'assurance que lui donne sa dignité et l'idée où il est sur l'objet de cette requête, il la

reçoit de la jeune personne, et sans la lire : *Mademoiselle*, lui dit-il, *il me semble que vous avez quelque chose de particulier à me confier; vous vous développerez peut-être mieux dans un tête-à-tête. Daignez passer dans cet arrière-cabinet. Rasssurez-vous, et vous aurez tout le temps de vous expliquer.* Il la prend en même temps par la main, l'introduit dans un boudoir voluptueux, la fait asseoir sur un lit de repos couvert d'un satin noir et se met auprès d'elle. » De quoi s'agit-
» il, ma belle enfant ? — Monseigneur, daignez
» lire. — Je ne perds point à lire des moments
» aussi précieux ; votre requête est certainement
» très-juste : mais, bel ange, j'en ai une autre à
» vous présenter ; puisse-t-elle avoir un succès
» aussi favorable que la vôtre ! » En même temps
ce petit-maître entreprenant embrasse la demoiselle qui se retire et s'écrie : » Monseigneur, je
» ne suis pas digne de cette faveur ; lisez avant,
» je vous le demande en grâce. » M. d'Or.... en
feu de plus en plus, attribue cette résistance à la
modestie d'une fille novice, et ne répond que
par une audace nouvelle. Ce combat dura quelque temps. Mlle Pas... insistant toujours pour
que le magistrat lût son mémoire, et celui-ci s'y
refusant, et l'assurant que quelque grâce qu'elle
demandât, elle serait exaucée, mais qu'il n'avait
alors d'yeux que pour admirer ses charmes, il
termina par lui fermer totalement la bouche en

collant ses lèvres sur les siennes, et ses mains libertines s'égarant fort indiscrétement font oublier à la demoiselle ses maux, pour ne s'occuper que du plaisir que lui procure cet amant très-exercé dans l'art des voluptés, et plus propre à en donner à une femme qu'à en recevoir. Il était en jour pour son malheur : il en eut beaucoup avec Mlle. Pas... et ne s'en apperçut que trop ensuite. Quand cette conversation éloquente et muète fut finie, la demoiselle ne fut plus si curieuse que Monseigneur lût le placet ; elle n'eut rien de plus pressé que de prendre congé, en déclarant qu'elle s'en remettait à sa justice ; et celui-ci de la conjurer d'être tranquille et de regarder son affaire comme faite. Il corne le mémoire en effet, indice pour le secrétaire d'y avoir égard et de le remettre sous ses yeux. Quelques jours après, M. d'Or.... étant en humeur de travailler, fait appeler son secrétaire pour qu'il lui rende compte des placets à répondre pendant qu'il s'habille. Sa première question est de demander des nouvelles de celui de Mlle. Pas... A ce mot l'oreille du valet-de-chambre se redresse et le secrétaire se met à rire. « Je ne sais, Mon-
» seigneur, répondit-il, si c'est bien là le moment
» de vous en parler, car il est question de Ber-
» nard (c'était le nom du valet-de-chambre) d'une
» manière peu honnête : mais après tout il se
» justifiera sans doute. — Oui, reprend avec vi-

» vacité l'intendant, vous êtes un habile homme
» M. Bernard : je vous donne quinze jours pour
» une négociation; vous ne faites que de l'eau
» claire, et moi, en une demi-heure, je vais au
» fait. — Au fait, Monseigneur! tant pis, conti-
» nue le secrétaire. Il aurait mieux valu que vous
» n'eussiez pas été si vite en besogne. — Vous
» avez raison; ces expéditions brusques ne me
» vont plus; j'en suis encore tout roué, j'en ai
» mal aux reins, aux bras, aux cuisses; j'ai des
» ardeurs du diable en urinant : je ne sais ce que
» c'est que tout cela ! — Lisez, Monseigneur,
» vous allez le savoir, car cela ne peut guère
» s'articuler devant votre grandeur. » M. d'Or..
lit... Cependant le valet-de-chambre était tremblant comme une feuille.... Son maître rejetant le
mémoire, le regarde en fureur, le traite comme
un gueux, le menace de l'envoyer à Bicêtre. Celui-
ci reste interdit, reçoit avec humilité toutes les
imprécations de son maître. Il se rassure cependant et profitant de la liberté que lui donne sa
qualité de proxenète, quand il voit la fureur de
M. d'Or... diminuer, il le gourmanda à son tour...
» Est-ce que vous prétendez, Monseigneur, que
» je sois de marbre, dans l'emploi que vous me
» donnez ? Ignorez-vous qu'au contraire c'en
» sont les revenant-bons? J'ai fait mon métier; le
» diable s'en est mêlé; c'est un malheur. Mais
» vous, si vous faisiez le vôtre, si vous lisiez les

« mémoires qu'on vous présente, cela ne vous
» serait pas arrivé. » Cette apostrophe familière
fut un coup de lumière qui frappa M. d'Or... Il
est spirituel, gai, judicieux et bon... » Tu as
» raison, s'écria-t-il, j'ai eu tort : tu me donnes
» là une excellente leçon dont je profiterai, et
» qui te mérite ton pardon. Allons, fais venir
» mon chirurgien ; qu'il me guérisse, moi, toi,
» la demoiselle, et la vieille dévote par dessus
» le marché, et que cette mésaventure demeure
» ensevelie dans un éternel oubli. » Un secret su
de tant de gens n'en est jamais un. L'anecdote a
transpiré et peut servir à l'instruction de tous les
intendants et autres gens en place, ou dans le cas
de recevoir des placets.

Souvenez-vous en, Milord, si vos dignités
vous exposaient à de pareilles suppliques. Ce
malheur peut arriver en Angleterre comme en
France, et dans ce sens M. de Voltaire a pu dire:

Londres fut de tout temps l'Émule de Paris.

Paris, ce 8 octobre 1776.

LETTRE XXIV.

Singulier testament de la Duchesse d'Olonne.

Vous ne serez pas fâché d'apprendre, Milord, que le fameux Linguet va établir son arsenal à Londres, et que tel qu'on nous a dépeint le *gazetier cuirassé*, il va lancer de-là impunément ses foudres. C'est un orateur dont vous admirerez également l'imagination, la chaleur, l'énergie, l'abondance, mais dont le style toujours brillant et figuré, souvent inégal, n'est guère propre aux discussions froides d'un journal.

En vous parlant de lui, je ne puis omettre de vous faire connaître *le testament de la Duchesse d'Olonne*, dont autrefois il fut le défenseur et l'amant.

Cette duchesse, morte dans les premiers jours de ce mois, a voulu en partant de ce monde nous laisser un tableau de ses faiblesses et de sa vanité.

Vous avez peut-être entendu parler du singulier procès qu'elle eut en 1772 contre le comte Orourke. C'est à cette occasion que M. Linguet, devenu le rival de cet étranger, fit des mémoires plaisants contre cet ancien serviteur de sa cliente, où il le qualifiait énergiquement de *prince de Conacie*. Cet avocat, aussi turbulent en amour qu'en affaires, s'était brouillé peu après avec elle. C'était Me Falconnet, jeune, débutant dans la carrière du barreau, ainsi que dans celle de la galanterie, qui lui avait succédé, et qu'on pouvait appeler *le dernier des Romains*. Malgré les infidélités qu'il lui faisait (1) il a paru constamment attaché à son char; elle a rendu le dernier soupir entre ses bras : aussi en a-t-il été le mieux récompensé, comme on voit par le testament de la duchesse.

Ce testament est aussi bizarre que sa vie, et vous en allez juger par quelques dispositions. Elle ordonne que son corps soit transporté à sa principauté de Lux en basse Navarre, c'est-à-dire, environ à deux cent cinquante lieues de Paris. Le prix de cette expédition funéraire est fixé à 18,000 livres seulement pour le loyer des chevaux et voitures : celles-ci seront au nombre de six. Elle veut que son convoi, très-nombreux, ayant deux cents pauvres, à un écu par jour, portant des torches, se fasse majestueusement, et ne parcoure pas plus de cinq lieues

---

(1) En faveur d'une madame de Lorme, auteur de quelques mauvaises comédies

en vingt-quatre heures; qu'à chaque endroit où il reposera, on célèbre un service avant le départ, et que ce service se fasse avec tenture et tout le reste du luxe de ce cérémonial. Enfin on calcule que le tout pourra former une dépense de 150,000 livres (1).

Par une autre disposition, non moins curieuse, la défunte traite fort bien tous ses domestiques, leur laisse des rentes proportionnées à leur services respectifs; mais en même temps elle leur interdit de se trouver à son enterrement et les exile, c'est-à-dire, leur assigne un domicile fixe à une certaine distance de Paris, où ils doivent résider chacun séparément pour toucher leur revenu. Son motif est qu'elle desire qu'ils ne s'entretiènent pas d'elle après sa mort, et ne médisent pas sur son compte.

Elle institue exécuteur testamentaire de ces dispositions originales Me Falconnet : elle lui donne pour présent une petite terre et sa bibliothèque. Elle laisse aussi 15,000 livres au poète Robbé, qu'elle logeait dans son hôtel et soutenait à Paris. Ce poète, le plus ordurier de France, l'encensait continuellement dans ses vers pour ses bienfaits, et l'on jugeait par ce prêtre de la divinité.

---

(1) Ce convoi partit le 3 décembre 1776.

Cette folle, au surplus, Milord, le cède aujourd'hui à un fou qui occupe la scène et dont tout le monde s'entretient.

Ces jours derniers un abbé, comme le roi revenait de la messe, a mis un genou en terre devant Sa Majesté, et lui a présenté un papier. Le monarque l'a pris, et, rentré dans son appartement, l'a lu. Il en a fait part en plaisantant à ses courtisans et leur a déclaré que c'était un mémoire dont l'auteur lui annonçait pouvoir lui donner un secret pour perpétuer son auguste race. Le capitaine des gardes, piqué que cet ecclésiastique, oubliant les prérogatives de sa place et le costume, eût présenté son placet au roi, au lieu de le lui confier, a observé à Sa Majesté que cette témérité scandaleuse méritait d'être approfondie; en sorte qu'on a donné sur-le-champ ordre de rechercher ce prêtre et de l'arrêter, ce qui a été fait. Il s'est trouvé que le zèle avait exalté un peu trop cette tête là, et il a été relâché au bout de quelques heures.

Par les interrogations qu'on lui a faites, on a reconnu que le secret en question ne consistait en aucune drogue à prendre ou à appliquer, mais dans certaine posture par laquelle il prétendait apprendre à Sa Majesté à suppléer au défaut physique qui avait fait répandre le bruit d'une opération qu'elle devait subir. Tout cela a beaucoup fait rire la cour, le roi et surtout la reine.

P. S. M. Necker ayant senti dès son entrée au ministère qu'il aurait bien des dégoûts à dévorer, a pris le parti d'aller au devant des premières attaques du fanatisme, son plus redoutable ennemi ; aussi a-t-il mis beaucoup de liant dans sa conduite envers les prélats auxquels il rend sans cesse des devoirs. C'est par une suite de cet esprit de conciliation, qu'on l'a vu à Conflans chez l'archevêque de Paris ; et c'est à l'occasion d'un dîner qu'il y a fait, qu'on a composé l'épigramme suivante :

> Nous l'avons vu, scandale épouvantable !
> Necker assis avec Christophe à table,
> Et dix prélats, savourant à l'envi
> De rouges bords le nectar délectable !
> L'église en pleure, et satan est ravi.
> Mais en ce jour, d'une indulgence telle,
> Quel serait donc le motif important,
> Qui de Beaumont a perverti le zèle ?
> C'est que Necker, le fait est très-constant,
> N'est Janséniste.... Il n'est que protestant !

Paris, ce 8 décembre 1776.

LETTRE XXV.

Des Conversations du jour de l'an. Anecdotes. Historiettes.

Comme les visites du jour de l'an, Milord, durent ici pendant tout le mois de janvier, qu'on se pique d'en faire beaucoup et qu'elles se rendent souvent entre citoyens qui ne se voient qu'à cette époque, qui n'ayant aucune liaison, aucun rapport, se connaissant à peine, sont fort embarrassés de leur contenance, ce serait le cas assurément de faire usage de notre méthode, et au défaut de matière, de prendre son ouvrage, ou un livre, ou rêver en tisonnant; mais les Français, loin de l'adopter, l'ont décrié, et je trouve partout cette aisance de société ridiculisée dans des caricatures sous le titre de *conversation à l'Anglaise*: il faut donc qu'ils s'évertuent de cent manières pour rompre le silence où je les vois retomber souvent : je parle des hommes; car pour les femmes, elles sont inépuisables en tous temps, et dans celui-ci leur ajustement et la fécondité des modes sont une ressource admirable. Quoi qu'il en soit, parmi notre sexe, les gens de précaution évitent cette disette par le soin de se pourvoir la mémoire d'historiettes qui puissent servir d'aliment aux entretiens, On a observé que c'était le temps le plus utile pour ceux qui en font recueil: vous pensez bien que mon zèle ne m'a pas laissé oisif dans cette abondante moisson. Vous allez être étonné de ce que j'ai ramassé hier en une seule soirée. J'avais dîné chez une femme de qualité, madame la marquise du Deffant, qui dans un âge très-avancé, conserve encore tous les agréments de l'esprit, et charme les ennuis et l'inaction de sa cécité par un cercle nombreux et choisi, qui se fait un plaisir de se rendre chez elle. Ce jour là, le premier personnage qui parut fut le président Orlando ; J'étais sur le point d'aller au spectacle lorsque l'intérêt de la conversation me retint et me fit successivement passer toute ma soirée dans ce même lieu.

LA MARQUISE.

Eh bien président, qu'y a-t-il de nouveau au palais ?

LE PRESIDENT, *sortant de la cheminée et venant s'enfoncer dans un fauteuil qu'il remplit de sa rotondité*

Madame, vous savez que l'affaire de le Breton est accommodée.

LA MARQUISE.

Non, je n'en sais pas bien même le fonds; vous me ferez plaisir de la reprendre, car j'aime à tenir les choses de source.

LE PRÉSIDENT.

Le sieur Breton, imprimeur de *l'Almanach royal*, par une innovation introduite seulement cette année dans son ouvrage sur la liste des premiers présidents du parlement de Paris, a mis Etienne-François d'Aligre, 1768, rétabli le 12 novembre 1774. Et puis Louis - Jean Bertier de Sauvigny, le 13 avril 1771 jusqu'au 12 novembre 1774. Il avait également inséré au rang des procureurs et avocats généraux l'infâme Fleuri et les poliçons de Vergès et de Vaucresson. A la vue de ces insertions scandaleuses, le parlement a été révolté; on a suspendu la vente de l'almanach; il en a résulté des conférences entre nous: bien des gens auraient été d'avis de mander le libraire et le censeur et de les blâmer; cependant cela s'est assoupi. Le sieur Breton en a été quitte pour une forte réprimande, qu'il a reçue du chef de la compagnie, pour des cartons qu'il a été obligé de mettre aux exemplaires non délivrés, et pour en fournir de nouveau un double à chacun de nous. Quant à M. de Crébillon le censeur sur lequel s'était rejeté l'auteur, il ne lui a été rien fait; on a reçu sa déclaration qu'il avait regardé les articles ajoutés comme des passages historiques.

LA MARQUISE.

Il me semble, en effet, que c'était le point de vue sous lequel il fallait envisager la chose; je ne vois pas pourquoi vous trouvez mauvais qu'on insère dans un almanach ce qui sera éternellement dans vos registres.

LE PRÉSIDENT.

Oh! Madame, personne ne lit nos registres; mais l'Almanach royal est entre les mains de tout le monde; il est chez les princes, sur le bureau du roi; les ministres étrangers s'en pourvoient. Savez-vous que c'est une astuce de Maupeou. On ne doute pas que le garde des sceaux et lui ne s'entendissent à cet égard.

LA MARQUISE.

Ce concert me semble bien facile. Voyons l'anecdote, monsieur le président.

LE PRÉSIDENT.

On prétend que Mr de Miromesnil se sentant toujours dans un état précaire, et jaloux d'occuper la première place de la magistrature, afin de déterminer le chancelier à lui donner sa démission, avait accédé aux ouvertures de celui-ci, et s'était déterminé à lui ôter toute crainte qu'on ne revînt contre lui au sujet d'une opération avouée ainsi et ratifiée par le gouvernement; on croit fort que lorsqu'il aurait fallu en venir au traité, M. de Maupeou se serait moqué de lui. Quoi qu'il en soit, le garde des sceaux, voyant l'humeur que nous prenions, n'a pas osé soutenir ce qu'il avait autorisé en secret, et a craint de se brouiller avec le parlement.

LA MARQUISE.

Et le pauvre diable de libraire a été seul victime!

LE PRÉSIDENT.

Ne le plaignez pas tant, Madame; il n'en vendra que mieux son almanach; ceux qui l'ont non cartonné, voudront avoir aussi l'autre, et augmentation de débit. Le premier, d'ailleurs, deviendra fort cher; et je crois bien qu'il en conserve plus d'un de cette espèce....

On annonça en ce moment M. le marquis de Vecchio Vezzofo, un de ces vétérans de la fatuité, qui nous infecta de ses odeurs; le magistrat leva le siège, et les propos roulèrent sur un autre sujet.

LE MARQUIS.

Madame, mille pardons si je ne vous ai pas

rendu plutôt mes devoirs; mais je n'ai pas pu quitter le prince de Condé, le duc de Bourbon; j'arrive hier de Versailles.

LA MARQUISE.

Y dit-on quelque chose?

LE MARQUIS.

Il y a, Madame, une fort singulière histoire et qui paraît très-vraie. Monsieur a reçu ces jours derniers une lettre, avec la souscription suivante: *à Monsieur, Monsieur, le prince de Provence, pour remettre à monsieur le prince de Monbarray secrétaire d'Etat au département de la guerre, et son premier domestique.* On s'imagine bien que personne n'a osé ouvrir un paquet si hétéroclitement adressé; on l'a remis en mains propres de son altesse royale qui en a beaucoup ri, et curieuse de savoir ce qu'il contenait, a fait appeler sur-le-champ le capitaine colonel des suisses de sa garde. M. de Montbarrey venu, le prince lui a donné le paquet, pour qu'il en fît lecture; il s'est trouvé que c'était la lettre d'un pauvre gentilhomme parent du ministre, et lui recommandant trois garçons et une fille qu'il a, dans un style qui ne sentait pas plus le courtisan que l'adresse. Monsieur a demandé à M. de Montbarrey si tout cela était vrai, et ce qu'il comptait faire. Il n'a pu nier la vérité des faits articulés dans le mémoire, mais a paru peu disposé à exaucer la demande du suppliant, vu son étendue et l'impossibilité qu'il a prétextée d'y satisfaire. Alors son altesse royale lui a dit qu'elle comptait être plus heureuse; qu'elle prendrait l'aîné des garçons pour son page, donnerait le second à son frère d'Artois et le troisième à la reine; que quant à la fille, il espérait avoir assez de crédit pour la faire recevoir à Saint-Cyr. Les courtisans témoins de l'entretien, qui avaient d'abord ri de la gaucherie du père, n'ont pu s'empêcher de reconnaître qu'il n'était pas si bête.

LA MARQUISE.

C'est très-adroit et très-plaisant. Au reste, je reconnais bien là la bonté de nos princes. Le Ministre de la guerre a dû être un peu sot de la leçon qu'il recevait. Nomme-t-on l'auteur de la facétie ?

LE MARQUIS.

Oui, l'on dit hautement que c'est M. le baron de Saint-Maurice, gentilhomme de Franche-comté.

Autre visite : c'était l'abbé l'Isel-dieu, le supérieur des missions étrangères, qui était en longue soutane, en collet blanc, en chapeau rabattu, et fit fuir le marquis du plus loin que celui-ci l'apperçut. La marquise, qui a le talent de mettre chacun à son aise, en le faisant parler de ce qui le concerne, après les premiers compliments d'usage, interrogea l'ecclésiastique sur une matière de son ressort. Il fut question d'un prélat étranger arrivé depuis peu dans cette capitale; elle lui témoigna sa surprise de ne pas le voir loger à son séminaire.

LE SUPÉRIEUR.

Madame, M. Haun (c'est le nom du prélat maronite dont vous parlez) ignorant absolument notre langue, a dû desirer un asyle où elles se parlassent toutes, c'est-à-dire qu'il demeure parmi MM. les bénédictins; il jouit dans l'abbaye de Saint-Germain des prés de la satisfaction de converser, qu'il aurait eu peine d'obtenir ailleurs.

LA MARQUISE.

Voilà qui est bien galant pour les enfants de Saint-Benoist. Au demeurant, quel est cet étranger ? Que fait-il ici ?

LE SUPÉRIEUR.

Il est abbé général des Antonins dont le siège principal est au Mont-Liban. Les vexations des Bachas et l'incendie de son monastère l'ont forcé à venir chercher des secours dans la chrétienté. il est accompagné d'un religieux de son ordre et de son rit, et d'un clerc, natif de Montpellier, élevé à son monastère, qui leur sert d'interprète.

LA MARQUISE.

On dit qu'il a été invité à dire la messe dans plusieurs communautés religieuses, et que sa liturgie, tout-à-fait nouvelle, fait spectacle en ce pays, où l'on tire parti de tout.

LE SUPÉRIEUR.

M. Haun officie en langue Syriaque; les cérémonies du saint sacrifice sont, dans ce rit, les mêmes que celles du rit Romain, à cette différence près que le célébrant ne prend d'abord qu'une portion de l'hostie et du précieux sang. Cette première communion faite, il saisit le calice d'une main, et de l'autre, la seconde partie de l'hostie, qu'il tient au dessus du calice, recouvert de la patène. Il se tourne alors vers le peuple, comme pour l'inviter à venir participer avec lui aux saints mystères, et expose aux yeux cette portion de l'hostie et le calice, les élevant et les abaissant de la même manière que se donne la bénédiction avec l'ostensoir.

Il ne chante à la célébration de la grand'messe que le Kyrie, le Gloria, etc. comme dans le rit Gallican. Le Clerc alors l'accompagne avec deux espèces de cymbales qu'il frappe l'une contre l'autre, en différents sens, pour produire des sons variés; il frappe quelquefois l'instrument avec une clef, musique très-peu harmonieuse, et qui ne flatterait pas madame la marquise comme celle de l'opéra.

LA MARQUISE.

Je le crois; malgré cette bizarre discordance, je ne suis pas surprise que l'originalité du spectacle nouveau attire nos petits maîtres et nos jolies femmes: car on dit que c'est une fureur et qu'il faut retenir M. Haun un mois d'avance pour l'avoir.

LE SUPÉRIEUR.

Il a déjà parcouru beaucoup d'églises. Il a officié dans l'église métropolitaine, à Saint-Germain des prés, à Saint-Jean, à la Merci, à la Sainte-Chapelle, avec la crosse et la mitre. Dernièrement il est allé aux carmelites de Saint-Denis. Après la messe, le prélat, mandé par sœur Louise, se transporta à la grille; et cette princesse préférant les sandales et le cilice au luxe et aux délices de la cour, ne fut pas un sujet d'admiration moins frappant pour lui, que lui pour l'auguste religieuse, qui voulut à la tête de la communauté, recevoir sa bénédiction.

LA MARQUISE.

Cette tournée dans les diverses églises de Paris lui vaudra de l'argent.

LE SUPÉRIEUR.

Après avoir chanté l'évangile, celui des deux religieux qui fait les fonctions de diacre, prend un plat et va faire la quête dans l'église, et l'on ne le refuse guère. On assure que M. le grand aumônier lui a donné vingt-cinq louis.

LA MARQUISE.

A propos, comment va M. le cardinal de la Roche-Aymon ?

LE SUPÉRIEUR.

Madame, il est toujours hors de danger pour le présent ; mais le coup est porté ; il n'en reviendra pas ; il ne fera plus que végéter ; la tête s'affaiblit, et il ne l'a jamais eue bien forte, il tombe en enfance.

Le cours des visites devint, à mesure que l'heure s'avançait, plus rapide. Il entra presqu'en même temps, madame la comtesse de Harnoisbeau, madame la comtesse de Bussy, M. Dorat, le docteur Lorry et autres personnages indifférents dont j'ai oublié les noms. Le grand-chapeau s'éclipsa à travers cette foule ; moi je continuai à travailler à la tapisserie ; ce qui me dispensait de parler, et il se forma une suite de propos rompus dont je ne recueillis que les faits.

LE DOCTEUR.

Je profite, madame la marquise, d'un instant de libre pour vous présenter mes hommages; j'ai appris dans l'instant que vous aviez été incommodée.

LA MARQUISE.

Oh! ce n'est rien.

LE DOCTEUR.

Je vois en effet que vous allez à merveilles, autrement je serais au désespoir de n'être pas accouru plutôt; mais vous n'ignorez pas que nous ne sommes point à nous. Si je ne suivais que mon goût et mon attrait, je viendrais souvent m'instruire et m'amuser parmi le cercle aimable qui se forme autour de la Minerve de nos jours.

LA MARQUISE.

Ah! docteur, point de fadeurs : vous savez que je ne les aime pas plus en conversation qu'en médecine. Parlons d'autre chose : je ne vous ai pas vu depuis la mort subite de votre confrère *Bordeu* (1). Voilà M. *Bouvart* bien aise.

MADAME LA COMTESSE DE HARNOISBEAU.

Oh! M. *Bouvart* n'avait pas besoin de cette mort pour augmenter le nombre de ses pratiques.

---

(1) Mort à la fin de décembre 1776.

LE DOCTEUR.

Ce n'est pas cela, madame la comtesse : on voit bien que vous êtes peu instruite des querelles de notre Faculté ; et celles de nos beaux esprits, en effet, doivent vous occuper davantage, vous étiez trop jeune d'ailleurs. Bref, il y a dix-sept ans environ que *Bordeu* eut un procès très-grave au parlement avec les héritiers d'un marquis de Pondenas qu'il avait accompagné malade, allant aux eaux, mort en route et qu'il fut accusé d'avoir volé..... des infamies, des horreurs..... M. Bouvart, son antagoniste, le dénonça à la Faculté, et voulut le faire rayer ; mais étant sorti favorablement de l'affaire, il resta parmi nous. Depuis ce temps M. *Bouvart*, toujours implacable dans ses haines, l'a détesté et, le poursuivant jusqu'après son trépas, lorsqu'il a appris cet événement, il a dit avec son sang-froid ordinaire : *je n'aurais jamais cru qu'il fût mort horizontalement..*

LA COMTESSE DE BUSSY.

Ah ! voilà qui est abominable.

M. DORAT.

On ne peut rien de plus horriblement méchant : heureusement, madame, l'ombre du défunt en est bien dédommagée par votre charmant bon mot sur son compte : *La mort a eu peur de lui ; elle l'a pris en dormant.* Oh ! c'est trop joli !

MADAME LA COMTESSE DE HARNOISBEAU.

C'est charmant.

LA COMTESSE DE BUSSY.

Vous êtes biens bons; je ne sais à propos de quoi l'on est allé insérer cela dans le journal de Paris.

M. DORAT.

Ne craignez rien, Madame, personne ne vous accusera de l'y avoir envoyé. C'est une de ces fleurs qui naissent continuellement sous vos pas: les rédacteurs l'ont cueillie, et en ont orné leur bouquet.

LA MARQUISE.

Que devient ce journal? reprend-il, ne reprend-il pas? Il n'est pas possible qu'il se maintiene sur le pied où on l'avait institué.

LA COMTESSE DE BUSSY.

Ce serait dommage; car il serait fort amusant d'avoir ainsi les petites anecdotes de la veille.

M. DORAT.

Cela n'est pas praticable en France; vous ne pouvez, même dans une tragédie, dans une comédie, dans un roman, insérer une allusion vague, capable de choquer quelque grand, quelque homme accrédité, se reconnaissant dans le miroir, qu'on ne vous raye l'article à l'instant.

Je l'ai éprouvé cent fois. Jugez si l'on tolérera une feuille dont l'objet sera de relever directement les fautes, les ridicules, les vices de la société.

Ici le docteur s'enfuit sur la pointe du pied, et est remplacé par M. de Marcsaint; M. Dorat l'apostrophe et continue.

Nous sommes, M. de Marcsaint, à parler du Journal de Paris; n'est-il pas vrai que jamais il n'existera, si l'on s'obstine à le continuer sur le même plan?

M. DE MARCSAINT.

Jamais. Le régiment des gardes est furieux pour l'histoire de la Roirie, et cependant on ne pouvait apporter dans le récit plus de circonspection... Madame la marquise aurait-elle ici les premières feuilles.

LA MARQUISE.

Oui, elles sont dans le carton qui se trouvera sur la table de marbre.

M. DE MARCSAINT.

Les voilà: cherchons, c'est le N°. 2, j'y suis. « Nous n'osons l'affirmer; mais on débite avec » un ton de certitude que M..., officier au régi- » ment des..., éperduement amoureux de made- » moiselle...., célèbre actrice de l'Opéra, lui » proposa ces jours derniers de l'épouser: Mon-

» sieur, je vous aime trop, répondit-elle, pour
» vouloir faire ce tort à vous et à votre famille.
» L'actrice a persisté, et M..., désespéré de ce
» refus généreux, s'est retiré au monastère de la
» Trappe, dont il postule aujourd'hui l'habit. »

LA COMTESSE DE HARNOISBEAU.

Effectivement, M. de la Roirie n'est point nommé; mademoiselle Beaumesnil ne l'est pas davantage, et l'on a supprimé jusqu'à la dénomination du régiment des gardes.

Au reste, l'histoire de l'abbé de la Croix n'a pas occasionné moins de scandale dans le clergé.

LA MARQUISE.

Je ne me rappèle pas ce nom-là, ni rien qui y ait trait.

LA COMTESSE DE BUSSY.

Pardonnez-moi, c'est dans la feuille du vingt, à l'article *Variété*. « On raconta hier à un souper
» (et l'un des personnages était présent) qu'un
» jeune abbé, qui avait toutes les grâces de son
» état, figure agréable, propos léger et galant,
» fort couru des femmes, et qui possédait surtout
» le talent de chanter avec tout l'agrément pos-
» sible, faisait solliciter un bénéfice auprès d'un
» prélat fort distingué et déjà courbé sous le
» poids de l'âge. Il vint le voir un jour d'au-
» dience; le prélat expédia tout le monde avant

» l'abbé; et celui-ci, qui se voyait presque seul, » augurait déjà bien de cette attention qui sem- » blait lui annoncer un entretien particulier. En » effet, quand il n'y eut plus personne, le prélat, » qui connaissait la vie galante de l'abbé et son » talent pour la musique, s'approchant de lui : » Eh bien, M. l'abbé.... des bénéfices, n'est-ce » pas ? l'abbé timidement : Monseigneur.... alors » le prélat, pour toute réponse, se mit à lui » chanter : Quand on sait aimer et plaire, etc. »

LA MARQUISE.

Mais, M. de la Roche-Aymon est fort mal désigné; quoique vieux, il n'était point courbé avant sa maladie. Au reste, si l'anecdote est vraie, elle confirme ce qu'on vient de m'apprendre; il y a toute apparence qu'il tombait déjà en enfance.

M. Dorat s'échappe en ce moment avec M. de Marcsaint, et dit : « Mesdames, voilà M. de la » Lande qui vous donnera des nouvelles du jour- » nal en question. »

M. DE LA LANDE, *entrant.*

Le journal de Paris ? il reparaît demain.

LES TROIS DAMES.

Bonne nouvelle.

M. DE LA LANDE.

Oui... mais bien maigre, absolument étique.

M. Seguier ne veut pas qu'il parle des affaires du palais, de peur qu'on ne s'apperçoive que ses conclusions ne sont presque jamais suivies. La police lui défend de parler des accidents, des voleurs, des assassins, des morts subites, et tout cela prudemment, afin de ne point effrayer les citoyens; en un mot, pas même des récits d'acte de bienfaisance. M. de la Borde s'est plaint qu'on lui en avait imputé un qu'il n'avait pas fait.

LA MARQUISE.

Il n'est donc pas vrai qu'il ait été réellement remis à la famille de Bordeu malaisée, les 80,000 livres que ce médecin avait placées sur sa tête à fonds-perdus six mois avant son décès?

M. DE LA LANDE.

Non : il n'est pas homme à cela; c'était une tournure qu'on avait imaginée pour le piquer de générosité : on voulait l'exciter à cette bonne action en le louant d'avance, comme s'il s'y fût porté de son propre mouvement. Il ne s'en est pas senti capable, et a pris l'annonce pour une dérision.

LA COMTESSE DE HARNOISBEAU.

On aurait mieux fait de prévoir toutes ces tracasseries et de ne pas laisser commencer la feuille.

M. DE LA LANDE.

C'est dommage, cela paraît bien.

LA COMTESSE DE HARNOISBEAU.

Au moins aurons-nous toujours votre article des observations météorologiques, vos notes sur la pluie et le beau temps.

LA MARQUISE.

Est-ce que vous étiez, monsieur, pour quelque chose dans cet ouvrage?

M. DE LA LANDE.

Ah! pour bien peu de chose, madame; ce sont des notes concernant un plus grand travail que j'envoie au rédacteur; cela ne me coûte rien.

LA COMTESSE DE BUSSY *entre les dents.*

Et vous rend un peu.

M. DE LA LANDE.

Oh! point, point. Je fais tout cela gratis. A propos, ce pauvre diable de la Place, l'inventeur de la chose, est disgracié; il a fallu une victime, et, comme le plus connu, il a été sacrifié.

LA MARQUISE.

Quel est ce la Place? Quoi! l'ancien auteur du Mercure.

M. DE LA LANDE.

Non, c'était un clerc de notaire qui a quitté son état pour cette chimère, et le voilà ne sachant où donner de la tête.

Parbleu, puisque nous sommes en petit comité, je m'en vais vous lire, Mesdames, une pièce de vers, adressée anonymement aux rédacteurs de cet ouvrage périodique pendant son interruption, et qu'ils se garderont bien d'insérer à présent. Elle est charmante; on la juge faite tout récemment, puisque c'est à l'occasion du jour de l'an.

Vers, au sujet d'un Sultan, envoyé pour étrennes à Madame l'Abbesse de...

Ave, que l'on ouvre au Sultan....
Au Sultan, répond la tourrière;
C'est une ruse de Satan.
Un Sultan, Jésus, un Sultan!
Ma sœur mettons-nous en prière.
Satan nous veut jouer d'un tour,
Fermons la porte a double tour,
Et clouons en dedans le tour.
Un Sultan n'est-ce pas un homme,
Qui, dit-on, donne un sort en jetant un mouchoir?
N'est-ce pas un monsieur qui ne croit pas à Rome,
Et qui se marîrait du matin jusqu'au soir,
Sans y faire aucune pause,
Si Dieu permettait la chose?
N'est-il pas hérétique?... Eh! non, c'est un sachet,
Un sachet plein d'odeur, que Sultan l'on appèle...
Si ce n'est que cela, dit-elle,
Sans une lettre de cachet
Et sans l'ordre de l'Archevêque
Il peut entrer. Donnez, vous serez satisfait,
Excusez cependant si je prends garde.....
C'est qu'un enfant est bientôt fait.

Comme M. de la Lande finissait cette lecture de vers dont je lui demandai copie, survint le comte de Milly, son confrère, qui, le surprenant dans cette fonction, le plaisanta lourdement sur le rôle futile qu'il jouait, indigne de sa gravité.

LA MARQUISE.

Soit, monsieur le comte, apprenez-nous quelque chose de plus important.

LE COMTE.

Madame, mon confrère aurait mieux fait de vous instruire de ce fait : Il y a quelques jours, M. de Lassone, premier médecin de la reine et membre de l'académie des sciences, a proposé dans une assemblée particulière une question de physique concernant à la fois l'anatomie et la médecine. Il a établi la conformation d'un individu mâle, et a demandé s'il ne pourrait pas être possible que par telle attitude, telle manière, telle circonstance, tel moment favorable de la nature le sujet disgracié de celle-ci fût assez adroit ou assez heureux pour la tromper et produire un enfant ? Plusieurs membres faisant attention à la qualité de l'homme, aux détails qu'il rapportait, ne voulant point qu'on engageât cette question, dirent que c'était à la faculté de médecine, ou au collége de chirurgie qu'il fallait la renvoyer, ce qui a été l'avis général. On a ensuite demandé à l'académicien pourquoi il agitait un semblable

Tome I.   29

problème : il a répondu simplement qu'on ne saurait trop approfondir une matière aussi intéressante.

MESD. HARNOISBEAU et BUSSY, *s'en allant et ricanant.*

Voilà qui est fort curieux, monsieur; cela vaut mieux que des vers.

M. DE LA LANDE.

Attendez-donc, mesdames, que j'aye l'honneur de vous donner la main.

Entre madame Geoffrin, accompagnée de MM. Mathos, Martelmon et de l'abbé Calchas (1).

LA MARQUISE.

M. le comte, je suis fâchée que madame Geoffrin n'ait pas entendu votre anecdote : daignez recommencer.... il recommence.

MAD. GEOFFRIN.

Je suis surprise de cela, mes savants ne m'en ont rien dit.

LE COMTE.

Rien de plus vrai cependant, Madame, demandez-le.

MAD. GEOFFRIN.

Je le saurai, je le saurai; car la chose en vaut la peine. Ah ça, ma bonne amie, je vous quitte pour aller voir M. Franklin, ce grand physicien,

---

(1) Thomas, Marmontel, l'abbé Arnaud.

devenu aujourd'hui un politique redoutable à l'Angleterre.

M. MARTELMONT.

Eh bien ! madame la marquise, comment gouvernez-vous les spectacles ?

LA MARQUISE.

J'ai été incommodée ; je n'ai pas sorti du mois, je ne commence même à recevoir du monde que depuis peu ; mais il me paraît qu'il n'y a pas grande nouveauté.

M. MATHOS.

Vous avez *Zuma* à la comédie française, de M. le Fevre ; le public n'en a pas d'abord senti les beautés un peu outrées ; mais il s'y fait ; cela ira.

L'ABBÉ CALCHAS.

On nous a donné à l'Opéra un acte détestable : *Alain et Rosette* ou la *Bergère ingénue*. Imaginez-vous qu'on a exécuté cette pastorale après Orphée ; c'est comme si l'on buvait de la piquette après le vin de Bourgogne le plus chaud et le plus cordial.

M. MARTELMONT.

Votre bourgogne ne vaut pas notre champagne d'Italie. Piccini vous en fera convenir.

L'ABBÉ CALCHAS.

Monsieur, brisons là, pour ne pas élever une

querelle qui vous ferait prendre feu aisément. Parlons plutôt du ballet des Horaces.

LE MARQUIS DE LA SELLA, *survenu à cette phrase.*

J'ai sur ce ballet une petite chanson faite par un jeune homme, qui est la meilleure critique qu'on en puisse faire; elle est toute neuve et amusera madame la marquise si elle veut me permettre de la chanter. On l'a mise sur l'air :

Palsambleu M. le Curé.

Tout le monde est convaincu
Que le ballet des Horaces
En même temps est le ballet des Cu.....
Le ballet des Curiaces.

Quel spectateur n'est point ému
Voyant l'aîné des Horaces,
Prendre courage et pourfendre trois Cu.....
Pourfendre trois Curiaces.

Ah ! juste ciel ! tout est perdu,
Dit Camille au fier Horace,
Je suis ta sœur, et tu perces mon Cu....
Tu perces mon Curiace.

A l'instant son frère bourru
La poignardant avec grâce,
Camille tombe, et montre encor son Cu......
Montre encor son Curiace.

Vous à qui *Noverre* est connu,
Jetez des fleurs sur ses traces,
A l'Opéra, j'aime à claquer les Cu.....
A claquer les Curiaces.

LA MARQUISE.

C'est un peu poliçon.

M. MARTELMONT.

Madame, nous sommes en carnaval.

M. MATHOS.

C'est très-bien, et quel est le poète?

LE MARQUIS DE LA SELLA.

Il se nomme Auguste et promet beaucoup : il a de la gaîté; il a des contes qu'on appèle *Augustins*, très-plaisants.

L'ABBÉ CALCHAS.

Oui, si vous voulez; mais tout cela n'est que de la crême fouettée.

M. MARTELMONT.

Oh! vous voudriez, M. l'abbé, que tous les poètes fussent des hommes.

Différentes visites arrivèrent encore, pendant lesquelles ces messieurs disparurent. Il ne se dit plus rien d'intéressant, et madame Dudeffant se trouvant fatiguée, fit fermer sa porte; ce qui me permit de me retirer chez moi, de me recueillir et de vous rédiger la séance.

Avant de clôre cette lettre, Milord, je vais encore y joindre un petit conte du jour que j'ai entendu faire ailleurs, et qui réjouit beaucoup tous les anti-philosophes en ce qu'on y tourne en ridicule une héroïne de l'autre parti, une femme de la cour extrêmement liée avec M. Turgot et présidente de la secte économique. C'est la duchesse Danville. Elle aime beaucoup à jouer à la loterie royale de France, à faire des combinaisons. Ces jours derniers elle a rêvé que, pour être heureuse, il fallait qu'elle fît choisir ses numéros par un fou. En conséquence elle va aux petites maisons, et prie les chefs de cet hôpital de lui en faire venir un, mais raisonnable à certains égards, et avec qui elle puisse causer. Le fou venu, elle lui déclare le sujet de sa visite et le prie de vouloir bien lui nommer trois numéros sur lesquels elle doive mettre avec confiance. Le devin demande très-gravement une plume avec de l'encre, les écrit bien distinctement et séparément, puis montrant le papier à la duchesse, lisez, madame, étudiez bien ces numéros ; les savez-vous par cœur ?... Oui, Monsieur. Alors il en fait trois parts, les plie en petites boules, les avale, puis il ajoute : Madame, allez les prendre, c'est demain le tirage, je vous réponds que ces numéros sortiront, qu'ils vous feront un terne, mais je ne vous garantis pas qu'il soit sec.

Voilà, Milord, mes matériaux pour cette fois-ci ; *levium spectacula rerum*. Je traiterai une matière beaucoup plus grave dans ma prochaine lettre, préparez toute votre attention.

Paris, 29 janvier 1777.

LETTRE XXVI.

M. de la Chalotais. Anecdotes nouvelles sur ce Procureur-général. Extraits d'un mémoire qu'il composa sur son affaire et resté manuscrit.

Vous vous rappelez, Milord, toutes les infortunes du procureur-général du parlement de Bretagne. Les papiers publics vous en ont fréquemment entretenu pendant près de neuf années qu'elles ont duré. Elles n'ont cessé qu'à la mort de Louis XV, ou plutôt le rappel de la magistrature a été la première époque de leur adoucissement; car on pourrait dire qu'elles ne sont pas finies, qu'elles ne finiront jamais, si le spectacle du supplice infligé à ses persécuteurs par les lois, est la vraie, la seule vengeance qui puisse et doive satisfaire l'innocence opprimée. Non seulement ce vieillard, sur le bord de la tombe, a perdu tout espoir de cette satisfaction ; mais il se l'est même ôté par un acte secret qu'il a eu la faiblesse de se laisser arracher, las de dix ans de persécutions, parce qu'enfin il est un terme au courage le plus intrépide. Sans doute quelquefois il est louable, il est grand de pardonner les injures quand elles sont personnelles, et que l'impunité n'est pas d'un exemple funeste; ici, au contraire, l'honneur de la magistrature, compromise en sa personne, les formes indignement violées, la sureté publique, consolation du faible toujours victime en France du plus fort, tout obligeait M. de la Chalotais à ne jamais abandonner ses poursuites, à réclamer sans cesse l'appui des lois, à apprendre aux grands, dépositaires de l'autorité, que le glaive de Thémis est suspendu sur leur tête, comme sur celle du dernier des sujets. Il a si bien senti lui-même la honte de cette démarche, que, de concert avec le ministère, elle était ignorée, ou du moins simplement soupçonnée : je ne puis en douter aujourd'hui par ce que j'ai lu.

C'est un désistement en bonne forme, par lequel il renonce lui et son fils à toutes poursuites contre ses calomniateurs, et notamment contre le duc d'Aiguillon. Je vous envoie cette pièce authentique (1), et une autre relative qui est la réponse du garde des sceaux et l'annonce des

___

(1) Désistement de MM. de la Chalotais et de Caradeuc, du 5 août 1775.

Nous soussignant, Louis René de Caradeuc de la Chalotais et Anne Jacques Raoul de Caradeuc, procureurs-généraux du roi au parlement de Bretagne, voulant donner à Sa Majesté un témoignage de respect pour sa personne sacrée ; de notre reconnaissance de la justice qu'elle grâces qui en doivent être la récompense (1), ce qui ternit beaucoup la gloire de ces deux magistrats.

---

a bien voulu nous rendre; de notre desir de concourir aux vues de la paix dont elle est animée, et de notre considération pour M. le comte de Maurepas, déclarons abandonner purement et simplement toutes actions et demandes que nous aurions faites ou pu faire relativement à la procédure criminelle injustement intentée contre nous au mois de novembre 1765 et années suivantes, circonstances et dépendances, en quelque tribunal et vers quelque personne que ce soit, renonçant à en faire aucune suite, et notamment vers M. le duc d'Aiguillon.

A Rennes le 5 août 1775.
Signé *de Caradeuc de la Chalotais, de Caradeuc.*

(1) Lettre de M. le garde des sceaux à M. de la Chalotais, du 8 août 1775.
Envoyée d'Athys à M. de la Chalotais le 14 août.

Monsieur,

Le roi a bien voulu vous accorder une gratification de la somme de 100,000 livres une fois payée, et une pension de 8000 livres réversible après vous, savoir 4000 livres à M. le chevalier de la Chalotais, votre fils, et 4000 livres à M. et madame de la Fraglaye.

Sa Majesté vous accorde également une charge de président à mortier, dont elle voudra bien donner l'agrément à M. de Caradeuc, si vous la lui faites passer. Vous ne devez pas douter du plaisir que j'ai à vous annoncer ces grâces.

Je vais faire passer à M. le contrôleur général l'am-

Outre ces pensions et faveurs pécuniaires qui ont suivi de près et trop immédiatement, pour ne pas paraître les conditions du marché, et confirmer le bruit qui en avait couru à la même époque, M. de la Chalotais vient d'obtenir une grâce honorifique retardée plus long-temps, en ce qu'exigeant un enregistrement et la plus grande publicité, on desirait qu'elle n'eût pas l'air d'une collusion, qu'elle fût regardée comme émanée du propre mouvement du roi, ainsi qu'il est porté dans la concession. Ce sont des lettres patentes par lesquelles sa majesté leur érige la terre de Caradeuc en marquisat. Le préambule est remarquable ; on y fait dire à sa majesté que : « comme
» rien n'anime plus puissamment ses sujets à sa-
» crifier leurs soins, leurs travaux, et souvent
» même leur fortune pour son service et celui

---

pliation des décisions du roi, pour qu'il soit à portée de vous procurer le payement des 100,000 livres et de vous faire porter sur les états du roi pour la pension de 8000 livres.

Je vais faire passer également à M. de Malesherbes une ampliation de la décision relative à cette pension, pour qu'il soit en état de vous en expédier le brevet.

Je suis,

MONSIEUR,

Votre affectionné serviteur.

Signé MIROMESNIL.

A Versailles, le 8 août 1775.

» de l'Etat, qu'en se portant, dans les occa-
» sions, à les illustrer par des décorations qui
» puissent transmettre à la postérité les témoi-
» gnages les plus flatteurs de la satisfaction que
» ledit seigneur roi aurait ressentie de leur zèle ;
» c'est dans ces vues qu'il aurait mis en consi-
» dération les services qui lui ont été rendus et
» au feu roi son très-honoré seigneur et aïeul,
» par ses très-chers amés et féaux, les sieurs
» Louis René, Anne Jacques Raoul de Caradeuc
» son fils, ses procureurs-généraux en sa cour
» de parlement de Bretagne » (1).

---

(1) Après avoir fait l'énumération des services rendus par les ancêtres, de l'illustration de cette famille,
soit par elle-même, soit par ses alliances, sa Majesté
ajoute : « A tout quoi ledit seigneur roi ayant égard, sui-
» vant le contenu aux lettres données à Fontainebleau par
» son très-honoré seigneur et aïeul le 10 mai 1730, à
» Marly le 12 mai 1752, aux délibérations des gens des
» trois états du pays et duché de Bretagne, du 4 novembre
» 1617, du mois de novembre 1770, pour laquelle ils
» prènent la garantie des procureurs-généraux, et font
» les plus grands éloges de leur service et fidélité : ledit
» seigneur roi aurait desiré reconnaître et récompenser
» tous les services rendus par lesdits sieurs de Caradeuc;
» il aurait estimé ne le pouvoir faire dignement, qu'en
» donnant de *son propre mouvement* à Louis René, et
» et Anne Jacques Raoul de Caradeuc, ses procureurs-
» généraux, le titre et la dignité de marquis, etc. en

Vous voyez, Milord, avec quelle adresse on a inséré tout ce qui pouvait flatter l'amour propre des procureurs-généraux et leur faire oublier leurs maux, tout ce qui pouvait même effacer l'ombre du délit envers le monarque défunt, puisque l'honneur qu'ils reçoivent aujourd'hui est moins une grâce qu'une reconnaissance due aux services qu'ils lui ont rendus, ce qui est bien contradictoire avec les inculpations dont ils avaient été chargés. Tout tend donc à faire éclater leur innocence; mais ce qui soulève une âme fortement éprise de l'humanité, c'est que rien ne tende à la venger et à intimider ses persécuteurs.

Il faut que je vous apprène maintenant, Milord, comment j'ai eu les pièces secrètes dont je vous ai fait part et le mémoire dont je vais vous entretenir. Ces jours derniers, étant allé chez M. le duc de Rohan qui était en affaire, je fus obligé de l'attendre dans sa bibliothèque; je m'amusai à la parcourir, et un manuscrit, intitulé *Mémoire de la Chalotais*, me frappa;

» conséquence érige la terre et seigneurie de Caradeuc, etc.
» en marquisat de Caradeuc, etc. »

Après le réquisitoire des gens du roi, la cour, les chambres assemblées le 23 décembre, ordonne, par *d'importantes considérations et sans tirer à conséquence pour l'avenir*, que les lettres patentes dont il est question seront enregistrées, etc.

j'étais à le lire quand ce seigneur vint à moi; je lui témoignai mon enchantement de l'ouvrage et mon desir de l'emporter; il me le permit d'autant plus facilement que les mêmes défenses de le rendre ostensible ne pourraient exister aujourd'hui, et ne sont plus qu'un égard mal placé pour de lâches ennemis qu'il faudrait, au contraire, dévouer à l'exécration générale en révélant leur turpitude, ou plutôt leurs crimes abominables.

C'était l'objet de ce *factum* : lorsqu'il fut composé en 1767, il devait être joint à une requête en opposition aux lettres patentes du 22 décembre 1766, à cette époque où Louis XV ayant déclaré qu'il ne voulait pas trouver de coupable, éteignit de son autorité tout délit, et cependant exila M. de la Chalotais et son fils; où le parlement ayant fait des représentations à sa majesté sur l'inconséquence de cette conduite, le roi répondit que l'honneur de ses procureurs-généraux n'était pas compromis par cette punition, mais qu'elle ne leur rendrait jamais ses bonnes grâces.

La multitude d'incidents survenus dans cette incroyable affaire, les paroles d'accommodement portées plusieurs fois à l'illustre exilé, la crainte de trop irriter le monarque, l'ont toujours empêché de publier son mémoire. Il se flattait de pouvoir le répandre sous le nouveau règne; on lui a fermé la bouche à force de bienfaits, d'honneurs et d'éloges; il serait vraisemblablement perdu pour la génération présente, si un heureux hasard ne m'en eût procuré la découverte, d'autant plus agréable, que je puis vous la communiquer et en partager la jouissance.

Après avoir établi dans la première partie de son mémoire, ce qu'on appèle l'origine des troubles de Bretagne, et fait voir, par une foule de ses lettres écartées, que, bien loin d'avoir contribué à les faire naître et les fomenter, il a fait tout ce qu'il a pu, au contraire, pour les prévenir et les arrêter, M. de la Chalotais passe à la seconde partie.

Elle contient l'examen de la procédure, et voici ces chefs : 1° Accusation et procédures sans corps de délit; 2° Accusation sans accusateurs; 3° Accusation et instruction sans juges compétents. 4°. Poursuite militaire sans ombre de justice, où d'un bout à l'autre, l'accusateur et le délateur ont été juges et parties, ordonnant et disposant de la personne des accusés. 5° Accusations vagues, changements de tribunaux et de juges, de parties publiques, au gré des accusateurs et des délateurs; procédure variant à volonté. 6°. Procédure qui déroge aux lois et qui en fait de nouvelles, qui confond la nature des délits et la qualité des preuves. 7° Accusations jugées, sans que les accusés ayent pu produire leurs faits justificatifs, pendant qu'ils étaient dépouillés de leurs pièces, et sans qu'ils ayent été entendus; jugement qui ne juge point.

La troisième embrasse les chefs d'accusation. 1°. Complot fait avec M. de Kerguesec. 2°. Des billets anonymes. 3° Manque de respect au ministère et même au roi. 4° Projet de porter le trouble dans le ministère. 5° Vexations et abus de pouvoir; huit faits relatifs à cette accusation.

Le récit historique des faits m'ayant paru surtout nécessaire pour l'intelligence de la défense des accusés, et curieux d'ailleurs par une foule d'anecdotes ignorées, c'est le morceau que je vous ai copié le plus fidèlement; vous y aimerez la simplicité de l'historien.

L'affaire des magistrats de Bretagne prend sa source dans les arrêts donnés contre les jésuites, et dans les comptes rendus à ce sujet.

Dès-lors les jésuites conçurent le projet de se venger de ceux qu'ils regardaient comme les promoteurs et les auteurs de ces arrêts; ils songèrent, suivant leur politique ordinaire, à exciter dans le royaume des troubles dont ils pussent profiter.

Ils avaient un parti aux états de Bretagne : les évêques, à la tête desquels était l'évêque de Rennes *Desnos*, presque tout l'ordre ecclésiastique, quelques membres de la noblesse, composaient un nombre assez considérable, soutenu et protégé par le commandant, qui, d'ailleurs, disposait du tiers.

Leur objet était de faire entreprendre par les Etats les arrêts du parlement qui avaient dissous la société des jésuites, d'opposer les états au parlement, la nation à la nation.

La fermentation fut grande aux états de 1762 à Rennes. Des gentilshommes qualifiés se firent sur le théâtre des menaces dont le commandant ne s'inquiéta pas, quoiqu'elles fussent assez notoires pour qu'il y dût faire attention ; on revint trois fois à la charge ; on lisait et l'on faisait lire clandestinement les lettres, vraies ou fausses, d'une personne du plus haut rang (1), pour émouvoir les esprits en faveur des Jésuites ; et si l'on eût laissé le cours à ces mouvements, ils eussent probablement excité dans la province une guerre civile, qui bientôt après se fût communiquée dans tout le royaume.

Les jésuites s'en prirent à M. de la Chalotais, qui, dans ses comptes rendus, avait dévoilé le vice des constitutions et du régime ; qui, pendant les états, s'était opposé de tout son pouvoir à leurs manœuvres ; et M. d'Aiguillon se plaignit hautement de ce qu'il en avait écrit à M. le duc de Choiseul.

---

(1) De M. le Dauphin, à ce qu'on prétendait. Note au mémoire.

Deux ou trois jours après les états, M. de la Chalotais fit rendre sur son réquisitoire un arrêt qui défendait de demander le rétablissement des jésuites, et de faire des assemblées illicites.

M. d'Aiguillon fut transporté de colère de ce qu'on rendait un arrêt pareil, pendant qu'il était à Rennes, et sans qu'il en eût été informé ; il déclama avec fureur contre le réquisitoire et contre le requérant.

Désespérés de n'avoir pu brouiller aux états, les jésuites formèrent le dessein de réussir d'une autre manière, assurés du commandant, tour à tour leur protecteur et leur protégé.

Il y avait en Bretagne des plaintes générales contre l'administration de M. d'Aiguillon concernant les grands chemins ; le parlement les avait prises en considération : comme les magistrats qui appuyèrent ces plaintes, étaient les mêmes qui avaient paru opposés aux jésuites, ceux-ci et le commandant se réunirent dans le dessein de les perdre.

Le commandant voulait venger sa querelle contre ceux qui attaquaient son administration ; il les fit mander à Compiègne, et ensuite, par des lettres de cachet, à Versailles. Sous des prétextes faux et illusoires, on molesta le parlement par des ordres obscurs et presque contradictoires. On poussait également les états à Nantes ; ils portèrent au parlement leur opposition à l'enregistrement de la déclaration du 21 novembre 1773; qui, entre autres dispositions, établissait la perception d'un nouveau sou pour livre qui n'avait point été consenti par les états. Le commandant, voyant que cet acte pouvait causer du trouble, laissa partir le procureur-syndic pour le porter au parlement à Rennes, ce qu'il eût pu aisément empêcher, s'il l'eût voulu; mais il était bien aise de brouiller. Il prévit que le parlement pourrait donner un arrêt sur l'opposition; et, d'un autre côté, on fit à Versailles, vraisemblablement par ses conseils, tout ce qu'il fallait pour jeter dans le parti des démissions ceux-mêmes qui en auraient été le plus éloignés.

Il espérait en tirer avantage pour perdre les magistrats qu'il haïssait, pour diviser et détruire le parlement qui s'était plaint de son administration, et qui avait fait scission avec lui; pour anéantir les états, et préparer les voies aux jésuites, ses amis et ses confédérés.

Pendant ce temps il se tenait, tous les jours et toutes les nuits, des assemblées à l'hôpital de *Saint Mées*, situé à l'extrémité du faubourg de Rennes, où aboutit la route de Paris.

Cet hôpital est une maison de force, dont le sieur Clémenceau, ex-jésuite, est supérieur. Le superieur des jésuites, Frey, l'a choisi pour le lieu de sa retraite. Des fanatiques de tout état, hommes, femmes, prêtres, laïques, jésuites, ignorantins, kergutains (1), officiers, commensaux, secrétaires de M. d'Aiguillon, y entretenaient des correspondances, et y formaient des associations.

C'est là, et par ces mêmes suppôts, que s'est tramé le projet que l'on a vu éclore par la manœuvre de M. d'Aiguillon et sous ses auspices, de faire le procès à ces mêmes magistrats, et de les faire enfermer à perpétuité.

Il se tenait encore d'autres assemblées de ces mêmes fanatiques chez l'abbé de *Kergus*, au Bon-Pasteur, chez les filles de Saint-Thomas, à l'hôpital de Saint-Ives, chez les ignorantins, chez la présidente de l'Anglé, etc. etc. etc.

Ces repaires sont l'arsenal où se sont forgés les traits contre les magistrats; c'est de là que sont parties les dénonciations, les instigations, et vraisemblablement les billets anonymes, etc. Les jésuites ont cru que c'était la meilleure réponse qu'ils pussent faire aux comptes rendus et aux arrêts donnés contre la société.

De ce récit des faits qui ont précédé la détention des magistrats, M. de la Chalotais passe au détail des motifs qui la déterminèrent, des suites qu'elle eut, et de la manière dont s'y prenaient ses ennemis pour provoquer contre eux la colère

---

(1) Du nom de l'abbé Kergus, un des chefs des fanatiques, ex-jésuite.

du souverain et l'horreur des peuples, d'abord pour la terminer par le supplice, ensuite du moins pour la perpétuer.

Dans cette seconde partie, beaucoup plus volumineuse, voici ce qui m'a le plus frappé : vous admirerez sûrement de quelle manière il change de ton, il s'élève et s'anime contre les abus du pouvoir et développe les machinations de ses ennemis.

» L'autorité seule fait brigue et cabale par elle-même, elle est armée de toute la force publique. C'est une ligue naturelle que celle des forts contre les faibles ; au premier signal elle ameute tout ce qu'il y a de méprisable dans le clergé, dans le militaire et dans la robe ; autour d'elles se rangent à point nommé les intrigants, les ambitieux, et tous les gens à prétentions, *quæ maxima turba est*; ceux qui cherchent à obtenir des bénéfices, des grades, des pensions, des places, des gratifications, sans avoir travaillé, sans avoir servi ; ceux qui veulent se venger sur les honnêtes gens du mépris que le public a pour eux ; les envieux et les jaloux du succès d'autrui, acquis par le travail et par l'application ; tous les ennemis des lois ; ceux qui ne croient point à la vertu, tout ce cortége qu'entraînent après eux quelques commandants ; les flatteurs, les espions, les délateurs, tous ces vils instruments du pouvoir arbitraire : elle appèle de loin tous les gens de parti, les fanatiques, les factieux ; elle réveille les haines et les vengeances, elle flatte en montrant des récompenses et en promettant les dépouilles de ceux qu'elle veut perdre.

Ainsi Séjan faisait trembler l'innocence ; on fuyait, tout restait désert dans les rues et dans les places publiques ; quelques-uns revenaient et se montraient de nouveau, effrayés même d'avoir eu peur, *fugerant cuncti, deserta itinera, fora, et quidam regrediebantur ostendebant que se rursùs, idipsum paventes quod timuissent ;* les soldats sous les armes, les magistrats sans aucune marque de leur dignité, *miles cum armis, sine insignibus magistratus.*

» On espéra, en saisissant les papiers de tous ceux qui seraient arrêtés, de trouver dans les lettres des magistrats à des gentilshommes, des gentilshommes à des magistrats, dans les lettres des magistrats entre eux, soit du parlement de Bretagne, soit des autres parlements, de quoi lier ce grand corps de délit qu'on avait imaginé ; on se flatta de donner de la réalité à ce qui n'en avait point, en supprimant des lettres, en tronquant les autres, et en les séparant suivant l'intérêt et la passion, en divisant les phrases de chaque lettre, en réunissant des fragments, et en tirant des conséquences de ces divisions et de ces réunions. «

» Par le ministère des espions, des fanatiques,

des ennemis déclarés ou cachés, avec le secours perfide de ces hommes gagés, qui, trompant la foi publique, lèvent les empreintes des cachets des lettres, pour mettre au jour les secrets inviolables des familles, on ne douta pas de pouvoir obtenir des témoignages vrais ou faux ; par des bruits semés et répandus à propos, de quoi frapper les esprits, augmenter, grossir, exagérer les soupçons qu'on se flattait d'insinuer au roi en le trompant, et par ce moyen d'en imposer à toute la nation.

» On espéra, en resserrant les accusés, les empêcher de faire parvenir au monarque et au public leur justification, en leur cachant le sujet de leur détention, en le cachant même aux magistrats qu'on leur donnait pour juges, dont on trompait la religion, dont on excitait le zèle comme s'il se fût agi de servir le roi et l'Etat; on se flatta qu'ils tomberaient d'eux-mêmes dans le piége, et par des contradictions presque inévitables entre eux ou avec eux-mêmes paraîtraient coupables, se le rendraient peut-être, aigris par les mauvais traitements, et provoqueraient ainsi la vengeance des lois.

» On compta sur les rigueurs indispensables d'un de ces tribunaux amovibles, dont les fonctions, suivant l'histoire, ont été utiles en tant d'occasions pour réaliser des crimes chimériques, et pour donner à des accusations qui n'ont point de fonds, une apparence de fonds et de consistance. On appela le sieur de Calonne, déserteur du ministère public (1) pour faire fortune, qui a renié le parti de la justice distributive et de la juridiction contentieuse, pour embrasser celui de la justice arbitraire et de la juridiction volontaire.

» Au pis-aller, on était bien sûr de faire subir pendant long-temps à des innocents les rigueurs d'une prison cruelle dont on était les maîtres, et d'en augmenter les duretés, de ruiner leur santé et leur fortune.

» On comptait par ces moyens les ennuyer, les décourager, faire donner les démissions aux uns et écarter les autres, ce qui était le moindre but qu'on se proposait. On parlait d'échafaud ; on apportait de nuit au château de Saint-Malo des pièces de bois construites pour en faire un. Les jésuites et leurs affiliés, les émissaires de M. d'Aiguillon, débitaient pendant ce temps à Bordeaux de prétendues lettres de moi à M. Pitt, ministre d'Angleterre, pour faire accroire que j'avais dans les pays étrangers des intelligences contraires aux intérêts de l'état, lettres fausses qu'on n'a pas même osé produire, parce que

---

(1) Il était au parlement de Douay, et du parquet de cette cour passa au conseil.

j'en aurais aisément prouvé la fausseté. Je répète ici l'observation que j'ai faite plus haut : quand on suppose des lettres fausses qu'on ne montre point, on peut bien supposer des billets anonymes qu'on aurait fait fabriquer.

» Les Jésuites envoyaient des bulletins de la procédure et la liste de nos crimes, qui, par la voie d'Orléans, se répandaient toutes les semaines dans toutes les villes du royaume. On annonçait les suites d'une procédure rigoureuse, et si elle se trouvait dépourvue de preuves, on se flattait de l'étouffer enfin, par le poids du crédit et de l'autorité, d'empêcher les accusés, par force et par menaces, de produire jamais leur justification.

On peut juger du caractère des hommes par leurs entreprises ; celle-ci était visiblement injuste, mais elle était folle, extravagante ; elle annonce de quoi sont capables ceux qui en sont les auteurs et les promoteurs ; elle avait pour objet d'intimider une province qu'on avait résolu de subjuguer par la terreur. Ce qui est le seul vœu de l'orgueil qui se dédommage d'être haï, par le plaisir de se faire craindre ; *oderint, dum metuant.*

Vous gémissez, Milord, sur le sort de l'infortuné procureur-général, sur les injustices, les cruautés qu'il a éprouvées ; vous avez ressenti ses souffrances, et presque le supplice qu'il était à la veille de subir; vous allez vous relever avec lui de la dépression où l'avaient réduit ses ennemis, et sinon vous réjouir de son triomphe complet, au moins le voir les terrasser, les foudroyer de son éloquence et faire retourner contre eux tout l'odieux, toute l'horreur qu'ils voulaient inspirer à la nation contre lui. L'orateur Romain dont est rempli M. de la Chalotais ne poursuivait pas avec plus de véhémence l'audacieux Catilina. Il provoque enfin dans la troisième partie le procureur-général de la commission.

« Récapitulons maintenant, sieur de Calonne, vos accusations et nos crimes. Où sont ces troubles, ces mouvements excités pour donner atteinte à l'ordre public et à la tranquillité de l'état?

» Où sont ces conjurations prétendues dont vous avez fait tant de bruit?

» Où est ce parti de gens unis ensemble contre les intérêts du souverain? Quels sont ces magistrats prévaricateurs et coupables que vous avez voulu flétrir et déshonorer dans l'esprit du roi, de la nation, aux yeux de toute l'Europe; qu'on a traités dans les cachots avec plus de dureté et d'inhumanité que dans les prisons de l'inquisition?

» Et pourquoi tant de clameurs? L'état a-t-il

été en péril? Les intérêts du roi ont-ils été trahis? Sa gloire a-t-elle été attaquée? Vous n'avez pu trouver dans toute la Bretagne un seul fait, une seule action d'aucun des membres du parlement accusés, contre les intérêts du roi, contre sa gloire, une sur laquelle on puisse même former un soupçon. Il a été question de savoir si le parlement a pu dire que la commune se plaignait de l'administration des grands chemins par corvées, dirigée par M. d'Aiguillon. Voilà tout le corps du délit. C'est la cause première de tout cet éclat, par lequel on a trompé le roi, pour lequel on a mis toute la magistrature en mouvement; dont le conseil du roi a été occupé pendant de longues séances; qui a causé des pertes considérables dans une grande province; qui a interrompu le cours de la justice, qui a menacé la liberté de tous les citoyens.

» Si l'on veut trouver les auteurs des troubles qui ont agité la Bretagne, il faut chercher ailleurs que dans le parlement et dans les états. On les trouvera dans le gouvernement militaire, qui brouille tout pour mettre la nation aux fers, qui ne cherche qu'à égarer la justice, et ne reconnaît ni lois, ni usages, ni privilèges; on les trouvera dans la faction jésuitique et ses affiliés, parmi ses espions et ses délateurs, qui forgent des crimes pour faire des criminels.

« C'est ainsi que le bien public et particulier, la tranquillité du chef et des peuples sont sacrifiés à la passion d'un homme, d'un courtisan ambitieux, et de jésuites fanatiques dont il est aidé. Et à quoi ont abouti tant de mouvements? A faire dire, en faveur des délateurs, qu'on ne veut point trouver de coupables, après une procédure violente et animée qu'on affecte de prolonger pendant quatorze mois pour chercher des preuves, procédure qui n'a pour principe et pour objet que la vengeance, et des haines particulières transformées en intérêt public; procédure commencée par la délation, continuée par des machinations odieuses, par la fureur, par l'ignorance, par l'ineptie, pour laquelle on a mis en campagne une armée d'espions, une troupe de courriers, dont la poursuite enfin a coûté des frais immenses à Sa Majesté.

» Procédure aussi variable et aussi inconstante que l'esprit de ceux qui l'ont conçue.

» Poursuite et procédure qu'on n'oserait faire paraître aux yeux du public, dont la réfutation la plus forte serait de les publier telles qu'elles sont, mais qu'on ensevelira apparemment dans les prétendus greffes criminels du conseil, pour servir de second tome au procès fait à M. de Thou, et à M. de Marillac, sur l'accusation d'un Richelieu.

» Avant de finir, je dois répondre à la seule objection qu'on puisse nous faire : c'est de dire que toute cette poursuite n'est pas croyable, qu'elle n'est pas vraisemblable.

» Je réponds qu'elle n'est pas croyable, qu'elle n'est pas vraisemblable surtout dans ce siècle et sous ce règne ; elle n'eût pas étonné sous le ministère du cardinal de Richelieu.

» On dira qu'il n'est pas possible que des personnes considérables se soient réunies pour intenter si déraisonnablement de pareilles accusations, et les poursuivre aussi injustement.

» Je répondrai d'abord par des faits, et des faits prouvés par pièces. Qu'on produise, si l'on ose, le procès, qu'on le confronte avec tout ce que j'ai avancé ; je consens d'être jugé sur les seules charges, pourvu qu'on y joigne toutes mes lettres qu'on a saisies dans le cabinet de mon fils, qui doivent faire partie de la procédure, et qu'on a eu la mauvaise foi de divertir et de recéler.

» Je répondrai ensuite, non à la génération présente, que la notoriété publique instruit suffisamment sur notre compte et sur celui des accusateurs, mais à la postérité, si elle daigne jamais s'informer de cette affaire.

» J'opposerai l'esprit de fureur d'une société religieuse qui n'a jamais oublié une injure, et réputant à injure tout ce qui choque ses intérêts; j'opposerai le caractère violent de notre délateur, les informations de témoins subornés, crime dont il est prévenu par informations juridiques.

» Du reste, qui ne connaît le poison de la haine et les excès du despotisme ? *Notumque furens quid velle Minister possit.*

» D'après ces notions, personne n'ignore, dans un gouvernement qu'on veut corrompre et ériger en despotisme, la bassesse des valets et l'insolence des prétendus maîtres....... Qu'on tire la conséquence. Deux ou trois personnes suivies de tout le cortège qui accompagne l'autorité opprimante, voilà nos ennemis : tous les honnêtes gens, sans exception, au contraire, la nation entière, voilà nos protecteurs. »

Toute cette vigoureuse philippique est suivie d'une apostrophe touchante à la nation.

« Français ! nation généreuse, toujours juste quand on ne vous déguise pas la vérité, qui n'avez jamais vu tranquillement persécuter des innocents, dont la voix incorruptible s'est fait entendre d'un bout du royaume à l'autre, et a excité celle des défenseurs des lois, vous avez reçu favorablement les premières défenses des innocents opprimés ; vous y avez trouvé tout ce qui est dans vos cœurs : l'amour d'un roi qui, même quand il est surpris, ne veut que la justice et les lois; vous y avez reconnu les sentiments du vrai, ceux de la liberté fondée sur les lois mêmes, la haine de la tyrannie, du despotisme et de l'inquisition que vous avez en horreur. Vous aurez mes derniers hommages, agréez-les avec les prémices de mon fils que j'ose vous recommander; nous les consacrons tous deux à la patrie et à son chef auguste. »

Celle au roi, plus longue et remplie de grandes et dures vérités, tempérées par le respect et l'amour, termine, on ne peut mieux, la péroraison. »

Sire,

« Telle a été la conduite de vos procureurs généraux: vous voyez qu'elle a toujours été pure, irréprochable et sans tache; telles sont les accusations flétrissantes qu'on leur a calomnieusement imputées. La calomnie est évidente; elle est prouvée par les faits et par les pièces qu'on leur a enlevées, et dont on a voulu se servir pour les noircir. Non, Sire, je ne le croirai point : vous n'avez pas fait, vous n'avez pas ordonné des lettres patentes si extraordinaires.

» Je ne penserai jamais qu'un roi, juste comme

vous êtes, d'un caractère doux et humain, que le meilleur des hommes ait conçu le projet méchant de flétrir des magistrats qu'il a honorés de ses bontés dans de plus heureux temps, sans que leur conduite ait jamais varié; qu'il ait ordonné contre eux des traitements qui intéresseraient l'humanité même à l'égard de véritables criminels.

» On vous avait dit (quelle atroce calomnie!) que nous avions insulté votre statue dans la place publique de Rennes, et vous aviez eu raison d'en être indigné.

» On vous avait dit que nous avions fait des complots contre vos intérêts; malheur à nous, si nous en avons seulement eu la pensée!

» Il règne dans votre royaume, Sire, deux systèmes; l'un, de ceux qui regardent les intérêts de Votre Majesté comme inséparables de votre nation, qui croient que les lois seules peuvent cimenter une union si désirable.

» D'autres, toujours prêts à séparer vos intérêts de ceux de vos peuples, prétendent que les lois doivent plier devant le pouvoir arbitraire.

» J'avoue, Sire, que je suis du sentiment de ceux qui regardent le bien public comme uni indissolublement avec les intérêts de Votre Majesté, parce que je crois que c'est le seul vrai, le seul qui puisse conserver à Votre Majesté et à sa race auguste une gloire solide et permanente; et je dis que l'opinion contraire n'est propre qu'à exciter des troubles et des dissensions, qu'elle n'est appuyée que par ceux qui voudraient substituer leur volonté à la vôtre, leurs intérêts particuliers à la place des lois.

» J'ai l'avantage, Sire, en le disant, de ne répéter que ce que Votre Majesté a annoncé plusieurs fois à ses peuples, ce que lui dicte son cœur.

» Voyez, Sire, comme les principes opposés compromettent votre autorité; combien elle a été compromise dans toute cette affaire, et non seulement votre autorité, mais la confiance dans votre parole royale, la véracité de Votre Majesté dans ses déclarations publiques. Voyez comme ces principes détruisent vos finances, et jugez entre ces deux systèmes, quel est le meilleur, et entre leurs partisans quels sont les meilleurs serviteurs de Votre Majesté; comme le gouvernement militaire, que des commandants imprudents ont voulu introduire depuis dix ans dans le royaume, et étendre au delà de ses bornes, a mis partout le trouble et la dissension.

» Vous avez voulu, par une résolution digne de votre Majesté et conforme aux vues de sagesse, de bonté et de modération qui vous animent, ensevelir dans l'oubli le plus profond des procédures qui vous empêchaient peut-être de discerner, entre les accusateurs et les accusés, quels sont les véritables coupables. »

» Mais qu'il nous soit permis de le dire à votre Majesté : une décision qui n'est point un jugement, qui n'absout ni ne condamne, qui est accompagnée de la peine ou trop rigoureuse d'un exil, ou, ce qui est encore plus sensible pour de fidèles sujets, qui annonce une disgrâce de la part de votre Majesté, laissait le droit trop incertain, et répandait sur la justice et l'innocence, des ténèbres trop épaisses. »

» Il importe, Sire, à votre gloire, à l'honneur des magistrats accusés de délits qui attaquent votre Majesté, qu'il ne reste aucun soupçon sur leur conduite. »

» S'ils sont coupables, ils doivent être punis plus sévèrement que d'autres ; mais s'ils sont innocents, ils ont droit, suivant toutes les lois, à une pleine et entière justification. La justice ne peut être vengée par des tempéraments qui confondraient ensemble l'innocent et le coupable, et le désistement de l'accusateur, quel qu'il soit, ne suffit pas à l'innocence ; elles exigent de concert un approfondissement rigoureux qui emporte une punition exemplaire ou une justification complète (1). »

» Qu'il nous soit encore permis de représenter à votre Majesté, qu'aucune puissance humaine ne peut, par sa volonté arbitraire, faire des coupables ni des innocents. Votre Majesté peut déclarer innocents ou coupables, ceux que la loi déclare tels; elle peut pardonner, abolir; elle peut faire grâce à des criminels, et remettre les peines; mais il ne s'agit point ici de criminels; cette idée ne peut jamais être appliquée à des personnes *dont l'honneur n'est pas compromis*. Anéantir ce qui n'exista jamais, est une contradiction dans les termes : ce serait anéantir le néant même. »

» Nous demandons que votre Majesté dépose les pièces et les mémoires sur lesquels on a dressé les lettres patentes, dans un tribunal où nos délateurs se déclarent nos parties, et articulent des plaintes contre nous, où nous puissions former des demandes et présenter des plaintes contre eux. »

» Laissez, Sire, un libre cours à la justice, et si vous pensez que vos lettres patentes du 22 décembre, y forment quelque obstacle, que l'on ne nous empêche pas d'y former opposition. »

___

(1) *Obviam imus crimini, et nosmet offerimus inimicis reos.*

» Permettez, Sire, à un père accablé de douleur, de demander justice à votre Majesté, de la mort de sa fille, que les mauvais traitements exercés sous votre nom, par M. le comte de Saint-Florentin et par M. le duc d'Aiguillon, ont fait périr. »

» Pendant plus de quinze mois elle a été la victime des fureurs de l'un et de l'autre ; on n'a cessé de l'obséder d'ordres surpris, de visites d'exempts de police pour la forcer à sortir de son lit, où elle était retenue par un crachement de sang et par une fièvre continue, pour l'enfermer dans un des monastères le plus livré aux Jésuites, où elle ne pouvait voir que ses geolières, dans un lieu bas et humide, où elle a contracté pendant un hiver rigoureux, la maladie qui lui a causé la mort. C'est un acharnement qui n'a point d'exemple, et qui crie vengeance devant Dieu et devant les hommes ! Qu'ils disent quel crime elle avait commis pour être aussi cruellement traitée ? Elle était allée à Paris, au secours de son père et de son frère, pour supplier votre Majesté d'écouter leur justification ; quand ils eussent été coupables, ce qui n'est pas, elle était innocente. »

» On a poussé la barbarie jusqu'à me faire sortir de Paris sans voir ma fille, et sans avoir reçu ses derniers adieux. »

» Ah ! ma chère fille, trop peu de larmes ont

arrosé votre tombeau, et vos yeux en se fermant ont désiré quelque chose (1). »

» Je me suis dévoué, Sire, pour votre personne sacrée, pour le bien de l'Etat, à la haine de cette société audacieuse dans ses calomnies, implacable dans ses vengeances, que les rois sont forcés, pour leur propre sûreté, de dissoudre ou de détruire. »

» Voilà la cause, l'origine et l'époque des accusations qui nous ont été calomnieusement intentées par leurs amis et leurs affiliés ligués avec eux. »

» Ce qui m'a le plus touché, Sire, dans cette malheureuse affaire, ce n'est point la privation de ma liberté pendant quatorze mois, quoique ce soit une injustice criante; ce n'est point la ruine de ma santé et de ma fortune; c'est la perte de vos bonnes grâces, et le malheur d'avoir pu vous déplaire. »

» Vous avez rempli d'amertume la fin d'une vie passée toute entière à votre service, et dans des travaux pénibles que votre Majesté avait approuvés; je me vois réduit, dans un âge avancé, à pleurer les miens que l'on égorge cruellement; je me vois privé de votre confiance et de vos

---

(1) *Paucioribus lacrimis composita es, et in novissimâ luce desideraverunt aliquid oculi tui.*

bonnes grâces, et éloigné d'une partie de ma famille. »

» Ah! Sire, vous êtes juste; vous êtes bon et humain; daignez rappeler à votre esprit, surtout à votre cœur, les sentiments que des personnes plus justes vous avaient donnés de moi. »

» Ecoutez, Sire, sur notre compte, la voix de la nation entière, celle du corps de la magistrature, ce corps si fidèle, et qui ne vous trompa jamais. »

» Réprouvez, Sire, une administration illégale, qui n'examine point ce qui est juste ou injuste suivant les lois, ne connaît qu'un funeste droit de convenance; qui voudrait vous persuader que votre autorité est au dessus des lois, et qui, sous prétexte de la maintenir, la dégrade, en la rendant arbitraire entre ses mains; qui réduit le droit public du royaume à des lettres données en commandement, à des arrêts du conseil et à des lettres closes; qui, de ses affaires personnelles, fait des affaires d'Etat, des crimes de lèse-Majesté; qui, pour parvenir à ses fins, emploie indifféremment la séduction envers les juges et les défenseurs des parties, envers les corps et les particuliers, la subornation envers les témoins et les experts; qui, sur des accusations vagues, suggère et surprend des décisions encore plus incertaines, et dans une forme que les lois ne connaissent point; qui, quand elle a violé ouvertement les lois, met des négociations insidieuses à la place des formalités essentielles de la justice, et trafique impunément de l'honneur des citoyens; qui fait le mal dans un instant, et qui ne fait jamais le bien que dans une progression lente et tardive, qui se prolonge à l'infini ; une administration enfin, qui prétend détruire toute justice, en se substituant elle-même à tous les tribunaux de justice du royaume. »

» Protégez, Sire, la magistrature établie pour connaître les lois de votre royaume, et pour les représenter à votre Majesté ; protégez des magistrats qui ont vieilli dans des travaux pénibles et gratuits, pour le bien de l'Etat et celui de votre service ; ne souffrez pas qu'ils soient insultés par des courtisans qui n'ont jamais travaillé que pour leur intérêt particulier; qui ne vivent que des revenus publics ; dont toute la science est le manège et l'intrigue, une activité inquiète qui ne leur laisse point de repos, et qui l'ôte à tous les citoyens ; qui, à la médiocrité de leurs vues et à une profonde ignorance, joignent la hauteur d'un despotisme insupportable et la bassesse d'une inquisition détestable ; enfin, dont tout l'art est celui de calomnier, et de se dérober par le crédit à la nécessité de prouver leurs calomnies. »

» Rassurez la nation alarmée de ces coups d'autorité absolue, de ces violences faites à la liberté des Français, à la sûreté de leurs personnes. »

» Que ces lettres qui ont été surprises à votre religion, soient rayées des annales de votre règne, et que dans ses fastes, à côté des monuments de votre gloire et de votre amour pour vos peuples, on ne lise pas ces actes de surprise et de déception. »

» Faites disparaître un affront fait à la nation, à la noblesse, à la magistrature, à votre règne auguste. »

» Bannissez de vos Etats les délateurs, l'espionnage odieux ; flétrissez les calomniateurs, et que partout votre image, votre nom, votre personne, reçoivent seuls les hommages d'une nation qui ne doit obéir qu'à vous et aux lois. Songez, Sire, que, comme disait un empereur, celui qui ne punit point les délateurs, les encourage. »

» Daignez jeter les yeux sur ce que disait à Louis XII, père du peuple, un évêque de Marseille, son conseiller, devenu archevêque de Turin (*Jesseil*) :

Il n'est pas juste que les sommes immenses que coûte cette affaire, retombent sur votre domaine ou sur vos peuples.

» Il y a certainement des coupables qui doivent en répondre ; car ou les accusations sont véritables, et en ce cas ce sont les accusés qui en sont responsables; si elles sont fausses, ce sont les accusateurs et les délateurs. »

» Si votre Majesté ignore encore quels sont les vrais coupables, ce n'est que par une instruction régulière qu'elle peut les connaître et le vérifier, et cette raison seule nécessite un jugement légal dans le tribunal de la loi. Nous offrons de payer les frais et les dépens de toute cette procédure, si nous sommes jugés légalement coupables du moindre délit envers votre Majesté et envers l'Etat. La fortune que nous ont laissée nos pères, quoiqu'on ait travaillé à la ruiner, et la bourse de nos parents, suffisent pour y satisfaire.

» Nos accusateurs et nos délateurs, trouveront dans les bénéfices immenses qu'ils retirent de leurs emplois et des finances de votre Majesté, de quoi en répondre également. »

» Qu'ils ne se soustrayent pas par leur crédit, à un approfondissement nécessaire; qu'ils fassent les mêmes offres que nous faisons, et qu'ils se soumettent aux lois qui nous sont communes avec eux. Votre domaine ne sera pas grévé comme il l'est, par deux ou trois millions que coûte cette poursuite injuste; vos peuples ne seront pas chargés de fardeaux onéreux qu'ils ne doivent pas supporter, mais qu'on saura leur imposer sous différents noms et sous divers prétextes. »

» Nous réclamons, Sire, votre justice, nous

avons recours aux lois qui, faites pour tous les citoyens, le sont encore plus, s'il est possible, pour les magistrats. »

Remerciez-moi, Milord, de l'envoi d'un tel mémoire, admirable pour l'historique précieux qu'il contient, pour la force des preuves et des raisonnements, pour la vigueur et l'énergie du style.

On voit à la suite un mémoire particulier, contenant un projet d'accommodement qui n'a pas eu lieu; mais qui prouve de plus en plus, combien la Cour, honteuse de cette monstrueuse affaire, avait à cœur de l'assoupir et d'en effacer toutes les traces.

Paris, ce 29 février 1777.

LETTRE XXVII.

Aventure plaisante arrivée à Mlle Dubois, actrice du théâtre Français. Ode sur les filles du Palais-Royal, attribuée à Colardeau.

Une aventure arrivée récemment à mademoiselle *Dubois* fait l'entretien des cercles galants, et la met en butte aux sarcasmes de ses camarades.

Un milord avait entretenu quelque temps cette actrice; et s'appercevant toujours de ses infidélités en faveur d'un nommé *Dauberval*, danseur de l'Opéra, il avait pris son parti, et l'avait quittée. Ce milord, pour son malheur, va la semaine dernière à la comédie française un jour que mademoiselle *Dubois* jouait dans l'*Iphigénie de Racine*; elle était vêtue on ne peut plus voluptueusement; elle rendit son rôle avec une âme, un intérêt qui étonnèrent tous les spectateurs: c'en était trop pour ne pas rallumer un feu mal éteint. Milord vole sur-le-champ à la loge de l'actrice, se jète à ses genoux, s'avoue le plus coupable des hommes.... plus il s'humiliait, plus notre Iphigénie montrait de fierté.... Il va mourir s'il ne rentre dans ses bonnes grâces; il a cinq cents louis à lui sacrifier si le soir même il obtient son pardon.... Quel cœur ne s'humaniserait pas à pareil prix ? On veut bien le recevoir pour qu'il ne se tue pas, on va l'attendre, et pendant qu'il court chercher son argent, on écrit à *Dauberval* qu'on avait mandé le matin pour la nuit, de ne point venir. Milord rapporte les cinq cents louis, remène mademoiselle *Dubois* chez elle, se met à table, et cependant *Dauberval*, qui n'avait point reçu le billet du contre-ordre, arrive fort amoureux ; il rencontre la femme de chambre qui l'arrête, lui dit que mademoiselle est avec milord, qu'il n'y a rien à faire ce soir-là, qu'ils sont raccommodés.... Qu'importe, dit le danseur, mademoiselle Dubois sait bien ce qu'elle fait, voilà sa lettre.... Au reste, reprend la femme de chambre, milord ne couche jamais ici ; vous en serez quitte pour attendre.... Elle le conduit en même temps par l'escalier dérobé, à la chambre à coucher ; le fait déshabiller, serre tous ses vêtements, et il se met au lit. Cependant nos amants s'échauffaient à table ; mademoiselle *Dubois* voyant s'approcher le moment de s'acquitter des cinq cents louis, parle d'une estampe délicieuse qui est dans sa chambre à coucher ; on s'y transporte : rien de plus luxurieux que cette estampe, milord veut la réaliser.... Une chaise longue se présente, et offre à *Dauberval* un spectacle auquel il ne s'attendait point : l'Iphigénie en donnait au milord pour son argent.... il fut si surpris, si étonné de sa tendresse, qu'en revenant à lui, il dit à son amante : Ah çà, il me semble que vous m'aimez un peu : c'est donc bien vrai, plus de *Dauberval*.... Ah fi donc, milord; pouvez-vous croire qu'un poliçon, comme cela, un saltimbanque, une espèce qui n'a que l'animal puisse entrer en concurrence avec vous. Je conviens avoir eu quelques bontés pour lui; mais c'est l'occasion, c'est le délire d'un moment.... on en revient toujours aux gens comme il faut.... il n'est que vous autres hommes de cour pour avoir de l'âme et du sentiment.... Vous convenez donc que ce *Dauberval* est un drôle? Ah! je vous l'abandonne, milord, vous pouvez lui donner cent coups de canne si vous le trouvez ici. *Dauberval*, qui entendait et voyait tout, tremblait de tous ses membres; il n'osait souffler, et se promettait bien de profiter du premier instant pour regagner l'escalier dérobé...On peut se peindre son état, ou plutôt il faudrait y avoir passé pour le concevoir.... A peine les amants sont ils retournés dans le salon, il se lève tout doucement, cherche ses habits, et ne les trouvant point il s'affuble d'une robe de chambre et de pantoufles qu'il rencontre : dans sa frayeur il n'a rien de plus pressé que de redescendre et de gagner le premier fiacre : comme il était dans l'escalier, il se trouve en tête quélqu'un qui lui présente une lanterne sourde sous le nez et crie qui va là. Le pauvre diable, plus mort que vif, tombe aux genoux du galant quel qu'il soit, et demande grâce... Celui-ci examine, tâte, reconnaît sa robe de chambre... veut savoir ce que cela signifie. *Dauberval* est obligé de conter son histoire de point en point.... Faquin, je veux bien vous faire grâce, mon carosse est là-bas; vous pouvez vous en servir pour retourner chez vous.... et le danseur de s'enfuir bien vite.... Ce quidam était le duc de *Fitz James* qui, revenu de Compiègne, venait à la hâte passer une nuit avec mademoiselle *Dubois*. De tout temps il avait eu les entrées les plus secrètes, les clefs, les passe-partout les plus mystérieux, etc. Cette rencontre le fait changer de goût et lui donne l'envie de se procurer un plaisir nouveau : il se déshabille, cache ses vêtements dans l'armoire où l'on serrait sa robe de chambre, et se met au lit. Dans cet intervalle, milord s'était en allé, et la femme de chambre fort empressée venait gronder sa maîtresse de son étourderie, lui conter l'esclandre qui aurait pu arriver, si son intelligence n'y avait suppléé. Mademoiselle *Dubois*, fort étonnée, se rappèle tout ce qu'elle a dit de *Dauberval*... Oh.. nous raccommoderons cela.... Elle entre en riant dans sa chambre à coucher, vole au lit, se jète sur le prétendu *Dauberval*, lui fait bien des excuses de ce qui s'est passé, rejète tout cela sur la nécessité, se plaint de son état qui l'oblige de feindre ainsi.... mais lui déclare que son cœur est toujours à lui, etc. Le faux amant continue à jouer son rôle.... contrefaisant sa voix, il semble lui pardonner, et lui dit en termes énergiques de se coucher... Quand elle est au lit, il feint quelque jalousie, non contre le milord, mais contre le duc de *FitzJames*, curieux de savoir de mademoiselle *Dubois* sa façon de penser sur son compte.... Celle-ci le rassure à son tour, et s'explique très-cavalièrement sur ce seigneur.... elle ne l'a que pour la liste de ses amants.... de pareils noms.... Elle n'avait pas fini lorsqu'un nouvel incident lui coupa la parole.

Milord avait un de ses gens, espèce de mentor qui déplorait ses égarements, et à qui son maître confiait ses faiblesses... Comme il allait remonter en carrosse, ce domestique lui dit qu'on lui en fait accroire, et que ce même *Dauberval* était entré dans la maison pendant qu'il y était, que le duc de *FitzJames* était aussi venu; mais qu'il s'était promptement en allé.... en robe de chambre il est vrai.... qu'il ne savait pourquoi ce travestissement. Quant au premier, il l'assura qu'il devait y être, que c'était le moment d'ouvrir les yeux et de se guérir d'une passion folle ou jamais. Milord, furieux, fait allumer les flambeaux de ses gens, remonte chez mademoiselle *Dubois*, entre brusquement dans la chambre à coucher, court au lit, ouvre les rideaux, apostrophe l'un et l'autre des épithètes les plus fortes... Quel spectacle! Mademoiselle *Dubois* s'évanouit, le duc se jète en bas du lit : arrêtez, milord, s'écria-t-il, je suis *FitzJames* : j'ai peut-être autant que vous à me plaindre de mademoiselle; dans l'instant même elle me traitait de freluquet, de fat, de pauvre sire, etc.; mais elle n'est digne que de nos mépris ; laissons-la en proie à sa honte et à ses remords.... Je vais m'habiller ; un moment, je vous conterai tout ce qui s'est passé, et comment vous me rencontrez à la place de *Dauberval*... Cependant la femme de chambre était accourue, et cherchait à faire revenir sa maîtresse ; celle-ci tourne les yeux, et, pour surcroît de confusion, reconnaît le duc déjà habillé... Elle se désespère, s'arrache les cheveux, veut parler et ne peut s'exprimer. Ces messieurs s'en vont sans daigner en entendre davantage. Elle n'était pas encore revenue à elle lorsque le matin elle reçoit une lettre de *Dauberval* qui met le comble à son ignominie. Elle était conçue dans le style d'un pareil histrion, ce qui ne permet pas de la rapporter : c'est le coup de pied de l'âne.

Ode sur les filles du Palais-Royal,
[trouvée dans les papiers de Colardeau ; on croit qu'elle a été composée en 1757]

Galériennes de Cithère,
Pirates du Palais-Royal,

Vous chez qui l'heureux don de plaire
Se change en un art infernal,
Troupe intrépide à l'escarmouche,
Dont les yeux chargés à cartouche
Portent les feux de toutes parts,
Je vais aussi lancer la foudre;
Je vais briser et mettre en poudre
Vos sacrilèges étendards.

Baisse, Gogo (1), ta tête altière,
Rougis de tes succès honteux;
En vain ta contenance fière
Attire sur toi tous les yeux:
Paris, théâtre de ta gloire,
Sur des tréteaux dans une foire,
Vit éclore tous tes talents,
Et dans Lyon l'on trouve encore,
Plus d'un malheureux que dévore
Le virus de tes agréments.

Dieux! que vois-je? de pierreries
Ta gorge étale un triple rang,
Ta tête brille des folies
Du premier des princes du sang.
De *Desaigle* écolière habile,
La ville en dupes si fertile
Ne peut suffire à tes exploits;
Et le flambeau des Euménides,

---

(1) Mademoiselle Beaumenard, devenue dans la suite madame Bellecour; Gogo et le nom qu'elle portoit à l'opéra comique.

Conduit tes faveurs homicides,
Jusqu'au pied du trône des rois (1).

Mais la grandeur, faible phosphore,
Ne nous éblouit qu'un instant.
Bientôt le retour de l'aurore,
Te replonge dans le néant.
Desaigle, soutiens ton élève,
Sans toi sa carrière s'achève
Chez la *Piron* ou la *Maugé* (2);
Par toi de ses charmes funestes
Elle pourra vendre les restes
A la milice du clergé.

Venez voir votre souveraine,
Carton, *Sauvage*, *Frétillon* (3),
Une *Laïs* ultramontaine (4),
Vous force à baisser pavillon;
A cette héroïne moderne
Le vainqueur de l'hydre de Lerne

---

(1) Mademoiselle Deschamps, que le duc d'Orléans avait tirée de l'Opéra et comblée de biens, était si libertine, que le prince, victime de cette malheureuse, fut obligé de l'abandonner. Après avoir étalé un luxe insolent, elle mourut dans la misère.

(2) Fameuses entremetteuses.

(3) Les deux premières, de l'Opéra, qui étaient connues pour leur art dans les voluptés; la troisième est mademoiselle Clairon, alors plus célèbre dans les orgies qu'au théâtre; Frétillon est le nom qu'elle portait à l'Opéra-Comique, et il y a un roman sous ce nom d'un M. Baraguier, qui après avoir été le héros et le témoin des exploits de l'enfance de cette courtisane, en voulut être l'historien.

(4) Mademoiselle Vestris, Italienne, sœur du fameux danseur, et renommée pour ses lubricités.

Tome I. 32

(498)
De la force eût cédé le prix :
Sous sept têtes *Hercule* sue,
Vestris sans flèche ni massue
A Bagnolet (1) en abat dix.

Petite monture de page (2),
Plus mutine qu'un sapajou,
Le jour en brillant équipage,
La nuit courant le loup-garou,
Qu'il souviène à ton excellence
De ces temps où dans la Provence
Sur un banc couvert de frimas,
Ta mère, endurcie au service,
Encourageait ta main novice
Trop lente à gagner nos ducats.

Quel spectacle affreux se présente
Et dans les cœurs porte l'effroi ?
J'apperçois une ombre sanglante
Qui traîne une fille après soi.
Des trois sœurs la noire cohorte,
L'accompagne et donne main forte
A son implacable ennemi ;
Sous leurs pas la terre s'entr'ouvre.
Quel est l'objet que je découvre ?
Vîte approchons..... c'est *Astraudy* (3).

---

(1) Château de Plaisance de M. le duc d'Orléans où ce prince vivait dans la plus grande intimité avec ses courtisans, et faisait ses parties de plaisir secrètes.

(2) Mademoiselle Rey, danseuse de l'Opéra, d'une famille originaire de Provence, célèbre aux spectacles et dans la pantomime.

(3) Danseuse de la comédie Italienne, accusée des plus horribles noirceurs.

Ton supplice enfin se prépare,
Monstre altéré d'or et de sang;
Au fond des cachots du Tartare
On a déjà marqué ton rang;
Digne ornement de la légende,
L'enfer en corps te redemande;
Accomplis les vœux des mortels;
Car si dans les sombres abîmes
Les honneurs sont le prix des crimes
On t'y dressera des autels.

Bornerez-vous à cette prise
Notre bonheur et vos travaux?
Filles du Styx, votre entreprise
Annonce la fin de nos maux :
Nous laisserez-vous la *Deville*,
La *Chevrier*, la *Superville* (1),
Et tous ces monstres minaudants,
Qu'on voit au fond de nos coulisses
Vivre du prix des c...... p......
Qu'elles vendent depuis dix ans.

---

(1) Danseuses de l'Opéra.

LETTRE XXVIII.

Exemple rare de fidélité, donné par Mlle Beaumenil, actrice de l'Opéra.

J'ai vérifié l'anecdote de l'officier aux Gardes-Françaises qui a si fort révolté ce régiment ; elle est curieuse, fait trop d'honneur à l'héroïne, sans dégrader les autres personnages, pour ne pas vous en amuser et vous en rendre toutes les circonstances telles que je les ai réunies.

« M. *de la Blinaye*, gentilhomme Breton, vivait dans sa terre avec une fortune honnête, mais trop modique pour qu'il pût s'en écarter, habiter la capitale ou les grandes villes de sa province. La même raison l'avait empêché de se marier. Doué cependant d'un tempérament assez vigoureux, il avait été obligé de s'en tenir aux paysanes, ses vassales, qui s'étaient trouvées honorées de sa couche, ou aux femmes de quelques gentillâtres, ses voisins, qu'il avait cocufiés. Il avait plus de soixante ans, lorsque des successions considérables lui étant arrivées, il s'est trouvé à la tête de cent mille livres de rentes. C'était le moment de jouir, et comme il était pressé par le temps, il se rend en diligence à Paris, le centre des plaisirs, où il pouvait aisément, par leur multiplicité et leur continuité, regagner ce qu'il devait perdre nécessairement du côté de la durée. Il prend un hôtel superbe; il monte sa maison sur le plus grand ton et nage dans les délices. Il loue une loge à l'année à tous les spectacles. Celui qui le flatte le plus, c'est l'Opéra. Ses sens, en quelque sorte neufs à cet égard, lui procurent presque les impressions vives de la jeunesse : il ne tarda pas à payer le tribut, c'est-à-dire à devenir épris d'une nymphe de ce pays enchanteur. Mademoiselle *Beaumenil* (1) fut celle qui le frappa. La finesse de son minois, le piquant de son jeu, la légèreté, l'agrément de sa voix le séduisirent; il se trouva enlacé sans s'en appercevoir ; il ne pouvait manquer l'Opéra un jour où elle jouait : quand elle ne paraissait pas, il était dans une inquiétude extrême ; elle venait toujours trop tard sur la scène ; elle s'en allait toujours trop tôt. Il avait assez d'expérience pour sentir ce que cela signifiait, et heureusement son opulence le mettait dans le cas de ne pas craindre un refus. D'ailleurs, le

---

(1) Mariée depuis à un citoyen très-honnête, que sa mort laissa plein de regrets, et qui ne lui survécut pas long-temps. Elle réunissait à souper, tous les jours pairs, des gens de lettres et des personnes du premier rang.

moment était favorable : il apprend que la chanteuse n'a point d'entreteneur ni même d'amoureux, qu'elle est parfaitement sa maîtresse. Il saisit l'occasion et va la trouver. Il lui déclare qu'il est un provincial, un vieux reître très-gauche dans le commerce des femmes de spectacle; que cependant, par un instinct naturel, il l'a démêlée et goûtée au milieu de cent autres : qu'elle lui plaît infiniment, qu'il en est fou, et qu'il a 50,000 livres à manger par an avec elle, s'il est assez heureux pour que ses hommages soient agréés. A travers ce ton brusque, et qui lui était peu familier, mademoiselle *Beaumenil* découvre un genre d'éloquence très-attrayant. L'originalité du personnage ne la rebute point, et elle semble disposée à accéder à ses propositions. Les conventions ne tardent pas à se conclure. La plus importante était déjà annoncée et devait faciliter toutes les autres : il lui donne pour premier présent de noces mille louis, et du reste mille écus par mois. Il demande pour retour, non de l'amour, il sait que cela ne se commande point; elle n'est pas plus libre de l'aimer que lui de ne la pas aimer; mais les égards, les caresses, tout ce qui peut le supposer ou y suppléer. Il desire, en second lieu, qu'elle écarte tous ces freluquets, ces petits-maîtres, ces talons rouges dont l'essaim fourmille autour d'elle. Enfin, il exige le plus grand secret; il craint le ridicule qui rejaillirait sur lui d'une passion aussi tardive. Une seule femme de chambre affidée doit l'introduire dans la nuit, et durant le jour ses visites ne doivent ressembler qu'à celles d'une multitude de gens graves, d'amateurs, de seigneurs sensés qui vièneut la voir.

L'actrice s'était si exactement conformée aux intentions de M. *de la Blinaye*, qu'il était très-content. Leur union durait depuis plusieurs mois, et la reconnaissance chez mademoiselle *Beaumenil* était si vive, si empressée, si ardente, qu'à tous les yeux elle aurait eu les caractères d'une vraie passion, sans l'âge de l'amant et cette qualité *d'entreteneur*, si incompatible avec l'amour. Quoi qu'il en soit, le soin même qu'avait M. *de la Blinaye* pour s'assurer exclusivement de la possession de ce trésor, contraria ses intentions, et fut vraisemblablement ce qui troubla son repos et son bonheur.

Il avait pris dans son hôtel, son neveu, le chevalier *de la Royrie*, jeune officier aux gardes, qu'il aimait beaucoup, et dont il comptait faire son héritier. Son objet était en conséquence de le marier promptement. Jusque-là il veillait sur lui avec attention, et ce militaire n'était pas entré pour peu dans ses raisons de tenir cachée son inclination, ou plutôt sa faiblesse envers une courtisane; il sentait bien que ses discours n'auraient plus aucune force sur son pupille, et que son exemple aurait détruit tout l'effet de sa morale. Pour mieux le contenir, il le menait toujours avec lui au spectacle, et c'était à l'Opéra où il allait le plus souvent. Là, quand ils étaient ensemble dans la loge, il ne manquait pas de se répandre en exclamations d'admiration sur le compte de sa maîtresse. Il fixait ainsi, sans le vouloir, continuellement les yeux de son neveu sur mademoiselle *Beaumenil*, et, à force de la lui faire distinguer, à force d'éloges, il parvint à enflammer pour elle ce jeune homme, qui aurait pu le devenir pareillement pour toute autre dans les mêmes circonstances. Qu'on juge des ravages que devait causer, dans un cœur novice, une passion journellement accrue par la présence de l'objet, nourrie de ses louanges répétées à outrance, et concentrée, réprimée par la présence d'un mentor sévère. On concevra facilement à quel degré d'impétuosité elle devait être. D'abord, le chevalier, pressé du besoin d'exprimer au dehors tout ce qu'il sentait, se contenta d'écrire à mademoiselle *Beaumenil* une lettre très-chaude, très-emportée, où la traitant comme les femmes de son espèce, il la marchandait et lui offrait des sommes exorbitantes.

Cette déclaration resta sans réponse. La passion du jeune homme n'en devint que plus violente. Mais ce qui prouve qu'elle tenait du caractère de l'amour véritable, c'est-à-dire honnête, c'est qu'il se repentit bientôt du style de son épître, et concevant de l'estime pour l'objet de ses desirs, se détermina à des propositions bien opposées aux premières. Un jour, après l'Opéra, ayant quitté son oncle sous quelque prétexte, il s'informe de la loge de mademoiselle *Beaumenil*; il s'y rend, et n'en étant pas connu, il est obligé de s'annoncer par sa lettre..... A ces mots, l'héroïne de théâtre ne le laissant pas s'expliquer davantage, prend un air de dignité, lui demande comment il ose s'introduire à pareil titre; que c'en est un pour elle, au contraire, de ne pas le recevoir et de le prier de se retirer. Confus, étourdi, pénétré de douleur, il reste et veut s'excuser : la parole expire sur ses lèvres. L'actrice, interprétant mal son obstination, appèle sa femme de chambre et menace de faire venir du secours s'il persiste à l'importuner. Alors il n'y tient point, ses pleurs coulent en abondance, il sanglotte, et se jetant aux pieds de son amante dans l'attitude de la componction et du désespoir, il dit qu'il mourra plutôt que d'en être disgracié au moment où il a le bonheur d'en approcher pour la première fois. Il désavoue le langage d'une passion effrénée; il lui jure l'amour le plus pur et le plus respectueux, il ne demande d'autre liberté que celle de lui faire la cour, de mériter sa grâce par ses hommages ; enfin, c'est moins à sa personne qu'à son cœur qu'il en veut ; c'est l'union la plus durable et la plus sacrée qu'il lui propose, lorsqu'à force de soins et de constance il aura pu mériter qu'elle le regarde plus favorablement. Un changement de style si différent, des offres si extraordinaires et si mal articulées firent aisément concevoir à mademoiselle Beaumenil que c'était une tête tournée d'amour. Elle eut compassion de ce malheureux, et ne pouvant en ce moment avoir avec lui toute l'explication qu'exigeait cette scène imprévue, elle se radoucit ; elle lui dit qu'il fallait remettre à un temps plus convenable une conversation qui exigeait beaucoup de détails ; qu'elle l'attendrait chez elle le mardi suivant, qu'elle ne jouait pas, et où, pendant le spectacle, elle pourrait lui parler plus à l'aise. Ce peu de mots rendit la vie au chevalier, ou plutôt il quitta la loge le plus heureux de tous les hommes. Son visage en parut si radieux à quelques-uns de ses camarades le rencontrant, qu'ils lui firent compliment et le félicitèrent sur sa bonne fortune. Il était atteint d'une vénération trop grande envers son idole pour en plaisanter ; il s'en occupa sans relâche jusqu'au moment du rendez-vous ; il se livra à toutes les chimères qui pouvaient passer dans une pareille tête, et vit enfin luire le jour desiré. Mademoiselle *Beaumenil* avait pris toutes les précautions nécessaires pour que le tête-à-tête ne fût pas troublé, et pouvoir épuiser à fond la matière.

M. *de la Royrie* commença, après avoir renouvelé ses assurances de respect, d'attachement, d'ardeur inviolable et tous les autres lieux communs des amoureux, par protester plus amplement sur la pureté de ses vues, sur la légitimité de l'union à laquelle il aspirait ; en un mot, déclara que c'était un franc et loyal hymen qu'il desirait contracter avec elle. Il entra ensuite dans les détails essentiels sur son nom, sa naissance, sa qualité, sa fortune, sur les espérances prochaines et considérables qu'il avait de M. *de la Blinaye*, son oncle. A ce mot, mademoiselle *Beaumenil*, frappée de la bizarrerie des circonstances, sans lui laisser pénétrer ce qui en était, fit beaucoup d'interrogations pour s'informer si c'était bien le même homme qui l'entretenait. N'en pouvant douter, elle dissimule, ne se confirme que davantage dans ses résolutions, lui laisse reprendre le fil de son discours, et dès qu'il a cessé de parler, lui répond :

« L'offre que vous me faites, Monsieur, séduisante en apparence, en éblouirait beaucoup d'autres. Il est peu de mes camarades, sans doute, qui y résistassent : pour moi, dans tout ce que vous me dites afin de me déterminer, je ne trouve qu'une raison de plus de vous refuser et de vous combattre. Vous êtes homme

» de condition, au service; vous attendez une
» fortune considérable d'un oncle, et vous vou-
» lez, par un hymen mal assorti, vous mettre
» dans le cas de vous voir expulsé de la société,
» de perdre votre emploi et d'être exhérédé. Je
» sais que ces sortes de mariages deviènent si
» communs, que peut-être bientôt on n'y fera
» pas plus d'attention qu'aux autres mésalliances;
» je vois tous les jours des militaires, des offi-
» ciers-généraux même, qui en on fait de pa-
» reils et n'en restent pas moins dans leurs corps,
» ou dans leurs grades; enfin, sans doute, il
» est des tournures, des expédients, pour tenir
» votre turpitude secrète, la cacher au bon-
» homme et vous laisser l'espoir d'en recueillir
» impunément la succession. Aussi je crains
» moins ces obstacles que vous-même : vous êtes
» à la fleur de l'âge, dans la fougue des passions;
» vous brulez d'amour, et si vous pouviez rester
» toujours dans la même ivresse, je ferais votre
» bonheur; ma possession vous suffirait, vous
» n'auriez besoin d'aucun autre bien. Mais que
» vos yeux se dessillent, que le voile tombe, je
» vous deviendrai aussi odieuse que je vous ai été
» chère, aussi vile que je vous semble adorable.
» Vous m'imputerez vos propres torts; et votre
» sottise, l'effet d'une séduction involontaire de
» ma part, vous la rejèterez sur moi; c'est moi
» qui aurai dressé le piège secret pour vous en-

« lacer ; je serai une femme perfide, horrible,
« abominable ! Non, Monsieur, vous ne me fe-
« rez jamais de pareils reproches : je ne puis me
« rendre digne de vos offres qu'en vous reje-
« tant, et m'élever à vous qu'en me refusant à
« votre alliance trop honorable. Toute expli-
« cation ultérieure serait superflue. Trouvez bon
« que je vous sauve de vous-même par un parti
« extrême et nécessaire. C'est la première et der-
« nière visite que vous me ferez. Et promettez-
« moi de ne plus revenir ; car je vais donner
« ordre à ma porte de ne jamais vous laisser
« entrer. »

Cet arrêt n'ayant pu être révoqué ni suspendu par tout ce que le chevalier put dire en pareil cas pour arrêter la menace, il se retira malgré lui, et Mlle *Beaumenil*, se doutant bien qu'il ne tarderait pas à revenir, prit toutes les précautions pour qu'il ne fît pas quelque nouvelle étourderie. Elle se flatta qu'entraîné par la contagion de l'exemple, il porterait ailleurs ses hommages, ne pouvant pénétrer chez elle. Il n'en arriva pas ainsi ; car le chevalier, ayant essuyé plusieurs refus, eut recours à un de ces moyens extravagants qu'on ne connaît plus guère que dans les romans. On en sera moins surpris quand on saura qu'ils étaient devenus sa lecture habituelle ; cette sorte de livres étant la plus analogue à sa situation, était la seule qui lui plût. Par une belle nuit, il se fait mettre une échelle à la fenêtre de sa maîtresse ; à l'aide de deux crocheteurs qui la soutiènent, et jugeant à la lumière qu'il voyait, qu'elle n'était pas endormie, il y monte et frappe aux vitres. Heureusement Mlle *Beaumenil* était seule ; elle attendait M. *de la Blinaye*, qui étant à souper à la campagne, ne devait venir que très-tard. Au bruit qu'elle entend, elle est d'abord frappée d'effroi; mais bientôt une voix lamentable lui apprend que c'est *la Royrie*..... Elle est dans la plus grande perplexité sur ce qu'elle doit faire; Elle craint, si elle persiste à le laisser dans cette posture, qu'il ne se casse le cou, volontairement ou par accident. D'un autre coté, quelle scène si l'oncle le surprenait chez elle! Elle cherche à prévenir le danger le plus imminent: elle lui ouvre ; mais à peine est-il à ses genoux que, s'armant de tout son empire sur lui, elle lui ordonne de se retirer. Elle lui déclare qu'elle est invariable dans sa résolution ; qu'au surplus elle attend quelqu'un qui doit passer la nuit avec elle, et que si son amant le rencontrait dans sa chambre, il s'ensuivrait pour elle la catastrophe la plus funeste. Cette nouvelle fit plus d'effet que toutes les remontrances, prières, supplications, menaces. Ce fut un coup de poignard pour le malheureux amant. La jalousie se joignant à ses autres tourments, il est saisi de l'effroi de voir un mortel plus heureux que lui ; il désespère absolument de le devenir, et sort comme un éclair. Il venait de lire le comte de Comminge, cette tragédie de M. Darnaud, où la scène se passe à la Trappe. Il ne voit que ce lieu propre à ensevelir sa honte et son désespoir. Il va chez lui, prétexte d'aller monter la garde à Versailles, prend la poste et se rend dans ce monastère.

Cependant M. *de la Blinaye* arrivait. Il avait, suivant son usage, renvoyé sa voiture à quelque distance, et s'acheminait à pied et sourdement. Il voit de loin l'échelle qu'on enlève, et deux hommes la rapportant vers lui; il les arrête, les interroge et n'en peut tirer d'autre éclaircissement, sinon qu'un jeune homme comme il faut, aimable en apparence, les a rencontrés au coin de la rue, leur a demandé s'ils voulaient lui apporter cette échelle à une heure indiquée, les a payés d'avance, en leur promettant une récompense; qu'il est entré, par la fenêtre, chez une fille d'opéra qui demeure là ; qu'il les a satisfaits, et qu'ils remportent cet instrument, désormais inutile. Le vieillard ne pouvant douter par ce récit, que l'introduction du galant furtif n'ait été faite chez Mlle *Beaumenil*, est agité des plus cruels soupçons, et hâte le pas pour les éclaircir. Elle était encore émue de ce qui venait de se passer avec le neveu ; et la surprise où elle est de voir arriver tout à coup son entreteneur, d'apprendre qu'il a vu l'échelle et tout l'appareil de l'escalade extérieure, ne fait qu'augmenter son embarras. Le jaloux le regarde comme une conviction, et veut être instruit de cette aventure. La délicatesse de Mlle *Beauménil* s'y oppose; la fureur de l'amant redouble; il pique de la manière la plus sensible son amour propre, par les reproches les plus injurieux, les termes les plus méprisants. Alors, avec cette fermeté que donne l'innocence, et surtout la conscience d'une bonne action dont on se glorifie en soi-même, elle lui réplique qu'en ce moment elle a des raisons essentielles pour ne pas le satisfaire; qu'il les saura un jour; qu'elle exige qu'il s'en rapporte à son honnêteté; qu'elle lui jure qu'il ne s'est rien passé dans cette entrevue qui doive alarmer son amour ou lui déplaire; qu'après cette affirmation, toute question l'offenserait, et qu'elle le prie de ne plus insister. Ce discours prononcé avec un calme succédant au trouble dont elle avait été agitée jusque-là, aux yeux d'un observateur de sang-froid du cœur humain, aurait été une preuve de la vérité de ces excuses; mais le vieillard était trop hors de lui pour faire une remarque combinée. Sa fureur s'en irrite, et accablant la courtisane de reproches, d'injures et de toutes les imprécations que vomit un homme aussi cruellement dupe, il lui annonce une rupture décidée. Il sort comme un enragé, et se retire chez lui: après avoir passé la nuit dans les angoisses qu'a éprouvées tout amant forcé d'abandonner une maîtresse qu'il aime encore, il tombe dans une rêverie profonde; il fait fermer sa porte le lendemain, et ne trouve d'autre remède à sa mélancolie que d'aller à la campagne. Il ne se souciait pas de voir son neveu, dans l'état où il était à Versailles; il ordonne seulement qu'en descendant sa garde, il soit prévenu du départ de son oncle, avec ordre de le rejoindre.

La terre où était allé M. de la Blinaye, était précisément dans le Perche, non loin de la Trappe. Il prend un jour cette abbaye pour but de sa promenade. Les religieux étaient occupés aux travaux de la main. En les voyant successivement, il en remarque un dont la figure le frappe et singulièrement ressemblant à son neveu. Sa réflexion ne va pas plus loin et il se retire. Peu de jours après il reçoit des lettres de Paris, où on lui apprend qu'on ignore ce qu'est devenu M. de la Royrie; qu'il n'a point été à Versailles, comme il l'avait annoncé; qu'il a disparu, sans que, par les informations ordinaires, on ait pu apprendre sa destinée. Alors il se rappèle la rencontre du jeune religieux, dont le visage l'a ému; il se rend en diligence à l'abbaye; il demande à parler à l'abbé, et par les réponses de celui-ci sur le compte du novice, il ne doute pas qu'il ne soit son neveu. On le fait venir ; il s'évanouit à la vue de son oncle : rappelé à lui, on l'interroge. Les jeûnes, les macérations avaient calmé l'effervescence de son sang et ralenti l'ardeur de sa passion : il avait les idées plus nettes sur les choses, et sa vocation étant plus l'effet d'un dépit amoureux que d'un mouvement de la grâce, il ne fut pas fâché de trouver cette occasion de quitter une retraite pour laquelle il n'était pas fait. Il rend compte de son extravagance. A son récit, M. de la Blinaye avait peine à se contenir. Il était si enchanté de trouver sa maîtresse innocente, d'admirer sa prudence, sa réserve, la noblesse de son procédé, qu'il pardonna facilement au chevalier. L'abbé fut le premier à exhorter le novice de rentrer dans le monde et de suivre son oncle, qui voulait bien le recevoir en grâce. Tous deux regagnèrent bientôt la capitale. M. de la Blinaye s'étant assuré des dispositions de son neveu, et convaincu que par sa courte, mais salutaire retraite, il était revenu d'un délire passé d'autant plus vite qu'il avait été plus violent, lui dit que, pour toute punition, il veut le ramener couvert de confusion aux pieds de sa divinité; et, sans la prévenir, il le conduit chez elle. On ne passe que d'étonnement en étonnement dans cette anecdote. Celui de l'actrice fut extrême à la vue de ces rivaux réunis : » Ma-

» dame, lui dit M. de la Blinaye, voilà deux
» coupables repentants, d'autant plus dignes de
» pardon, qu'ils ne le sont que par amour. »
Puis se tournant vers son neveu, « Oui, continua-
» t-il, c'est moi qui vous ai été préféré ; c'est un
» vieillard septuagénaire qui l'a emporté sur ce
» que la jeunesse a de plus agréable et de plus
» florissant, et c'est moi qui ai eu l'indignité de
» soupçonner une femme qui méritait des autels.»
On entre alors en explication de part et d'autre
de tout ce qui s'est passé ; et après avoir comblé
de louanges leur héroïne, les deux amants ne la
quittent que pour aller la prôner et publier dans
Paris « *qu'il est encore de l'honnêteté et de la*
» *vertu jusque dans les foyers de l'opéra* ».

A mon récit, Milord, je vous vois d'ici béant
d'étonnement ; je vous entends vous écrier comme
Molière, *où diable la vertu va-t-elle se loger!*
Rien de plus vrai cependant. Gardez pour vous
l'aventure et ne la divulguez pas : nos jeune milords seraient tentés de venir voir une telle héroïne, et chemin faisant, pourraient en trouver
d'autres qui leur feraient passer une *quinzaine
Anglaise*. C'est un roman nouveau de M. le chevalier de Rutlidge, Irlandais, tableau fidèle de
tous les dangers auxquels sont exposés les étrangers nouvellement débarqués dans Paris. Les différents théâtres de la débauche et de l'escroquerie

y sont représentés au naturel, et les gens au fait des brillantes aventures y reconnaissent une foule de portraits. Je vous envoie, Milord, ce livre pour l'instruction de nos compatriotes : le style en pourrait être plus élégant ; mais les peintures en sont énergiques, et il vous intéressera.

J'ai l'honneur d'être etc.

25 mars 1777.

FIN DU PREMIER VOLUME.

ERRATA.

Page 16, note 3, Louis XIV ; *lisez*, Louis XV.
Page 281, note 1, d'aimer la passion ; *lisez*, d'avoir la passion.

TABLE DES MATIÈRES.

CONTENUES DANS CE VOLUME.

Avertissement des Éditeurs, pag. j

Lettre Ire. *Du chancelier Maupeou et de l'abbé Terrai, ministre des finances,* pag. 1

Lettre II. *Des grands seigneurs et de la noblesse en France, sur la fin du règne de Louis XV,* 11

Lettre III. *Sur le clergé,* 24

Lettre IV. *Sur la retraite de M. le duc de la Vrillière, et sur la marquise de Langeac, sa maîtresse,* 44

Lettre V. *Sur la maladie d'un curé et sur le danger de la continence chez les prêtres,* 62

Relation d'une maladie singulière arrivée à M. Blanchet, curé de Court, près la Réolle en Guyenne, pour avoir gardé une continence trop parfaite, écrite par lui-même, 60

Suite du mémoire du curé de Court, près la Réolle en Guyenne, 81

Lettre VI. *Sur le procés criminel entre le maréchal duc de Richelieu et madame la présidente de Saint-Vincent,* 107

Lettre VII. *Sur la dame Gourdan ; sur une femme de condition arrétée chez elle ; procès singulier à cette occasion, anecdotes, etc.* 126

Lettre VIII. *Du Palais-Royal et de ses promenades nocturnes ; courtisane singulière admirée chez Torré,* 140

Dialogue entre le comte de Lauraguais et l'Espion Anglais, au sujet des filles les plus célèbres de la capitale, 145

Lettre IX. *Sur le maréchal de Muy, sur son ministère et sur sa mort,* 176

Lettre X. *De l'abbé Voisenon, de sa singulière belle-sœur, du duc de Saint-Aignan. Quelques anecdotes littéraires et autres,* 188

Lettre XI. *Sur la maison de madame Gourdan, et les diverses curiosités qui s'y trouvent,* 202

Lettre XII. *Sur madame la comtesse du Barri et le livre de ses anecdotes ; deux lettres à cette occasion ; suicide remarquable,* 218

Lettre XIII. *Détails sur le démélé que M. d'Alembert eut en 1755 avec le père Tolomas, professeur de rhétorique au collége de Lyon,* 233

Lettre XIV. *Oraison funèbre de très-haute et très-puissante dame, madame Justine Páris, grande-prêtresse de Cythère, etc. prononcée par madame Gourdan en présence de toutes les nymphes de Vénus,* 246

Lettre XV. *Sur le Jubilé; écrit à cette occasion,* 253

Lettre XVI. *Notice curieuse sur Fréron; quelques anecdotes sur sa vie privée; sa mort, son épitaphe,* 270

Lettre XVII. *Epître aux calomniateurs de la philosophie,* 301

Lettre XVIII. *Sur l'Opéra; révolution arrivée à ce spectacle; des acteurs, des actrices; des danseurs, des danseuses; singulière épître dédicatoire à une fameuse courtisane,* 318

Lettre XIX. *Retraite de M. Turgot et de M. de Malesherbes,* 342

Lettre XX. *Sur un poème plaisant, intitulé: Parapilla,* 370

Lettre XXI. *Sur la mort du prince de Conti. Détails piquants sur sa vie privée; de sa fermeté à ses derniers moments,* 391

Lettre XXII. *Anecdote historique et usage barbare,* 406

Lettre XXIII. *Sur la maladie du contrôleur-général, et de l'aventure plaisante qui lui arriva pendant qu'il était intendant de Bordeaux,* 413

Lettre XXIV. *Singulier testament de la duchesse d'Olonne,* 424

Lettre XXV. *Des conversations du jour de l'an. Anecdotes, historiettes.* 429

Lettre XXVI. *M. de la Chalotais. Anecdotes nouvelles sur ce procureur-général. Extrait d'un mémoire qu'il composa sur son affaire, et resté manuscrit,* 455

Lettre XXVII. *Aventure plaisante arrivée à Mlle Dubois, actrice du théâtre français. Ode sur les filles du Palais-Royal, attribuée à Colardeau,* 490

Lettre XXVIII. *Exemple rare de fidélité donné par Mlle Beaumesnil, actrice de l'Opéra.* 500

Fin de la Table du premier Volume.

(1)

L'Observateur Anglois
Tome Second, page 190, Lettre XII

De deux lettres Sur le Compte d'un S.^r
De Vaines, premier commis des finances,
et l'homme de confiance de M. Turgot.

Je ne m'étois pas pressé, Milord, de
vous parler du libelle qui excitoit votre
curiosité, parce que sa rareté m'avoit
empêché de le lire. Aujourd'huy que je
le possède, ainsi que la Suite, je puis
vous en rendre compte, et vais le faire
avec d'autant plus de Soin que tous deux
ont tour-à-tour causé la plus grande Sensation,
et Sont regardés comme enfantés par une cabale
puissante, pour culbuter le Ministre, en
dévoilant les turpitudes de l'homme qu'il a
jugé par Son choix le plus propre à le Seconder
dans Ses opérations patriotiques. Il faut
d'abord vous résumer l'histoire du personnage.
Vous Savez qu'on est toujours attentif à
fouiller dans l'origine des Gens parvenus,
Soit que cela console l'amour-propre de ceux

(2)

qui envient leur sort, ou servir d'exemples aux hommes obscurs, que le désir de faire fortune anime et tourmente. Je trouve ce récit dans la première lettre dont il s'agit (a). Je me contenterai d'en extraire les faits, qui m'ont été confirmés par des gens impartiaux, et j'en écarterai tout ce qui n'est qu'injure ou méchanceté.

On s'accorde à dire que son père était un nommé Vaines, laquais d'un premier commis (b) du Trésor-royal. Ce laquais avoit une assez jolie femme, domestique dans la même maison, qui plut à son maître et lui donna l'enfant dont il est question aujourd'hui. Pour jouir plus à l'aise de cette concubine, il se débarassa du mari et conserva le nouveau-né dont il voulut prendre soin. Cependant, le père putatif expulsé se poussa et fit une petite fortune (c). Le fils ne fut

(a) Elle a pour titre : Lettre d'un profane à M. l'abbé Beauderu, très vénérable de la Scientifique et Sublime loge de la Franche-Maçonnerie. (b) M. Duvergier. (c) l'auteur du libelle prétend que le laquais Vaines, ayant voulu faire l'insolent, avoit été congédié par M. Duvergier ; qu'il étoit entré ensuite laquais chez un M. Chaumont de la Galaizière, intendant de Lorraine, qui peu après le fit son valet-de-chambre, puis lui confia la recette des terres qu'il avoit dans le Perche, et enfin lui procura la recette des Gabelles de Bellême, et que Vaines maria une fille à un gentilhomme pauvre.

pas moins heureux après avoir cependant essuyé de petites traverses que des espiègleries (a) lui occasionnèrent. Il fut d'abord enfermé à Charenton (b). Cette punition ne le corrigea pas. ayant recouvré sa liberté il se fit comédien. Le père qui avoit perdu de vue son fils, fut bien étonné de le retrouver à Lyon, faisant le rôle d'Orosmane dans la tragédie de Zaïre. Il voulut l'arracher à cet infâme métier : ses exhortations ne purent rien ; mais les sifflets du public opérèrent davantage : il sentit qu'il n'avoit pas assez de talent pour vivre dans son nouvel état ; il eut recours aux protecteurs de la famille. M. de Chaumont, alors intendant de Limoges, le prit dans un de ses bureaux, d'où il le fit passer à un petit emploi des fermes (c). Là, il se trouva dans son élément ; il se rendit recommandable auprès d'un fermier-général (d), distingué par son zèle et son âpreté, par son intelligence à augmenter les droits de la ferme ; ce qui lui a fait donner l'épithète caractéristique de Grand Extendeur, à-peu-près comme à Rome on disoit Scipion l'Africain, Scipion le Numantin, ou plutôt Fabius le temporiseur, Caton le Censeur.

(a) l'auteur du libelle les qualifie de tours d'escroquerie.
(b) Prison aux environs de Paris, où l'on met les fous, soit au phisique, soit au moral.
(c) à un contrôle des domaines.
(d) le sr. Boujaud.

Le publicain en chef trouvant dans son suppôt (a) des dispositions les plus heureuses à l'extension, pour mieux se l'attacher, le maria (a) et le plaça comme sous-chef dans ses bureaux. En 1770 le S.ᵗ Vaines fut nommé directeur des domaines de Limoges. M. Turgot étoit alors intendant de cette ville. Il se livroit avec ardeur à ses expériences économiques. Le nouveau parvenu comprit que la meilleure façon de gagner ses bonnes graces c'étoit de se faire initier aux mystères de la Secte dont le Commissaire départi étoit un des coryphées : il voulut être reçu Garçon économiste, et travailla sous ce fameux maître à répandre la Science. Un an après, l'occasion s'étant présentée de briller sur un plus grand théâtre, (b) le S.ᵗ Vaines en profita ; et pour répondre à la dignité de son entreprise, il se fit appeler De Vaines. Il étoit à attendre le moment de se pousser plus loin, lorsque M. Turgot a été nommé contrôleur-général (c), et ce ministre ne jugeant personne plus digne de sa confiance, lui a donné la place de premier commis des finances.

La grande idée qu'on avoit de lui a d'abord

_____

(a) à la fille d'un nommé Jabsente, chef du bureau de M. Boujard, aujourd'huy fermier général.
(b) Le S.ᵗ Boujard, fermier-général des domaines, proposa à M. l'abbé Terrai de mettre son protégé Vaines à la tête de la régie que formoit ce contrôleur-général des domaines de Bretagne.
(c) le 24 août 1774.

influé sur l'autre. on étoit si indigné du faste et de l'insolence du Sr. Leclerc, son prédécesseur, qu'on a été enchanté de le voir expulsé. Le Sr. de Vaines a dans son début affiché beaucoup de simplicité et de modestie : il se conformoit par cette hypocrisie au goût de son protecteur et se rendoit agréable au public. Quant à ses talents, il a caché sa nullité sous un air capable : il a fait répandre par des émissaires qu'il étoit un homme de lettres ; qu'il avoit travaillé à des morceaux de l'Encyclopédie ; que son génie actif et pénétrant le rendoit propre à tout. au fond, comme il sentoit son insuffisance, il a jugé nécessaire de ne pas dégoûter l'homme (a) dont il avoit besoin pour le diriger, celui qui seul pouvoit le conduire dans le labyrinthe où il entroit ; personnage d'ailleurs infatigable au travail, un cul de plomb, en terme du métier, en qui quarante ans de routine et d'expérience suppléoient aux grandes vues, à l'étendue des lumières ; qui à tant de titres, avoit droit plus que personne à la place qu'usurpoit cet intrus. Il a fallu en conséquence caresser l'amour-propre

(a) le Sr. Mélin.

de ce commis dur et récalcitrant, le choyer, le séduire, l'éblouir par de belles promesses; et c'est ici que la duplicité du personnage s'est développée au plus haut degré. Une fois assuré de ce Mentor, il s'est évertué pour son compte, il a développé son ardeur pour la fortune dans toute son énergie. Je n'entrerai point dans le détail de toutes les friponneries de diverses espèces que récapitule l'auteur de la lettre: ce que je puis vous assurer, c'est qu'ayant été aux informations chez ceux qu'il cite comme ses garants, les faits se sont trouvés exacts: c'est que ce premier commis a déjà cent mille livres de rentes; c'est qu'on lui reproche beaucoup d'insolence (a), de dureté, de forfanterie, de fourberie; c'est qu'on dit qu'il est faux comme un jeton, qu'il ment comme un laquais, et qu'enfin il ne vaut pas mieux que les Cromot et les Leclerc. (b)
C'est au milieu de toutes ces plaintes qu'a été

_____

(a) Suivant l'auteur de la lettre, M. l'abbé de la Galaisière avoit écrit au S.' de Vaines pour le féliciter sur son avènement au poste de premier Commis des finances. Celui-ci ne lui répondit point. Le premier se plaignit de cette ingratitude envers le fils d'un bienfaiteur. Le S.' de Vaines voulut lui faire des excuses, que ne reçut point l'abbé: il se contenta de lui conseiller d'être plus exact à répondre à ceux qui lui faisoient l'honneur de lui écrire.
(b) deux premiers commis des finances, ses devanciers.

lancé le libelle dont il s'agit (a). Vous jugerez avec quelle faveur il a été accueilli. l'adresse de l'écrivain de séparer le maître du Disciple, de rendre justice à M. Turgot sur la pureté de ses intentions, en prétendant seulement que sa religion a été surprise par ce personnage patelin, dont il suit la vie depuis le berceau jusqu'à présent, n'a servi qu'à donner plus de véhicule à sa méchanceté, en la faisant parvenir jusques chez les partisans du Ministre, intéressés à lui désiller les yeux.

Du reste, les ennemis nombreux de l'accusé, non contens de lire l'ouvrage, l'ont colporté, l'ont répandu en profusion dans les sociétés. On n'auroit jamais soupçonné un tel acharnement contre un subalterne, car enfin, ce tout-puissant de la finance n'est qu'un sous-ordre. On imagina que c'étoit une tournure des rivaux du Ministre, qui ne pouvant l'inculper directement, le taxoient ainsi ou d'un aveuglement extrême, indice d'un esprit borné, ou d'une foiblesse impardonnable dans un homme en place. C'étoit si vraisemblable, les faits articulés en outre étoient si précis et si détaillés, qu'on s'attendoit d'un jour à l'autre à voir une justification authentique de la part du Sr. de Vaines. autrement on regardoit comme inévitable de la part du Ministre, de faire une

(a) il est daté du 1er Juillet 1775, et a paru en Août.

punition exemplaire sur un hypocrite démasqué. On convenoit généralement, quant à son origine dont on dévoiloit la bassesse, que cette découverte, toujours sensible pour l'amour propre, ne fait que plus d'honneur au mérite personnel, lorsqu'il est accompagné de cette modestie qui sied bien à tout le monde et surtout aux hommes nouveaux.

Il n'est arrivé rien de ce qu'on espéroit. On s'est contenté de faire beaucoup de recherches contre l'auteur et les distributeurs du pamphlet ; de mettre tout en combustion dans la librairie pour les découvrir ; d'arrêter différentes personnes soupçonnées (a). Enfin, M. Turgot, après avoir lu jusques à quatre fois le libelle, a sans doute jugé fort innocent son confident, puisqu'il a déterminé S. M. à créer ou rétablir en sa faveur une charge de lecteur de sa chambre. Il a prétendu, par cette grace éclatante, faire connoître à la nation la fausseté des imputations dont on le chargeoit. il a cru cette réparation suffisante, et y a joint une épître, qu'il a autorisé le S¹ de Vaines à

─────────────

(a) Le S¹ Ducroc, Secrétaire de M. d'Alembert, a été renvoyé par ce philosophe, comme ayant participé au débit de l'ouvrage ; craignant des poursuites ultérieures, il s'est enfui. On a mis en prison différens colporteurs, entr'autres un nommé Bourgeois, qui avoit la clef de ce secret politique et littéraire.

répandre.

Dans cette lettre, qui n'est rien moins que Ministérielle, au contraire, très longue et très affectueuse, il lui annonce cette nouvelle charge, et l'en félicite comme d'un dédommagement des chagrins que lui ont causé ses envieux par leurs calomnies. Elle a paru si singulière et si flatteuse, que beaucoup de gens ont jugé que le premier commis l'avoit écrite et composée, et que son défenseur, par une collusion honteuse, l'avoit adoptée et signée. Je vous en envoie une copie, Milord, et vous en jugerez. (a).

Quant au libelle, il prouve que pour se flatter

(a) Voici cette lettre, en date du 18 Septembre.

" Je vous apprends avec le plus grand plaisir, Monsieur,
" que le Roi a bien voulu vous assurer la place de Lecteur
" de sa chambre, et y attacher les mêmes entrées qu'aux
" charges de Lecteur du Cabinet. J'ai cru devoir proposer
" à S. M. de vous donner une marque publique de la
" satisfaction qu'Elle a de vos services, dans un —
" moment où l'on cherche à vous déchirer par un
" libelle infâme.

" Vous n'avez pas besoin de justification, mais ayant
" vu que les auteurs ou fauteurs de ce libelle, imaginent
" pouvoir accréditer auprès de moi leurs mensonges, par
" une multitude de lettres anonymes, je me dois à
" moi-même de montrer authentiquement mon mépris
" pour leurs calomnies atroces. Il est dans l'ordre que
" vous y soyez exposés, vous, tous ceux qui ont quelque

d'être lu, il suffit de dire du mal d'un homme en place. Il est écrit indignement, pesamment, grossièrement : nul sel, nulle saillie, nul esprit dans tout son contenu, et c'est peut-être ce qui a concilié à l'écrivain la créance de quantité de lecteurs, convaincus que l'amour seul de la vérité avoit conduit la plume de l'auteur patriotique. Quoiqu'il en soit, le S.r de Vaines, malgré la

« part à ma confiance, et moi peut-être plus que
« personne. Trop de gens sont intéressés au maintien des
« abus de tous genres, pour que tous ne fassent pas cause
« commune contre quiconque s'annonce pour vouloir les
« reformer. Attendez-vous à des ennemis très ardens et
« très multipliés : attendez-vous qu'ils employeront les
« armes qu'ils savent manier, le mensonge et la
« calomnie. Il faut s'armer contr'eux du courage
« et du mépris ; il faut se dire à soi-même ce que
« le roi me disoit le jour de l'émeute de Versailles :
« nous avons pour nous nôtre bonne conscience, et avec
« cela nous sommes bien forts. Si les honnêtes gens se
« laissoient décourager par de telles horreurs, il faudroit
« que les méchans et les fripons fussent irrévocablement
« maîtres d'opprimer et de piller le genre humain.
« C'est donc un devoir de les braver. Il faut regarder
« leurs traits comme des blessures honorables, et ne pas
« augmenter la force de ces gens-là par une sensibilité
« qui les encourage à redoubler leurs attaques. Je vous
« prêche la morale que je tâcherai de suivre pour moi-
« même. Si la raison ne peut dissiper entièrement
« l'impression que vous a faite cet amas d'atrocités, je
« souhaite que l'assurance de mon estime, et de mon
« amitié vous serve de consolation. »

(II)

lettre consolante de son protecteur, a été tellement ulcéré de se voir ainsi l'objet de la clameur générale, qu'il a fait l'impossible, ne pouvant soustraire l'édition entière du libelle, comme il s'en étoit flatté (a), pour en retirer du moins le plus d'exemplaires qu'il a pu, et les a payés fort cher à ceux qui venoient les lui rapporter (b). Ses ennemis jugeant par cette sensibilité qu'ils n'avoient pas porté des coups vains à la réputation de ce premier commis, se sont encouragés et ont répandu tout récemment une autre lettre plus désolante. Celle-ci (c), moins amère, mieux écrite, en confirmans les

(a) Le S.r Ducroc, Secrétaire de M. d'Alembert, ayant eu l'imprudence, pour faire sa cour à son maître, de lui remettre, dans la primeur, un exemplaire de la Lettre d'un profane, &c. et celui-ci en ayant fait part à M. Turgot, on voulut savoir d'où le S.r Ducroc tenoit cet exemplaire. Il sentit la faute qu'il avoit faite, et pour la réparer il avoua qu'il savoit où étoit l'édition entière; il assura M. de Vaines que pour cinquante louis il la lui feroit remettre. Mais il y en avoit déjà d'autres exemplaires répandus dans le public. C'est ce qui irrita le financier et obligea le philosophe de renvoyer son Secrétaire. Alors, celui-ci, craignant les suites de l'événement, disparut tout-à-fait.
(b) Il payoit, dit-on, chaque exemplaire douze livres.
(c) En date du 8 octobre. Elle a pour titre : Lettre à M. Turgot, par un de ses amis.

(12)

faits avancés contre lui dans la première, respire partout le zèle d'un citoyen intéressé à la gloire du Ministre et à la prospérité de son administration. C'est un ami, qui est censé l'avertir des propos méchans qu'occasionne dans le monde son obstination à s'aveugler en faveur de son favori, et à ne pas remonter à la source des bruits injurieux qui courent sur son compte. L'Orateur, par cet attachement sincère à M. Turgot, a voulu prendre les éclaircissemens convenables: il a malheureusement reconnu la vérité des anecdotes scandaleuses répandues contre l'accusé. On ne sait ce que cela deviendra: on recommence les perquisitions; on soupçonne un fermier-général (a), et comme il est secrétaire des commandemens d'un grand prince (b), on croit voir le foyer des manœuvres jusques à Versailles, et l'on présume, ainsi que je vous l'ai annoncé au commencement, que le premier commis n'est que le plastron des traits qu'on décoche contre le Contrôleur-général même, et que, soit qu'il

_____

(a) Le Sr. Girard du Mesjan. On est allé chez un Sr. de la Charmoi, ci-devant attaché à ce fermier-général; on a fouillé dans ses papiers: il crie comme un démon, et se plaint de cet attentat contre les droits d'un citoyen, sous un règne où l'on annonce vouloir les respecter.
(b) Le Sr. Girard du Mesjan est secrétaire des Commandemens de Monsieur.

renvoye le S.r de Vaines, soit qu'il le garde, on s'en prévaudra contre lui. On dira dans le premier cas, qu'il ne connoît pas les hommes ; qu'il ne sait pas placer sa confiance ; qu'il se laisse mener, ou qu'il sacrifie ses serviteurs. Dans l'autre, on l'accusera d'un aveuglement que rien ne peut éclairer, d'un entêtement pernicieux, d'une prévention qui le rend dupe de tous ceux qui l'entourent. En un mot, il en rejaillira du moins un grand ridicule sur lui ; et dans ce pays-ci, tout Ministre ridiculisé est perdu.

J'ai l'honneur d'être, &c.

Paris ce 2 Novembre 1775.

P.S. Les ennemis de M. Turgot ne pouvant donner l'essor à leur rage dans des libelles, par la difficulté de les faire imprimer, se contentent de faire courir des pamphlets manuscrits contre ce Ministre, ses conseillers et ses subalternes de confiance. C'est ainsi qu'ils répandent : Catalogues des Livres nouveaux qui se trouvent chez l'abbé Roubeau, sécrétaire perpétuel de la franche-loge Économiste, sous la protection de M. Turgot, le très-Vénérable Grand-maître).

(14.)

On voit que cette facétie est bien réchauffée. Sous le titre prétendu de ces ouvrages nouveaux, on critique les opérations du Contrôleur-Général, ses projets, et les gens auxquels il met sa confiance. Du reste, il y a quelques bonnes plaisanteries, mais beaucoup plus de mauvaises, des allusions injustes, calomnieuses, et en général plus de méchanceté que d'esprit. On y trouve même des choses inintelligibles, et qui exigeroient un long commentaire.

Extrait d'une lettre du 28 décembre 1776 sur Mrs Taboureau et Necker, Tome IV du même Observateur Anglais, pag. 350 ; il est question du renvoi de M. de Vaines.

« Il faut se rappeler que ce commis en
« entrant au Contrôle, s'étoit fait assurer avant
« une sort de 22,000ᵗ de rentes, au cas qu'il fût
« renvoyé sans avoir de place ou de dédommagement.
« Comme il a un tiers de place d'administrateur
« des postes, on comptoit lui accorder les deux tiers
« de 22,000ᵗ jusqu'à ce qu'il eût la place entière ;
« il s'est piqué de générosité ; il a refusé pour
« n'être point à charge à l'état fort obéré, et a
« demandé que cette privation fût convertie en

« quelque marque honorifique ; il a donné à
« entendre qu'il seroit bien aise de couvrir la
« bassesse de sa naissance et de sortir de la
« classe des vilains ; ce qui lui a été accordé :
« Son traitement pécuniaire a été converti en
« lettres de noblesse ». — Le S.r Delille l'a
remplacé auprès de M. Taboureau, et le
S.r Dufresne auprès de M. Necker.

Épigramme sur le Soi-disant Marquis
de Pezai, ami de M. Necker :

  Jeune homme a beaucoup acquis,
  Beaucoup acquis, je vous assure ;
  En deux ans, malgré la nature,
  Il s'est fait poète et marquis.

Son nom étoit Masson ; il étoit fils d'un
ancien commis du Contrôle Général. Il
a épousé une D.lle de condition appelée
de Murard. M. de Pezai pour paroître
à la Cour s'étoit fait faire une généalogie,
où on le faisoit descendre des Massoni d'Italie.
Sa Soeur, Madame de Lespine, tenoit un
bureau d'emprêt ; elle étoit reconnue assez
publiquement pour la maîtresse du Comte de Maillebois.

(16)

Épigramme sur l'abbé Leblanc qui s'étant intrigué
chez Madame de Pompadour fut porté pour être de
l'académie française :

    J'ai lu les vers de ce plat bel esprit,
    Sifflés jadis sous le nom d'Élégies.
(1) *rogé du jour*   Rhenzaïd (1), du même ton écrit,
  en 1735.   Me fit vomir, entr'autres maladies.
(2) *Lettres sur*   Ajoutez-y certaines rapsodies (2)
  les Anglois.   Où mon faquin les Anglais barbouilla ;
    D'un fade encens les Quarante saoula,
    Si, que plus d'un en a gardé la chambre….
    Mais son mérite enfin ?…. Nous y voilà :
    Il f… Six coups….. oh ! c'est un très bon membre !!

Un sable épris et gravé a quelquefois ouvert
les portes de l'académie, témoin cette épigramme
adressée aux Quarante lors de l'élection de l'abbé
de Boismont :

(a) *Mme de*   Messieurs, déjà Livia (a) en votre temple
  Pompadour   Vous a fait recevoir un guerrier (b) sans talents :
(b) *Le Comte de*   Aujourd'huy même encore, Julie (c) à son exemple
  Bissy, reçu en
  1750.   Pousse un petit collet (d) qu'elle a mis sur les dents.
(c) *La Duchesse*   Prenez garde qu'enfin quelqu'autre Messaline
  de Chaulnes,   consultant ses seuls intérêts,
  depuis Mme Giac   pour confrère ne vous destine
  Voyez ce volume
  page 17.   Un âne de Mirebalais.
(d) *L'abbé de*
  Boismont reçu
  en 1755.

www.ingramcontent.com/pod-product-compliance
Lightning Source LLC
Chambersburg PA
CBHW071412230426
43669CB00010B/1523